चुप्पी

प्रेम की भाषा है

चुप्पी

प्रेम की भाषा है

रंजीता सिंह 'फ़लक'

वाणी प्रकाशन

प्रकाशन के उत्कृष्टतम 62 वर्ष

vaniprakashan.com

सजिल्द प्रथम संस्करण : 2025

मन्त्रिमण्डल सचिवालय (राजभाषा) विभाग, बिहार के अंशानुदान से प्रकाशित

वाणी प्रकाशन

4695, 21-ए, दरियागंज, नयी दिल्ली-110 002

फ़ोन : + 91 11 23273167, 23275710

शाखाएँ

अशोक राजपथ, पटना-800 004, बिहार

कॉफ़ी हाउस कैम्पस, महात्मा गांधी मार्ग, प्रयागराज-211 001, उत्तर प्रदेश

महात्मा गांधी अन्तरराष्ट्रीय हिन्दी विश्वविद्यालय, वर्धा-442 001, महाराष्ट्र

sales@vaniprakashan.in
vaniprakashan@gmail.com

Chuppi Prem Ki Bhasha hai
by Ranjita Singh 'Falak'

ISBN : 978-93-6287-395-8
Poetry Collection

मूल्य : ₹ 450

जी.एस. ऑफ़सेट, दिल्ली-110 095 में मुद्रित

वाणी प्रकाशन का लोगो मक़बूल फ़िदा हुसैन की कूची से

जहाँ प्रेम के बहाने कोई पराया नहीं

हैरत की बात है कि ऐडहॉक नौकरियों और ऐडहॉक सम्बन्धों के इस युग में विस्थापनजन्य संकटों और दूसरी अनिश्चितताओं के कारण प्रेम का सातत्य और एकनिष्ठ समर्पण भले ही खटाई में पड़ गया हो, प्रेम कविताओं की सान्द्रता बढ़ी है–ख़ासकर रंजीता जैसी स्त्री कवियों के यहाँ। रीतिकालीन कवियों ने परकीया नायिकाओं के मानभंग का दंश उथले ढंग से ही व्यक्त किया था, उनके दिन-प्रतिदिन का संघर्ष, उनकी अपनी तड़प अब स्त्रियाँ स्वयं खुलकर लिखने लगी हैं तो 'कलहान्तरिताओं' के अन्तरंग जीवन के कई मार्मिक पक्ष सामने आ रहे हैं।

यह मैं पहले भी लिख चुकी हूँ कि पढ़ी-लिखी स्त्रियाँ बहुधा ध्रुवस्वामिनी-सी अकेली हैं इन दिनों, क्योंकि समाज रामगुप्तों का है, चन्द्रगुप्त इक्का-दुक्का ही नज़र आते हैं। आश्चर्य होता है, इतनी सारी सान्द्र प्रेम कविताएँ और गझिन प्रेम-डायरियाँ देखकर कि इतना डूबकर प्रेम करने लायक मनचीते पुरुष इन्हें मिले कहाँ से। इसके बयान इनकी कविता में ही मिलते हैं कि पूर्वोत्तर सम्बन्ध छुपाकर पुरुष जीवन में आये और आनी-जानी गाथा बनकर ही रहे जीवन के आसपास या मुँह मोड़कर चले ही गये। फिर भी स्मृतियों पर स्याही नहीं पुती, ख़ासकर रंजीता जैसी कवियों के यहाँ 'संयोग' और 'वियोग'–दोनों ऊर्ध्वमुखी बने रहे। दो दीये मिलकर कुछ दूर लहरों में बहे, दो तिनके आँधी में उठे तो कुछ देर सटकर उड़े–फिर कोई इधर, कोई उधर, पर स्मृतियों का ऋण बना रहा। तो क्या सचमुच बायरन की यह बात सच्ची है कि "प्रेम पुरुषों के जीवन की एक घटना है, पर स्त्रियों के लिए यह जीवन की धुरी है।"

प्रेम में दैहिकता की उद्दाम तरंग आधिभौतिक इसी अर्थ में हो जाती है कि कोई ख़ास शिकायतनामा भी कहीं दर्ज नहीं होता। जो है, सब स्वीकार है–*प्रेम का निर्वहन मेरे हिस्से था/और आज़ादी तुम्हारे हिस्से*। मेरे पास तो किसी प्रतीक्षा की नाव भी नहीं/न ही किसी के दिए वचनों की कोई छतरी है–फिर भी प्रेम है कि चुकता नहीं और एक नए तरह का बारहमासा सामने आ रहा है जहाँ–

जेठ की दुपहरी का जो सूरज
तुम्हें स्पर्श कर रहा है न
वह मेरी ही कामनाओं की ऊष्मा से
धधक रहा है,
उसने मेरी ही लज्जा की लालिमा
और देह की दाह चुराई है।

हाड़ हिलाने वाली ठण्ड में भी स्मृतियों की जुराबें बुनी जाती हैं और सपनों का स्वेटर। अकेले छूटी जिन परकीया नायिकायों का क्लोज-अप रंजीता सामने रखती हैं, उनमें एक–अगाध प्रेम बचा हुआ है, अब उनके भीतर प्रेम के सिवा कुछ बचा ही नहीं–पिता-माता, भाई, बच्चा, प्रकृति, पड़ोस, पूरी दुनिया का वात्सल्य ही इस क्रमिक प्रेम का प्रतीक हो गया।

जितनी सहजता से फ़ैज कह गये–*और भी ग़म हैं ज़माने में मुहब्बत के सिवा/ राहतें और भी हैं वस्ल की राहत के सिवा*–स्त्रियाँ नहीं कह पातीं।

रंजीता का यह संग्रह इसी अर्थ में विशिष्ट है कि वह स्त्री-मन की यह विशिष्टता रेखांकित करता है कि प्रेम जिससे हुआ, यह बहुत महत्त्वपूर्ण नहीं रह जाता, एक बार अगर प्रेम के आइडिया से भी प्रेम हो गया तो फिर एक के बहाने सारी दुनिया अपनी-अपनी लगने लगती है, कोई पराया रह नहीं जाता, *यह ग़म मेरा है, यह ज़माने का है, यह राहत वस्ल की है, यह किसी और हृदय की है*–इसका फ़र्क़ वह नहीं करतीं। इसी अर्थ में स्त्री विमर्श कहता है–'पर्सनल इज़ पोलिटिकल!'

–अनामिका

मेरी कविताएँ ईश्वर को लिखे गये उलाहना पत्र हैं या फिर आत्मालाप

इल्म की इब्तिदा है हंगामा
इल्म की इंतिहा है ख़ामोशी।
'फ़िरदौस गयावी'

जब मैं बहुत छोटी थी तब से मैं थोड़ी चुप और एकान्तप्रिय थी। मुझे लगता था मैं किसी ऐसे अनजान टापू या द्वीप पर हूँ जहाँ की भाषा मुझे समझ में नहीं आ रही। एक भरी-पूरी दुनिया में इतनी अजनबियत महसूस करना और चुप होते जाना ही मेरी पीड़ा और कविता इन दोनों की पहली वजह थी। अब समझ सकती हूँ कि माया एंजेलो ने क्यों कहा था–

अपने अन्दर एक अनकही कहानी को सहने से बड़ी कोई पीड़ा नहीं।

धीरे-धीरे मैंने आसमान, चाँद, तारों, जुगनू, पेड़, फूल, हवा, ख़ुशबू, नदी, झरने, समन्दर इन सबसे बातें करनी शुरू कर दी और ख़ूब सपने देखे, वो सारी बातें और सपने ही मेरी कविताओं में आते रहे हैं।

फिर मैं अपने आस-पास बिखरी चुप्पियों की भाषा भी समझने लगी, ये चुप्पियाँ उन ढेर सारी लड़कियों, औरतों की थीं जिनके हक़ में मैंने बोलना सीखा। उन चुप्पियों ने ही मुझे एक सामाजिक कार्यकर्ता/संवेदनशील कवि के रूप में मुखर किया।

मैंने महसूस किया कि चुप्पियाँ न सिर्फ़ सृजन की, अभिव्यक्ति की, बल्कि प्रभावकारी प्रतिरोध की भी भाषा होती हैं। कहीं लिखा गया है, मौनं स्वीकार लक्षणम्, लेकिन चुप रह जाना किसी स्वीकार्यता भर का लक्षण नहीं होता है।

चुप्पियों के कई-कई अर्थ और कारण हो सकते हैं। इसलिए हमेशा, हर स्थिति में चुप्पियों में सहमति या स्वीकार्यता ही नहीं होती है। चुप्पी, स्वयं में बहुत-कुछ

समेट लेने की एक अत्यन्त सशक्त-समृद्ध भाषा भी होती है। विषयानुसार, इसमें भिन्न-भिन्न तमाम शब्द और अर्थ अन्तर्निहित होते हैं। सृजन, स्वीकार-अस्वीकार, प्रतिरोध के अर्थों में वह हमारे मानसिक धरातल पर नयी ऊर्जा और चेतना का प्रवाह करती है।

कई बार अनुचित, अप्रिय, अन्यायपूर्ण स्थितियों में चुप्पी सबसे कारगर प्रत्युत्तर, उपयुक्त जवाब होती है। कवि मलयज की बात करें तो 'चुप्पी तोलती है धमाके और धुएँ के बीच का सपाटपन'।

चुप्पियों का धैर्य और विश्वास मुझे हमेशा चकित करता है। जैसे, प्रकृति की चुप्पी, ऊपर से एकदम शान्त-निःस्वर, अन्तस में प्रलयंकारी शोर। पहाड़ी बाँध की, मौसम की, ऋतुओं, नदियों और समुद्र की चुप्पी टूटती है, तब जैसे कोई प्रलय आता है।

सूरज हर सुबह रात की चुप्पियाँ तोड़ता है। अमावस की रात इकलौता टिमटिमाता तारा भी अन्धकार की चुप्पी तोड़ता है। हर चुप्पी में एक शोर है। चुप्पियाँ सिर्फ़ बोलती ही नहीं हैं; बल्कि चीख़ती भी हैं। जब भी हम कुछ रचते हैं वो हमारी चुप्पियों के ही स्वर होते हैं।

जिस बात पर लब सिल जायें, जो कहा-सुनाया न जा सके, ऐसी चुप्पी सृजन की आवाज़ बन जाती है। ज़ोर-ज़ोर से वह बजने लगती है। शब्दों की ही तरह तस्वीरें भी, चुप्पियों की ही अदा होती हैं। साकार-निराकार किसी भी तरह के प्रेम में अन्तस की तड़प जितनी तरह की बेचैनियों की इन्तिहा से गुजरती है, चुप्पियां उतनी ही परवान चढ़ती चली जाती है। फिर वह अपनी ज़ुबान, अपनी भाषा में अभिव्यक्त होती है। तब न जाने कितनी तरह के रंग बे-आबरू भी हो जाते हैं, क्योंकि 'मोहब्बत सोज़ भी है साज़ भी है'।

एक वक़्त में, बुद्ध, कबीर, ख़ुसरो, मीरा, रसख़ान, अक्क महादेवी के प्रेम की भाषा भी लोगों की समझ में नहीं आयी थी।

चुप्पियाँ उन बेज़ुबान प्रेम-पत्रों की तरह हैं जिन्हें सँभाल कर रखने का हुनर भी सबके पास नहीं। मेरी कविताएँ किसी मकसद के तहत लिखी गयी कविताएँ नहीं हैं, मैंने बस वही लिखा जो कुछ भी मैंने ईमानदारी से महसूस किया है। इस संग्रह की कविताएँ सिर्फ़ प्रेम और रूमानियत भरी नहीं हैं, इनमें सबल प्रतिरोध और मानवीय संवेदना के करुण स्वर भी हैं।

इस संग्रह को आप सब तक लाने में जिन लोगों की महती भूमिका है, उन्हें मात्र धन्यवाद कहकर ऋणमुक्त नहीं हो सकती। उनमें से अधिकांश लोग ऐसे हैं जो

मुझसे भी ज़्यादा चुप्पी साधे रखते हैं, और कोई भी श्रेय लेना नहीं चाहते, पर यह किताब मुझसे ज़्यादा उनकी है जिन्हें इस बात का पुख्ता यक़ीन था कि इस संग्रह की कविताएँ पाठकों को ज़रूर पसन्द आयेंगी और सालों-साल डायरी में चुपचाप रखी हुई ये कविताएँ पहले कविता-संग्रह के पूरे पाँच साल बाद अब पाठकों तक आयी हैं। अभी एक और संग्रह लायक सामग्री शेष है, पर इसी एक संग्रह के लिए मन तैयार हो सका। किताब छपते वक़्त मैं उत्साह से ज़्यादा संकोच में रहती हूँ कि क्या ये कविताएँ सच में पाठकों को कुछ दे सकेंगी?

फिर भी दोस्तों, वरिष्ठों और मेरी छोटी-सी दुनिया के उन तमाम लोगों का शुक्रिया जिन्होंने बिना शर्त मुझे हमेशा प्यार और मान दिया है, मेरे लिखे का इन्तज़ार किया है।

लीलाधर जगूड़ी जी, अरुण कमल जी और अनामिका जी का हृदय से आभार। मेरे लिए इस संग्रह की सबसे बड़ी उपलब्धि यही है कि जिन प्रिय वरिष्ठ कवियों की कविताएँ पढ़कर मैं मुग्ध होती रही हूँ, उन्होंने अपनी तमाम व्यस्तताओं में भी इस संग्रह के ब्लर्ब और भूमिका को बहुत कम समय में लिखकर दिया।

उनके शब्दों ने मुझे और भी जिम्मेदार बनाया है।

मेरी प्यारी दोस्त रीना भारतीय जो 'मदर ऑर्गेनिक' जैसे अन्तरराष्ट्रीय ब्रांड की डायरेक्टर होकर भी हर पल परछाईं-सी मेरे साथ रहती है और साहित्य के क्षेत्र से न होते हुए भी मेरी हर किताब के लिए मुझसे ज़्यादा उत्साहित रहती है, मेरी दूसरी मित्र मौलि सेठ जो लगभग हर ड्राफ्ट की सुधी पाठक होती है, मित्र शहंशाह आलम, जिन्होंने तकरीबन आठ सालों में हमेशा मेरी कविताओं की ईमानदार आलोचना और समीक्षा की है, मेरे दोनों बच्चों जो अपनी माँ की इस यात्रा के सदा सच्चे सहभागी रहे और जयप्रकाश जी, सवाई सिंह शेखावत जी, प्रियदर्शन जी, विजय प्रकाश जी, सीताराम शर्मा जी, दीपचन्द जी जैसे शुभेच्छुओं का भी बहुत आभार।

हर नयी किताब के वक़्त अपने माँ-पापा की अनुपस्थिति बुरी तरह खलती है। पर यह भी जानती हूँ कि ये सब उनके आशीर्वाद से ही हो रहा है। सम्भवत: कई नाम छूट रहे हैं, पर जो लोग भी मेरे जीवन का हिस्सा हैं वो जानते हैं कि, मैं उनके बिनां कुछ नहीं।

अदिति माहेश्वरी जी का भी विशेष आभार, जिन्होंने इस संग्रह के प्रति अपना भरोसा दिखाया, वो मेरे लिए प्रकाशक से ज़्यादा एक सशक्त और संवेदनशील स्त्री हैं, उनकी आत्मीयता मुझे अभिभूत करती है।

अन्तिम धन्यवाद उन सभी पाठकों को, जिन्होंने हमेशा मेरी कविताओं को अपना स्नेह दिया है। उम्मीद करती हूँ कि 'चुप्पी प्रेम की भाषा है' इस नये काव्य-संग्रह को भी आप सबका भरपूर प्यार मिलेगा।

चुप-चाप अपनी आग में जलते रहो 'फ़राज़'
दुनिया तो अर्ज़-ए-हाल से बे-आबरू करे।

अहमद फ़राज़

मैं फिर से कहती हूँ मेरी कविताएँ ईश्वर को लिखे गये उलाहना पत्र हैं या फिर आत्मालाप।

-रंजीता सिंह 'फ़लक'

अनुक्रम

खण्ड दो : स्मृति, स्वप्न और कामनाएँ

खण्ड तीन : प्रेम की नागरिकता

खण्ड चार : पिता के लिए नहीं लिखी कोई कविता

खण्ड एक

प्रेम की कराह है पावस ऋतु

पावस ऋतु प्रेम की कराह है

कितना मुश्किल है
पीठ फेर कर रहना
और
मन को साधना,
बहुत मुश्किल है बच पाना
स्थिर रह पाना
जब प्रेम किसी आपदा-सा
अवतरित हो

कितना मुश्किल है
सुने को अनसुना करना
जब हृदय की हर साँस तक
पहुँच रही हो प्रेम की आतुर पुकार

कितना मुश्किल है
उन आँखों को अनदेखा करना
जो विदा के वक़्त निर्निमेष निहार रही हों
कैसे न डूब जाये कोई आकण्ठ
उन उदास, आप्लावित आँखों में

सच तो ये है कि
ज़िन्दगी से मुँह मोड़ने से भी कठिन है
प्रेम से मुँह मोड़ना

नैतिकताओं और कामनाओं के मध्य हुए
हर आदिम युद्ध में
पराजित हुआ है सिर्फ़ और सिर्फ़
प्रेमाकुल हृदय

प्रेम की त्वरा को नैतिकता के
घोर हठ से परास्त तो किया जा सकता है
पर निषेध की गयी समस्त कामनाएँ
धँसी रह जाती हैं देह में शूल-सी
आजन्म टीसता है हृदय

पावस ऋतु
प्रेम की चुप-सी कराह ही तो है

सब भंगुर है, नश्वर है सब
फिर भी कैसे विस्मृत हो
तुम्हारी दैवी मुस्कान

तुम्हें आँख भर भी तो देखा नहीं था
पर तुम्हारी निश्छल मुस्कान के बीच दिखती
त्रियक धवल दन्तपंक्ति
मेरी निद्रा का अब भी मखौल उड़ाती है
स्मृतियों की गाढ़ी गेह से कैसे मुक्त ये मन प्राण

तुम्हें एकटक देखने भर से
लगता है
देह पर अशुद्धि का दोष
तुम्हारी सुधि भर से
आ लगती हैं लांछनाएँ

कल रात ही तो स्वप्न में
तुम्हें देखा था
वहीं उसी तकिये पर जहाँ
घोषित रूप से किसी और का सर था

लोकाचारों और मर्यादा के
असमंजस में डूबा हृदय
कहाँ विसर्जित करे
अपनी निश्चल चाहनाएँ
किसे प्रेषित करे
सारी उलाहनाएँ

मृत्यु निश्चित छीन लेगी
मेरी आँखों के सारे स्वप्न
पर शेष तो रहेंगी
हृदय की अतृप्त कामनाएँ

क्या ब्रह्माण्ड में नहीं गूँजेगी
मेरी आर्त पुकार
एक निष्कलुष हृदय की
निर्दोष कामना से
क्या खण्डित नहीं होगा
नियति का दर्प।

युद्ध और वसन्त

किसी वसन्त
उसने हथेलियों पर
लिखा मेरा नाम

और
उस बरस
मन के आँगन में
खिल उठे ढेर सारे फूल

ख़्वाहिशें
पार कर आयीं
प्रतिबन्धों के सारे छोर

और
किसी ढलती रात जब
उसने लिया
मेरा नाम
एक उनींदी-सी
थरथराती आवाज़ में

तब
काँप कर पलटे
सारे लम्हे

ख़लाओं में गूँजा
एक अस्फुट स्वर
जैसे
ताबीज़ बाँधते हुए
पढ़ी जाती है
कोई आयत

या फिर
कलाई पर
पूजा के बाद
बाँधा जाता है
कोई शुभ धागा
और
धीमे से उचारा जाता है
कोई मन्त्र

जैसे कोई जाप
कोई प्रार्थना
कोई आरती
कोई अरदास
कोई नमाज़
कोई अजान

किसी जाड़े में
पहाड़ की सुफ़ेद चादरों पर
उसने जब उकेरा मेरा नाम

तो
इश्क़ की तपिश में
पिघल-सी गयीं
सारी वादियाँ
और
आसमान से मन्नतों की तरह बरसी
कपास-सी हल्की बर्फ़

किसी साल
जब सब कुछ हो रहा था
तहस-नहस
युद्ध, आतंक और
विस्फोटों के शोर में
जब डूबी थी दुनिया

उस लम्हे
ज़िन्दगी के नाशाद पलों में
मुझसे मीलों दूर
मेरे भीतर की उम्मीद को
बचाये रखने के लिए
उसने ज़ोर-ज़ोर से लिया
बेसाख़्ता मेरा नाम...

तभी
बज उठीं
गिरजाघर की घण्टियाँ
और
हवाओं में गूँजा मेरा नाम
मद्धम धुन में गाये गये
किसी प्रेमगीत की तरह

और जब
इस वसन्त
मैंने पुकारा है उसे तो
मेरे पास आयी हैं–

बुलबुल की चहचहाहटें
फूलों की भीनी ख़ुशबू
वादियों की ठण्डी हवाएँ
इन्द्रधनुष के सपनीले रंग
ओस में धुली सुनहरी सुबह

और
मेरे हाथों में
काँप रहा है
अन्तिम विदा का
आख़िरी ख़त

अब, जबकि
मैं जानती हूँ
किसी भी वसन्त
वो नहीं पुकार सकेगा
मेरा नाम

फिर भी
हर वसन्त मैं करती हूँ उसे याद
और पुकारती हूँ उसका नाम

किसी क़ब्र के पत्थर पर खुदे
आख़िरी हर्फ़ की तरह
मेरे दिल पर चस्पां है
उसका नाम।

आजन्म बिछोह

होना तो ये चाहिए था कि
पिछली हज़ार यात्राओं की तरह
इस यात्रा के बाद भी
मैं उसी उल्लास से
डायरी लिखती
तस्वीरें निहारती
और
लिखती यात्रा-वृत्तान्त
की सुन्दर शृंखलाएँ

पर इस दफा
लौटने के बाद
न तो तस्वीरें देखीं
न डायरी के पन्ने खोले
लौटा हुआ मन
जाने क्यों इतना उचाट
विकल और थका-थका सा है

मेरे जूड़े के बायें कोने पे
जहाँ मौसमी फूलों के गुच्छे

मैंने खोंस लिए थे
ठीक वहीं एक जोड़ी उदास आँखें टँगी हुई
महसूस हो रही हैं

आषाढ़ के मध्य की
और भी तो यात्राएँ की हैं मैंने
पर विगत किसी भी आषाढ़ में
स्मृतियों के जल जमाव ने
मुझे यूँ आतंकित नहीं किया

मेरे पास तो किसी प्रतीक्षा की नाव भी नहीं
न ही किसी के दिए वचनों की
कोई छतरी है

क्या करूँ
मुझे तो ठीक तैरना भी नहीं आता!
इस साल की यात्रा में उमड़े इस सैलाब से
कैसे निजात पाऊँ?

मुझे याद है बचपन में
माँ पानी वाली जगहों से
मुझे दूर ही रखती थी
पता नहीं ज्योतिषी ने
क्या अशुभ उचारा था!

अगर मुझे ठीक-ठीक
पता होता कि
मेरे प्रारब्ध में किस यात्रा के बाद
डूब कर मरना लिखा है तो

यक़ीनन मैंने
स्थगित कर दी होतीं
अपनी सारी यात्राएँ

पर प्रेम के घात से कौन बचा है
वह तो हमेशा
ऐसे ही दबे पाँव आता है
और
हमें सँभलने का मौक़ा दिये बिना
हमारा ग्रास कर जाता है

आषाढ़ की मृत्यु का शोक क्या करना
शोक तो बस उन उदास आँखों का है
जिनके प्रारब्ध में कोई मिलन नहीं
शायद
अगली मुलाक़ात भी नहीं
बस
आजन्म बिछोह लिखा है।

विरह

विरह मुझे बहुत व्यथित करता है
फिर भी
तुम ऐसे प्रेमपत्र न लिखा करो
जिसे पढ़ते ही बमुश्किल
छुपाया गया प्रेम
किसी संक्रमण की तरह
एकाएक प्रकट हो जाये

तुम मेरी याद में
इतनी सुन्दर कविताएँ भी
न लिखा करो
क्योंकि
तुम्हारा लिखा हुआ पढ़ते ही
धक्क से हो जाता है दिल

जाने कितनी लम्बी
हो जाती है साँस
आम के बौर-सी नाज़ुक
हो जाती हैं भंगिमाएँ
और
इच्छाएँ
हरसिंगार-सी झरने को आतुर...

डरती हूँ
कि कामनाओं के ज्वार से
कैसे बचूँगी शेष
डर से ज़्यादा लाज का बोझ है
और ये जो लज्जा है न
रक्तिम कर देती है
मेरा सर्वस्व

जेठ की दुपहरी में जो सूरज
तुम्हें स्पर्श कर रहा है न
वो मेरी ही कामनाओं की
ऊष्मा से
धधक रहा है
उसने मेरी ही लज्जा की लालिमा
और देह की दाह चुराई है

पिछले माघ
जब हाड़ हिलाने वाली ठण्ड में
मैं तुम्हारी स्मृतियों की ज़ुराबें डाले
कल्पनाओं की सलाई पर
सपनों का स्वेटर
बार-बार बुन-उधेड़ रही थी
तब आधी रात अजीब सी तपिश से
खौल उठता था एकान्त

तुम्हारे नाप की स्वेटर बुनते हुए
जब भी सीने के ऊपर
काँधे के फन्दे घटाते हुए
याद करती थी
तुम्हारा सीना

तो घने रोयों से भरे उस जंगल में
गुम हो जाते थे सारे फन्दे
तुम्हारे सीने के जंगल में खिले
अपने ही होंठों के फूल मुझे
चकित किये देते थे

मेरे नथुनों में भर उठती थी
तुम्हारी मादक देहगन्ध
उस जंगल से लौटते हुए
मेरे साथ बची रहती थीं
प्रणय की सुन्दर स्मृतियाँ

माघ की घनघोर शीतरात्रि में भी
मेरे पोर-पोर में चढ़ आता था
एक अजीब सा खुमार
किसी गुमज्वर की शक्ल में

उन ठण्डी रातों में भी
पसीने से भीग जाती थी
मेरी पेशानी
उनींदी रातों की
अर्ध चेतना में
तुम्हारी पीठ पर सर टिकाये
लम्बी रात काटना भी
एक स्वप्न ही था

फागुन से चैत
और चैत से वैशाख
आते-आते
न देह का ज्वर गया

न मन का ताप
तुमसे मिल पाने के
हर अधूरे यत्न के बाद...

जेठ की दुपहरी और रातें
इस उम्मीद में बीत रहीं कि
भस्म होने का इससे अच्छा महीना
और कौन सा होगा।

तुम्हारा शहर

पृथ्वी के मानचित्र पर
अब भी तुम्हारा शहर
नियत स्थान पर ही है

पर नियति ने
महज़ कुछ घण्टों की दूरी पर
स्थित तुम्हारे शहर को
जैसे
देश ही नहीं
विश्व के मानचित्र से भी
विलुप्त कर दिया है

तुमसे मिलने के सारे यत्न यूँ
निरर्थक होते हैं
कि कई बार मैं ख़ुद भी नहीं समझ पाती कि
इस वैज्ञानिक युग में भी
क्या नियति सच में
किसी भी शहर के भूगोल को
यूँ अदृश्य कर सकती है

मुझे अपने पाँव के अशक्त होने की पीड़ा से ज़्यादा
इस बात पर रोष आता है कि

जब कुछ भी नहीं असम्भव
तो फिर
तुम तक पहुँचने की हर यात्रा इतनी बार स्थगित
कैसे हो सकती है?

इतने यत्नों में तो कोई
मंगल या चाँद पर भी
पहुँच जाता होगा
पर ख़ैर
इन सारी विडम्बनाओं
के बावजूद
मैं जानती हूँ कि
तुम्हारा शहर
मेरी स्मृति के मानचित्र से
कभी विलुप्त नहीं हो सकता

स्थगित हुई यात्राओं का दंश भी
उस मुस्कान को नहीं छीन सकता
जो तुम्हारे स्मरण मात्र से मेरे होंठों तक आती हैं

जीवनपर्यन्त विलुप्त हुआ तुम्हारा शहर
जब भी किसी काल के उत्खनन में मिलेगा
तो उसी शहर में मिलेंगे
मेरे वो तमाम पत्र
जो अनवरत
रात के तीसरे या चौथे पहर
मैंने तुम्हें लिखे थे

इन एक जोड़ी आँखों के स्वप्न
जिन पर दुर्भाग्य

किसी परमाणु बम-सा गिरा था
जिसमें बेमौत मरी थीं
ढेर सारी कोमल कल्पनाएँ

और एक पराजित हृदय
जो किसी कर्णफूल-सा
तुमसे विदा के वक़्त वहीं कहीं छूट गया था।

आकुल हृदय

सोचती हूँ
कि क्या तुम्हें न देखने भर से
मिट जाएंगी तुम्हारी स्मृतियाँ
हृदय के कपाट बन्द कर देने भर से
क्या कभी नहीं आयेगी
तुम्हारी सुधि की सुवास

मर्यादा के किसी भी अभेद्य क़िले में
क़ैद कर लूँ ख़ुद को
पर क्या कभी
इतनी बहरी हो सकूँगी
कि न सुन सकूँ
प्रेम की पदचाप

मेरे चित्त में असंख्य उठते प्रश्नों का
कोई उत्तर नहीं है मेरे पास
मेरे पास है बस एक आकुल हृदय
और उसकी असीम अधीरता
जो संसार के तमाम लोकाचारों को
विस्मृत किये देती है

तुम्हारे प्रथम दृष्टिपात से
मेरी काया में जो एक क्षीण-सा
सूराख हुआ है
उसे विस्मृति की किसी भी मिट्टी से
भरा नहीं जा सकता।

प्रतीक्षा और मिलन

तुमसे मिलने की उत्कण्ठा ने
योजन के फ़ासलों को जैसे
क़दम भर का कर दिया है

मैं कहाँ हूँ, किधर हूँ
मेरी दिशा बता सकने वाला
कम्पास जैसे थम गया है

प्रतीक्षा मुझे ढूँढ़ रही है
और मिलन के रास्ते
मेरा मुख तक रहे हैं
प्रतीक्षा और मिलन के बीच
मैंने अपनी आत्मा को
एक पंख दे दिया है

मैं देर रात चाँद की आँखों से तुम्हें तक रही हूँ
निहार रही हूँ
तुम्हारे घर को जाती
किसी षोडशी की क्षीण कटि-सी राह
देख रही हूँ टुकड़ा भर बादल
जो पिछले बरस मेरे हाथों में किसी बर्फ़-सा था

शाम के डूबते सूरज की उतरती
शोखी भी देख रही
तुम्हारी भूरी आँखों में

छली होता है भूरी आँखों वाला पुरुष
माँ बार-बार अपनी कहावत में दोहराती
तुम्हारी आँखों में पहली बार ग़ौर से देखने के बाद
इसीलिए तो इतनी ज़ोर से धड़का था मेरा मन
क्या करूँ, कैसे यक़ीन करूँ?
इन भूरी-कंजी आँखों पर

पर तभी तुम्हारी मासूम हँसी
हरसिंगार-सी बरस गयी
और मैंने देखा
मन का आँगन पूरा का पूरा भर गया है

एक मादक-सी गन्ध ने बेसुध कर दी
मेरी सारी इन्द्रियाँ
और नीम बेहोशी में मुझे
उस सच्ची मुस्कुराहट के सिवा कुछ न दिखा

मैं ख़ुशबुओं की गिरफ़्त में थी
उस क़ैद में होना था
जैसे पिता का दुलार
और माँ की पुचकार
मैं अपनी रिहाई नहीं चाहती थी

पहली बार मैंने चाहा
पूरे दिल से चाहा
कि इस मुस्कुराहट की दहलीज़ से बाहर न जाऊँ
मैंने चाहा था मुझे तलाशने वाले तमाम लोग

मेरी गुमशुदगी स्वीकार लें
मैं आवाज़ों की दुनिया से बाहर
आना चाहती थी
हमने ख़ामोशी की नयी भाषा ईजाद की

हम अपनी चुप्पियों में
दुनिया के सुन्दरतम प्रेम गीत रचने लगे
हम बेआवाज़ एक-दूसरे को पुकारने लगे
हमने सबके कानों को महरूम रखा
हमारे क़िस्से से
हमारी क़िस्सागोई के गवाह रहे
ऊँचे देवदार के पेड,सर्पीली सड़कें,
डूबता सूरज, चाँदनी रातें,
और सुनहरी सुबहें
बस इन्होंने ही हमें एक साथ देखा

हमने प्रतीक्षा को ही
मुक्ति का मार्ग बना लिया
हम अपनी प्रतीक्षा के आलोक में
प्रतिष्ठित करते रहे
प्रेम के अनेकानेक रूप
हमने अपने मिलन को वरीयता क्रम में
सबसे पीछे रखा।

चुप्पी और प्रेम

तुम्हारी चुप्पी
टेराकोटा की उस नर्म मिट्टी की तरह है
जिस पर मैं प्रेम के
कई सारे अर्थ उकेरती हूँ
और गढ़ती रहती हूँ
प्रेम के नये-नये प्रतिमान

तुम चुप ही रहो
क्योंकि
तुम्हारे अबोले से मैं
चुपचाप
चुन सकती हूँ
प्रेम के वो ढेर सारे बोल
जो ज़ाहिर तौर पर तुम मुझसे
कभी नहीं कहोगे

चुप रहना अच्छा है
क्योंकि
चुप्पियों के कई मायने
अपने हिसाब से
निकाले जा सकते हैं
पर कही गयी बात का
बस एक ही मतलब होता है

चुप्पी प्रेम की भाषा है
शायद इसीलिए संसार की
सबसे सुन्दर प्रेम कथाएँ कहीं दर्ज न हो सकीं
इतिहास की जितनी भी
प्रेम कथाएँ हमने पढ़ी हैं
उससे कहीं ज़्यादा कहानियाँ
चुप्पियों की अबूझ लिपि
में दर्ज हैं
जो आज तक न पढ़ी गयी
न सुनी गयी

तुम्हें सोचते हुए
कुछ भी कहने-सुनने से ज़्यादा
मैंने पढ़ा तुम्हारा मौन
और आश्वस्त हुई कि
सबसे सुन्दर और कालजयी है
अघोषित प्रेम।

तुम पुकार लो

मैंने सोचा है
तुम्हें कभी आवाज़ न दूँ
न कभी ज़ोर से पुकारूँ
चुपचाप
तुम्हारी पीठ के पास
खड़ी रहूँ

इतने पास कि मेरी उत्तप्त साँसें
तुम्हारे काँधे को छू सकें
और मेरी साँसों का ताप
तुम्हारी पीठ से होते हुए
सीधे-सीधे तुम्हारे
हृदय तक पहुँच सके

ऐसी किसी ऊष्मा में
जलते हुए
शायद पिघल सके
एक दिन
तुम्हारा मौन

उस एक दिन के इन्तज़ार में
मैं खड़ी रहूँगी चुपचाप

ठीक तुम्हारी पीठ के पास
इस उम्मीद में कि

मेरे पुकारने के पहले तुम
पुकार लो मेरा नाम।

अप्राप्य चीज़ों का मोह

जीवन की सबसे बड़ी विडम्बना
यह है कि
हम उन्हीं चीज़ों को पाने की
सबसे ज़्यादा कामना करते हैं
जो शायद हमारे लिए नहीं

जीवन में रिक्त होने से ज़्यादा
तकलीफ़देह है
जीवन का उन चीज़ों से भरा होना
जिनकी हमें कोई लालसा नहीं

इच्छित वस्तु न पाने की पीड़ा से
ज़्यादा दुखद है
प्राप्त चीज़ों के प्रति मोहभंग

तुम्हारी सुधि सूर्य की तरह
मेरे चेतनामण्डल में विराजमान है
एकान्त के वलय पर निरन्तर
परिक्रमा करती हैं
मेरी दो आँखें

एक नियत दूरी के साथ
तुम्हें देखती रहती हूँ चुपचाप
हज़ारों योजन के फ़ासले से

कई बार हम अभिशप्त होते हैं
इसी अधूरेपन में बचे रहने को

अप्राप्य चीज़ों का मोह हमें
वैराग्य से कैवल्य तक लाता है।

उस रात

उस रात
वह
मुझ तक आया था
एकदम टूटा बिखरा-सा
जैसे चाँद पर
किसी ने
धोखे से चला दी हो गुलेल

वह मुझे मिला
जैसे कोई टूटता हुआ तारा
मैं भौचक थी
इससे पहले
कोई भी टूटता सितारा
यूँ मेरी हथेलियों में
नहीं सिमट पाया था

तक़दीर और वक़्त पर
हैरान होती मैं
उस एक लम्हे में जैसे
सदी जी आयी,
मैंने धीरे से मुट्ठी भींची
और कुछ

सुर्ख़रू हुई
दिल के ख़ाली सफ़े पर
हरफ़ों की जगह
रख दीं अपनी हथेलियाँ

उस रात
हज़ारों सितारे
हरफ़ों की शक्ल में चमके
और नज़्म के उस सफ़े पर
खिल उठीं दो आँखें
मुहब्बत से लबरेज़
किसी स्वर्ण कमल-सी

मैं मन्त्रबिद्ध-सी
देखती रही
पनीली-सुनहरी
आबशार-सी आँखें

तभी टप्प-टप्प
गिरीं कुछ बूँदें
कुछ हर्फ़
फिर मोतियों से बिखरे
और उस एक रात
मैंने लिखीं
ज़िन्दगी की सबसे सुन्दर
नज़्में और
कविताएँ

उस रात
मुझे मिला

बरसों का योगी-वियोगी
और
मेरी उद्भ्रान्त कामनाओं का जोगी

उन आँसुओं को
चखते वक़्त
मुझे लगा
मैंने चख ली
सुजाता की खीर

और वर्षों की क्षुधा
शान्त हुई
उस एक रात
अपनी तृप्त कामनाओं के साथ
मैंने जिया बुद्धत्व।

स्मृति-लोप

तुमको भूलना उतना ही दुरूह था
जैसे कोई प्रकाण्ड भाषाविद
भूल जाये
वर्णमाला का हर अक्षर

तुम्हें भूलने के लिए कोई
ध्यान-योग कारगर न रहा
किसी भी जतन से
न उपज सकी थोड़ी-सी भी वितृष्णा
न हो सका चाहकर भी मोहभंग

मैंने तब असंख्य दुआएँ माँगीं
उस असाध्य रोग की
जिसे विज्ञान अल्जाइमर या डिमेंशिया कहता है

ठीक ही तो है
समस्त स्मृति का लोप हुए बिना
कहाँ मुमकिन है
तुम्हें विस्मृत कर पाना।

प्रेम की नियति

जब मैं प्रेम से भागने लगी थी
थकने लगी थी
और यक़ीनी तौर पर
उससे आज़िज आ चुकी थी

जब वो मेरे ख़्वाबों, ख़यालों
यहाँ तक कि ज़रूरतों से भी
अलविदा हो रहा था

ऐन उसी वक़्त
मेरे अन्दर की ख़त्म हो रही
बची-खुची गर्माहट पर किसी
तूफ़ानी बर्फ़बारी की तरह
वो आ गिरा

और
गिरकर
बिखर गया
हर ओर
मन प्राण

चेतना को
शून्य करता
मैं हतप्रभ-सी
बस देखती रही
इस साल के
सर्दी की साज़िश

प्रेम हमेशा आग की तरह ही नहीं
कभी-कभी बर्फ़ की शक्ल में भी
आ मिलता है

हम सुलगने की बजाय
ठिठुर जाते हैं
राख हो जाना
या फिर जम जाना
दोनों ही प्रेम की नियति है

और हमारे हिस्से है
अन्ततः
प्रेम से न बच जाना।

तुमने कहा

तुमने कहा
मत लिखना

मत लिखना कोई भी कविता
वरना हमारी मुलाक़ात
कस्तूरी-सी फैल जायेगी

मैं अपनी ही नाभि में
छुपाये तुम्हारी देह-गन्ध
तुमसे दूर-दूर भागती रही
इतना आसान तो न था
मौन साध लेना

तुम्हारी याद रह रहकर
मेरी आत्मा की
अतल गहराइयों तक आती रही

और फिर
तुम्हारे शहर से भागते हुए
जिस जंगल में मैं आ ठहरी
वहाँ यकायक हुई बारिश में

मेरी नाभि में छुपी
तुम्हारे याद की कस्तूरी
हर सूँ बरस गयी
सुना है कल जंगल की हवा में
इश्क़ की ख़ुशबू थी।

सन्धि-वेला

आषाढ़ वाले दिनों में
इस बार सावन उतरा
आषाढ़ वाले दिनों में
मैंने सुनी थी तुम्हारी आवाज़
आषाढ़ के ठीक आख़िरी और
सावन के पहले दिन की
सन्धि-वेला में
मौसम के प्रथम इन्द्रधनुष में
मैंने तुम्हें
सकुचाते हुए देखा

और ठीक उसी वक़्त
सौंधी बारिश ने
बिना शर्त
धो दिया
मेरा उदास अन्तर्मन।

कालरात्रि

चोटिल और बोझिल रातों में
बीते पल किसी दु:स्वप्न-से आकर
डराते हैं

एकान्त के तिमिर में
एक अकथ विरह की
लम्बी अनन्त
कालरात्रि
आ टिकती है
प्रेम और वेदना के मध्य

उल्लास और उम्मीद की
हर थाप मन्द होती जाती है
और
देर तक
गूँजती रहती है
असह्य वेदना भरी
अन्तिम विदा की दारुण प्रतिध्वनि।

वर्जित इच्छाओं की अपराधिनी

आज-कल
लम्बे दिन
और छोटी रातों में
कई ख़्वाब
एक-सी शक्ल लिए
आ रहे हैं

और दिन
बहुत देर से
अलसायी-सी शाम में
तब्दील हो रहा

नहीं-नहीं
ये ख़ूब तेज
चुहचुहाती गर्मियों वाले दिन नहीं

ये तो बस अभी-अभी आये
वसन्त के पीले दिन हैं
जो अचानक
इस लॉक डाउन में
प्रौढ़-से हो गये हैं

इस बार
होली के सतरंगी
दिनों के बाद
जाने क्यों इतने
बेरंग से हो गये हैं
दिन-रात

अपने जन्म से
अब तक
मैंने कभी भी
वसन्त को यूँ वीतरागी होते
नहीं देखा था

वसन्त के दिनों में
एक स्लेटी-सी सोच
भूरे-भूरे से हुए
मन के मौसम पर
भादों की बारिश-सी
उमड़ आ रही है

कुछ यादें
टीन का छप्पर हुई जा रही हैं
टप-टप को
ऐसे कब सुना था

शायद
नौवीं जमात में
अमृता प्रीतम की
किताबों में
मुँह छिपाये

अम्बर की
एक पाक सुराही
बादल का
एक जाम उठाकर
घूँट चाँदनी की पी है
हमने...

पढ़ती हुई
एक ठेठ क़स्बाई लड़की
इससे पहले
कि उस घूँट को
हलक में उतारती
उसे दसवीं तक सब कुछ
समझा दिया गया था
कि क्या,
कितना करना है
क्या सुनकर भी
अनसुना कर देना है
कौन-सी चिट्ठियाँ
बिना पढ़े फाड़ देनी हैं
और
कहाँ,
कैसे नज़र फेर लेनी है

और तभी
मन का छप्पर
कंक्रीट हो गया

कई भादों बीते...
पर टप-टप की कोई

आहट नहीं सुनी पर
अब सुन रही हूँ

वसन्त के इस मौसम में
हर दो दिन बाद अचानक से
बादल ख़ूब टूट-टूटकर बरस रहे
और वो टूटन
दिल तक आ रही

इन लम्बे दिनों में
वसन्त के
आख़िरी दिनों में
पाँच सालों में पहली बार
मैं अपने घर के
तीसरे माले की छत से
रोज़ शाम देख रही हूँ
ख़ूब साफ़ होती
और रौशनी में नहाई मसूरी

और ताज्जुब कर रही हूँ
कि पिछले पाँच सालों में
कभी अपनी टेरिस से
मसूरी को
ऐसे क्यों नहीं
देख पायी...

आज
बैंक जाने के लिए
इतने दिनों बाद
जब एकदम शान्त-सी

सड़क से गुज़र रही थी
तो रास्ते में दिखे
ख़ूब सारे
बैंजनी फूल

पहले भी रहे होंगे
पर जाने की तेज़ी में
कभी ग़ौर नहीं किया था...

आजकल
छोटी रातों में
अजीब से
बैंजनी
सुर्ख़
सपने आ रहे
ठीक वैसे
जैसे
कॉलेज के दिनों में
मेरी खिड़की पर
रोज़ सुबह रखे मिलते थे
कुछ बैंजनी फूल...

सोचती हूँ
उपदेश और अनुशासन
मानने वाली
मुझ-सी लड़कियाँ
क्या अपनी वर्जित इच्छाओं की
अपराधिनी नहीं

क्या कई कृत्य
इतने पवित्र नहीं होते
कि उनके न होने का
उम्र भर अफ़सोस हो।

खण्ड दो

स्मृति, स्वप्न और कामनाएँ

एक उत्कट प्रेम-कविता

किसी आदिम वनकन्या की तरह
कभी-कभी देखती हूँ
ख़ुद को
इच्छाओं के पारदर्शी ताल में

इकहरी अर्ध निर्वसन कमनीय काया
और लम्बी सर्पीली लटों में
बेतरतीब लगे पलाश या बुराँश के
कुछ सुर्ख़ फूल

किसी लोकगाथा के नायक से
अवतरित होते हो तुम
और मेरी अधखुली पीठ पर
धर देते हो हज़ारों चुम्बन
तुम्हारे चुम्बनों के
थोड़े गुलाबी, थोड़े स्याह मुहर से
मेले में गुदाये गोदने की तरह
सज उठती है
मेरी अधखुली पीठ

तुम्हारे आलिंगन के कसाव में
किसी वेगवती नदी की तरह

कसमसाता है मेरा समूचा जिस्म
और
तुम्हारे पहाड़ से सीने पर
सर टकराती हैं
मेरी उद्दाम और अतृप्त कामनाएँ

तुम्हारे बाँहों की मछलियों के मध्य
किसी चतुर मल्लाह के फेंके गये
जाल-सी मेरी जुल्फ़ें
तुम्हें खींच लाती हैं
प्रणय तट तक

दूर तक फैले चमकीले रेत पर
औंधे मुँह पड़ी मैं
देर तक सुनती हूँ
तुम्हारे अनियन्त्रित श्वासों
के आलाप

ध्रुपद, पहाड़ी या कहरवा राग-सी
प्रतिपल बदलती तुम्हारी
उत्तप्त साँसें

अक्सर दूधिया चाँदनी रातों में
मेरी कंचुकी के मध्य
तुम टाँक देते हो
गोल बटन की तरह
पूनम का चाँद

तो कभी किसी स्याह-सी
अमावस्या की

मदिर रात्रि में
आधे हँसिए-से उग आये
चाँद को उठा
खोंस देते हो मेरे जूड़े में

रात भर चमकीले रेत पर
मेरे अंग-प्रत्यंग पे तुम बनाते हो
जाने कैसे-कैसे भित्तिचित्र
और रचते हो जाने
कौन-कौन से सॉनेट

और सुबह
पहली किरण की नोक से
देते हो एक पूर्ण विराम

मैं सारा दिन अलसाई-सी पड़ी
ऊँघती रहती हूँ
जैसे ढेर सारे मदिरापान के बाद
बेसुध हो जाती हैं इन्द्रियाँ

या फिर भटकती रहती हूँ
किसी शापग्रस्त यक्षिणी की भाँति
किसी ऐसे लोक में
जहाँ सिर्फ़ मैं और तुम होते हैं

मेरी अधखुली आँखों में
किसी स्वप्न की तरह
आ विराजती है
तुम्हारी सुदर्शन छवि
तुम्हारी आँखों की पुतलियों

की नीलाभ आभा के बीच
रक्ताभ होते मेरे कपोलों पर
थिर आता है
एक असीम सुख

मेरी धवल दन्त पंक्तियों के बीच
तुम्हारी उँगलियाँ
मेरी कामनाओं को धार
चढ़ाती हुई
और
वर्जनाओं को रेतती हुई
सीधे-सीधे छाती तक उतर आती हैं

और अकुलाई
बौराई, पगलाई
पस्त-सी, पसीने से तर
तुम्हारे सीने में मुँह छिपाये
नाख़ूनों से उकेरती रहती हूँ मैं
किसी अबूझ भाषा में
एक उत्कट प्रेम कविता।

स्मृति, स्वप्न और कामनाएँ

मेरी गर्दन पर
किसी जुंबिश की तरह
महसूस होते हो तुम

ख़ासकर उन दिनों में
जब तुमसे दूर
बहुत दूर
मैं पढ़ रही होती हूँ
तुम्हारी लिखी कोई किताब

और किसी सफ़े पर
उँगलियाँ फिराते हुए
अचानक से आ जाती है
तुम्हारी शदीद याद

तुम्हें सोचते हुए
अजीब सी तपिश से
सुलग उठती है
कनपटी

धीरे से
कान के पास

हाथ फिराते हुए
उस असहनीय ऊष्मा से
बचने की कोशिश में
खोंसने लगती हूँ
कुछ घुँघराली लटें

कनपटी का ताप
धीरे-धीरे
उतरने लगता है
समस्त शिराओं में
पाँव के अँगूठे से
कच्ची मिट्टी पर उकेरती हूँ
तुम्हारा नाम

हवन में डाली गयी
पहली समिधा-सी
तुम्हारी स्मृति
अचानक से
सुगन्धित कर देती है
मन प्राण

और ख़ूब तेज़
खदबदाते अदहन-सी
उद्दीप्त कामनाएँ
तेज़-तेज़ उछालती हैं
सब्र का ढक्कन

मेरी गरदन से उतरती है
इच्छाओं की सर्पिणी
जो धीरे-धीरे

अर्ध वृत्ताकार घूमते हुए
लम्बी पीठ की तमाम
महीन हड्डियों के बीच से
फिसलती हुई
नाभि में कुण्डली मारकर
बैठ जाती है

ऐसी कामनाओं के
विषदन्त नहीं होते
न ही इनके दंश से
झुलसे हैं
कभी स्वप्न

ये कामनाएँ फन काढ़े
नाच दिखाती हैं
किसी सँपेरे के
नाग-नागिन की तरह

और तभी
मुझे ख़याल आता है कि
तुम्हारी याद
किसी सिद्धहस्त
सँपेरे की तरह
जानती है
गोरी कामनाओं को
नाच नचाना।

तुम्हारा नाम

तुम्हारा नाम लेते ही
त्वरित तड़ित-सी
उद्दीप्त कामनाएँ
दौड़ जाती हैं
शिराओं में

महीनों से जमा
रक्त प्रवाह
ऋषिकेश के गंगा की तरह
हाहाकार करने लगता है

प्रेम सूक्ष्मता से स्थूलता की ओर अग्रसर होता है
तुम्हारी चाहना के अग्निकुण्ड में
किसी इच्छित समिधा-सा मेरा आहूत होना
कितना अद्भुत, अलौकिक
और मोक्षमय है

जलती, बुझती राख होती
मैं कितनी प्रेममय
स्थितप्रज्ञ, शान्त और सम्पूर्ण

हुई जाती हूँ
तुम्हारी स्मृति ही
मेरे प्रेम की पराकाष्ठा है

कामना और प्रेम के ठीक
मध्य और चरम पर
जाग्रत कुण्डलिनी अवस्था में
ध्यानमग्न जोगी की तरह
तुम्हारी सुध में
बेसुध होना ही
प्रेम का चरमोत्कर्ष है।

प्रेमिकाएँ चुप रहीं

प्रेमिकाएँ चुप रहीं
क्योंकि चुप्पी प्रेम की चहेती भाषा है
प्रेमिकाएँ प्रेम के अतिरेक में भी चुप रहीं

प्रेमी के स्नेहिल उद्दाम स्पर्शों से कमनित होती
श्वाँस-श्वाँस विसर्जित होती
कण-कण विगलित होती
अपनी ही चाहनाओं की ऊष्मा में धधकती
प्रेमिकाएँ चुप रहीं

प्रेमिकाएँ तब भी चुप रहीं
जब उनका प्रेमी
किसी और को आँख भर देखता हुआ
किसी और देह की लालसा करता
ख़ुद से झुँझलाता हुआ
उनकी व्यथित आत्मा
और शान्त-क्लान्त
चेहरे को देखता रहा

वो चाहता रहा कि
अपमान, तिरस्कार, भर्त्सना के कुछ कठोर शब्द

उसके कानों में गर्म शीशे की तरह उड़ेल दिये जायें
जिससे उसके अन्दर का मलबा साफ़ हो सके

पर प्रेमिकाएँ तब भी चुप रहीं
न चीख़ीं, न चिल्लायीं
बस चुप रहीं

दु:ख किसी मियादी बुख़ार-सा
आ टिका उनके जीवन में
विरह के स्वेद कणों से भीगे
विश्वास की काया को
विरक्ति के आँचल से पोंछ
उन्होंने सहलाया
प्रेमी का माथा

मोह, पीड़ा, उद्विग्नता और
घोर विवशता के ताप से
जब धधकने लगा उनका
अशान्त मन

तब उन अतिशय बीमार, लाचार पलों में
प्रेमिकाओं ने
ज़ोर-ज़ोर से
बहुत ज़ोर से चीख़ना चाहा
चिल्ला-चिल्ला कर
रोना चाहा
और किसी भूकम्प में ढह रहे मकान की तरह
प्रेमी की बाँहों में बिखरकर
उनके सीने में जमींदोज़ हो जाना चाहा

ऐन उसी वक़्त
प्रेमियों के
बस एक स्नेहसिक्त चुम्बन ने
सिल दिये उनके होंठ
और
घुल गया सारा विषाद
गुम गया सारा विलाप
घुटी रह गयीं सारी शिकायतें
उतर गया हर मियादी बुख़ार
और प्रेमिकाएँ चुप रहीं।

प्रेमी की पूर्व प्रेमिका

मुझे आख़िर तक उसका नाम नहीं पता था
जबकि हमारे प्रेम की सबसे सुन्दर सपनीली
कामुक रात में ही
अचानक
उसका ज़िक्र आ गया था
हमारे बिल्कुल नये नवेले
नवजात शिशु से प्रेम के सामने

उसका जिक्र
मेरे कोमल प्रेम के अबोध मुख पर लगा
सबसे ज़ोरदार चाँटा था

मैं देर तक स्तब्ध थी
शायद उस चोट से
उबर नहीं पा रही थी

मेरा प्रेयस
एक ऐसी फँसी हुई स्थिति में था
जहाँ से चाह कर भी
न लौट पा रहा था
और न ही ठहर पा रहा था

और मैं किसी डरे-सहमे शिशु की तरह
उसकी उँगलियाँ छोड़ पाने में
असमर्थ थी

हम दोनों प्रेम की भीषणतम
यातनाओं से
रोज़-रोज़ गुज़र रहे थे
पर, अब हम तीन लोग
एक ही धुरी से बँधे थे

मेरे प्रेमी ने मेरी गोद में
सर रखकर
अपनी सजल आँखों से कहा था
उसका कोई नहीं है मेरे सिवा...

और मैं छन्न-से...
तपते तवे पर गिरी बूँद-सी
जल उठी थी
अपने बेहद लाचार, कमज़ोर और बेआवाज़ स्वर में
मैंने उससे पूछा
–और, मेरा कौन है?

वह देर तक अपनी पनीली आँखों से
मेरी आँखों में डूब जाने की हद तक देखता रहा
और बहुत तेज़ी से अपनी बाँहों में भींच
एक गहरा तप्त चुम्बन मेरे माथे, मेरी आँखों,
और होंठों पे धरता हुआ

गले तक पहुँच
प्रेम, उन्माद और व्यग्रता के अतिरेक में
मेरी कानों में फुसफुसाया
मैं क्या करूँ?

उसे मेरी ज़रूरत है
और मुझे शायद तुम्हारी।

तुम्हें प्रेम करते हुए

बहुत दिनों बाद मैंने अपने पैर के नाख़ूनों को
ठीक से नेल फाइलर से घिसा
इससे पहले ज़िन्दगी की भाग-दौड़ में
अपने ही पैरों को ठीक से देखने
निहारने या सँवारने के मौक़े इतने कम मिले
कि पाँवों पर कभी ग़ौर फ़रमाने का
वक़्त ही नहीं मिला
ढेर सारी मौसमी
और कुछ कलात्मक ज़ुराबें ही
पाँव छिपाने के बेहतर विकल्प लगीं

और शायद ये भी लगा कि
रोज़ की भागमभाग
और रुटीनी ज़िन्दगी में
कहाँ किसे इतनी फुरसत है जो
मेरे पाँव को आँख भर देखे
ख़ासकर तब जब मेरे पाँव
मीना कुमारी की तरह
नाज़ुक, गुदाज और गोरे नहीं

पर फिर भी
पिछली मुलाक़ात में तुम्हारी कहीं बात

एकदम से याद आ गयी
कि तुम्हारे पैर की उँगलियाँ भी हाथों की तरह
लम्बी और पतली हैं
मैं थोड़ा झिझकी थी और पाँव समेटे थे
क्योंकि मेरे पूरे बदन में मेरे पाँव मुझे हमेशा से नापसन्द थे
उन्हें अक्सर मैंने ढँक कर ही रखा था

पर तुमसे मिलने के बाद जाने क्यों
मुझे ऐसा लगने लगा कि सच में मेरे पैर की
उँगलियाँ थोड़ी कलात्मक हैं
शायद करीने से कटे नाख़ून और नेल पॉलिश में
मैं बिना जुराबों के भी कहीं जा सकती हूँ

बड़ी बात ये नहीं थी कि तुम्हें मेरी उँगलियाँ पसन्द आयीं
बड़ी बात ये थी कि तुमसे मिलने के बाद
पहली दफा मैंने
अपने पैरों को इन्सानी नज़र से देखा
उन्हें तवज्जो दी
और बिना जुराबों के
खुली साँस लेने की इजाज़त भी

तुम्हारे प्रेम में मेरे अन्दर की स्त्री ने भी
ठीक ऐसे ही भरपूर साँस ली और
ख़ुद के प्रति आश्वस्त हुई

तुम्हें प्रेम करते हुए
मैंने अपनी आँखों से देखा वो सब
जिन्हें पूरी ज़िन्दगी
अपने साथ रहते हुए भी कभी नहीं देख पायी थी।

अव्यक्त कामनाएँ

देर रात
बिस्तर में औंधे मुँह पड़े हुए
अपनी ही किसी लट की छुअन से
जागती हैं
अव्यक्त कामनाएँ

कनपटी पे सुलगता है
किसी के साँसों का ताप
कमर पर महसूस होता है
किसी आलिंगन का दबाव

मध्य नाभि
खिलती है कोई कमलिनी
अजब सुवास से भर उठता है
मन प्राण

केसर कस्तूरी या लोबान-सी
एक मर्दानी गन्ध
उन्मत्त किये जाती है
प्रतीक्षाओं के प्रहर

सभी पल याचक से
देखते हैं राह
कि तकिये में
मुँह छुपाये
कुन्तल केश से ढके
इस धवल मुख को
कब मिलेगा
वांछनीय स्पर्श।

तुम्हारी स्मृति

तुम्हारी स्मृति को
चुपचाप
ताबीज़ बनाकर पहन लेने के सिवा
मैं और क्या कर सकती हूँ!

तुम्हारी सुधि को हर आँख से
बचाती मैं कौन सा जतन करूँ

उसे विस्मृति के
किसी नदी-पोखर में भी नहीं फेंक सकती
मुझे डर है वक़्त की जाल में फँस कर
बाहर आते ही
खुल जायेंगे मोह के सभी धागे
और ताबीज़ में छुपा
तुम्हारा नाम
मुझे कटघरे में ला खड़ा करेगा

तुम्हारी हिदायत के हिसाब से
वो ताबीज़ न गले में पहनी जा सकती है
न बाँह पे बाँधी जा सकती है

बस एक ही जगह बचती है
जहाँ हर नवरात्र माँ बाँधा करती थी
काले मोटे डोरे में देवीस्थान के
भभूत वाला गुप्त ताबीज़
जिसे न कोई देख सके न जान सके

वैसे ही गुप्त तरीक़े से
बाँधनी होंगी तुम्हारी स्मृतियाँ

पर तुम बताओ
मेरे देखने भर से
असहज होता तुम्हारा चित्त
क्या मेरी कमर में चुपचाप स्थिर रह पायेगा?

आख़िरी चाह

ये प्यार के उतराव वाले दिन थे
बिल्कुल ऐसे दिन
जब हम प्रेम की व्यग्रताओं से
बहुत आगे निकल चुके थे और
शान्त स्थिरचित्त होकर
जीवन को एक अलग
सम्यक दृष्टि से
देख समझ रहे थे

उन्हीं दिनों की मुलाक़ातों में
ऊँचे घुमावदार पहाड़ी रास्तों से
उतरते हुए
समस्त चेतना पर अंकुश रखते हुए भी
ढलान वाले रास्ते में
सुनसान दरख़्तों के बीच
एकाएक गाड़ी रोककर
बीच सड़क, शतांश भर के
उस चुम्बन में
आख़िर ऐसा क्या था
कि महीनों बाद भी
मेरी बायीं कनपटी सुलग रही है

हम शायद आख़िरी फूँक की तरह
जिस प्रेम को हमेशा के लिए बुझा रहे थे
जाने कैसे एक आख़िरी बची चाह ने
राख होती कामनाओं को लहका दिया।

वसन्त

वसन्त के बौराए हुए
सपनीले से दिनों में
देह में
अचानक आ उपजते हैं
इच्छाओं के रंग-बिरंगे फूल

लज्जा का अतिक्रमण कर
झाँकने लगती हैं
वर्जित कामनाएँ

ऐसे मादक दिनों में
अपनी ही देहगन्ध से
चकित होने लगती हूँ
एक तेज़ सी ख़ुशबू
में डूबने लगता है
मेरा सारा संयम

इच्छाओं को नियन्त्रित करती
लम्बी-गहरी श्वास भर
ख़ुद को तनिक-सा
स्थिर करती हूँ

पर शदीद ख़्वाहिशें
पालतू खरगोश-सी
गोद से नहीं उतरतीं
ऊधम मचाती रहती हैं

किसी अदेखे वक्ष पर सर टिकाने की
उद्दाम इच्छा से
कसमसाती हुई देह
यकायक तनती है
और
लम्बी ग्रीवा पीठ की तरफ़
झुकती हुई-सी
बदल देती है
सारे देह-विन्यास

किसी कलावीथि की
रतिरत यक्षिणी की तरह
मेरे अधरों पर तिरती है
रहस्यमयी मन्द मुस्कान
बेवजह उभरते हैं
आँखों में लाल डोरे
और कम्पित होते हैं
समस्त मन प्राण

इस मादक माह में
मर्यादा की सारी सीमाएँ तोड़कर
बेलगाम अश्व-सा भागता है मन

और फिर
तमाम नैतिकताओं को

ख़ारिज करती
उपजती है एक ढीठ-सी चाह
कि काश! टूट जायें
देह के सारे तटबन्ध

ठीक हरसिंगार की तरह टूटकर कण-कण
बिखरने को आतुर

इस वसन्त
इतना ही चाहती हूँ कि
ऐंठ कर धनुष हुई इस देह पर
कोई चढ़ा दे
प्रेमप्रत्यंचा।

स्मृति

तुम्हारे
चले जाने के बाद भी
मेरे दाहिने पैर के अँगूठे में
फँसा हुआ है
तुम्हारे
आतुर होंठों का वलय।

ख़्वाहिश

बची हुई ढेर सारी
ख़्वाहिशों में
एक छोटी-सी ख़्वाहिश
ये भी है कि
काश!
टिका सकूँ अपना माथा
तुम्हारे सीने पर
और चूम सकूँ
तुम्हारी वो आँखें
जिन्हें अब तक ठीक से
सीधे-सीधे देख भी नहीं पायी।

आख़िरी बोसा

तुम्हारे होने और नहीं होने के बीच
कन्दील-सी लटकी
जगमग रहती हैं
तुम्हारी महीन स्मृतियाँ

तुम्हारे तीव्रतम चुम्बन
किसी तिल से ठहर जाते हैं
मेरे जिस्म के तमाम अनावृत गोशे में

तिल से ठहरे हुए वे चुम्बन
यकायक
रातरानी की तरह
उग आते हैं समूचे जिस्म पर और
ख़ुशबू की चादर से ढक जाता है
मेरा सारा वजूद

सरापा फूल हुए जिस्म पे
ख़ुशबू की चादर लपेटे
चमकीली चाँदनी रातों में
टूटते सितारे से
तुम्हारे ख़ैर की मन्नत माँगने
शब के आख़िरी पहर तक

बैठी रहती हूँ चुपचाप
मीर ग़ालिब से जॉन एलिया तक को
हर्फ़ दर हर्फ़ पढ़ती हुई

तुम्हारे वस्ल की नदी में उतरना
जैसे चाँद का पानी में उतरना है
न हो सकने वाली चीज़ों के
तिलिस्म की तरह
तुम्हारा वस्ल भी
एक ख़ूबसूरत तिलिस्म ही तो है

इससे पहले कि ख़त्म जाये ये दुनिया
इससे पहले कि ख़त्म हो जायें
कायनात के सारे तिलिस्म
इससे पहले कि मैं भूल जाऊँ
तुम्हारे लम्स का एहसास
तुम्हारे लबों की चाशनी

तुम आओ
आओ न कि
तुम्हारे ही दिये
आख़िरी बोसे के साथ
मैं इस दुनिया को कह सकूँ
विदा...विदा...अलविदा।

खण्ड तीन

प्रेम की नागरिकता

नींद

मेरी टूटी हुई नींद के टुकड़े
क्या कभी
तुम्हें गाढ़ी नींद में चुभे हैं।

प्रेमिकाओं के वॉर्डरोब

भूलाई गयी प्रेमिकाओं के
वॉर्डरोब में
सालों बाद भी
मिल जाते हैं

छोड़ कर जाने
और कभी
ना आनेवाले
प्रेमियों के
दो-चार शर्ट
रूमाल, लाइटर, क़लम, वॉलेट
और कुछ ख़त

वे आरक्षित कोने
कभी ख़ाली नहीं हो पाते
दिल और दिमाग़ की तरह।

श्राप

प्रेमिकाओं को
कभी न मिल सके
इच्छित वरदान

क्योंकि
हर बार
पूजा के समय
ईश्वर की जगह
वे बुदबुदाती रहीं
प्रेमियों के नाम।

नास्तिक

तुम्हें प्रेम करते हुए
मैं ठीक वैसे ही
तुम्हारे क़रीब आयी

जैसे कोई नास्तिक
चला जाये हठात्
किसी मन्दिर में
और
वहीं कहीं बैठ
लिखने लगे
कोई बेहद उदास-सी नज़्म।

वर्जित कामनाएँ

वर्जित कामनाएँ
एकाएक दाख़िल होती हैं
और समूचे हृदय पर
कब्ज़ा कर लेती हैं

लज्जा
एक हारी हुई सम्राज्ञी की तरह
सर झुकाये
खड़ी रहती है।

वह लड़का

अब सोचती हूँ कि
प्रेम मनुष्य को कितना उदार और
सच्चा बना देता है
आज भी याद करती हूँ उस लड़के को
जो मुझसे शायद बेइन्तहा प्रेम करता था
और उसी ने पहुँचाया था
मेरा प्रथम प्रेमपत्र उसे
जो क़ायदे से उसका रकीब था।

फागुन

इन्तज़ार का नीला रंग
याद का हरा रंग
प्यार का लाल रंग
एतबार का पीला रंग
और वस्ल का अबरखी रंग
ये सारे रंग
इस साल का फागुन
हमारे जिस्मों पर मल गया।

देहगन्ध

औरत की नाक
सूँघ ही लेती है
हज़ार परतों में
दबाई गयी
परायी देहगन्ध।

अन्त

अगर तुम मुझे मार ही डालना चाहते हो
तो तुम्हें छल या षड्यन्त्र करने की कोई ज़रूरत नहीं
तुम बेकार की नफ़रत में ख़ुद को नष्ट न करो
आओ और मुझे प्रेम करो

मेरा अन्त करने के लिए बस
प्रेम ही काफ़ी है।

प्रेम की नागरिकता

आख़िरकार
प्रेम की नागरिकता में
दर्ज हुआ
मेरा स्थायी पता
तुम्हारी स्मृतियाँ!

विस्मृत

तुम्हारा आना
दर्ज है मेरी स्मृतियों में
तुम्हारे जाने को
मैंने विस्मृत कर दिया है।

शिकन

सपनों में हुए
वर्जित प्रेम-सी होती हैं
कुछ कविताएँ

जो
ज़िन्दगीभर
किसी नाजायज़ औलाद-सी
पढ़ी जाती हैं
रिवाज़ों के माथे पर
शिकन देकर।

सीमाएँ

सम्भावनाओं की आख़िरी हद तक
स्त्री
प्रेम करना चाहती है,
जबकि
पुरुष
सहूलियत के सुविधाजनक धरातल पर
जीना चाहता है
प्रेम।

तुम्हारी मुस्कान

मैं देखती रह जाती हूँ
तुम्हारी बहुत प्यारी-सी
मुस्कुराहट
और अचानक फिसल जाती हूँ
तुम्हारी मुस्कान के उस
ढलान पर
जहाँ से ऊपर देखती हूँ
तो सारा आसमान
बस मेरा होता है।

गुलाल

वसन्त से सारे पीले दिन
और प्रेम के गुलाबी माह को
रोक रखा है
तुम आना तो
तुम्हारे चेहरे पर मल दूँगी
पीले-गुलाबी गुलाल।

मेरे हिस्से का वसन्त

मेरे हिस्से का वसन्त
वहीं कहीं रह गया
छूट गया
पिता के आँगन में लगे
ऊँचे नीम की शाख पर।

उपेक्षा

विरह की
भीषणतम पीड़ा से भी
तीव्र और मारक होता है
प्रेम में
उपेक्षा का दंश।

प्रेम का निर्वहन

तुम्हारे बारे में सोचते हुए
मन को ख़ूब उदार करते हुए
प्रेम को पूरी आज़ादी देते हुए
हर धड़कती आशंका को
एक झटके में
छाती से विलग करते हुए

आमने-सामने दिख रहे छल से
आँखें मींचते हुए
सारी पीड़ा, संत्रास
और बेचारगी के मध्य
एक कृत्रिम मुस्कान में आबद्ध
मैं बनी रही
सच्ची प्रेयसी और समझदार स्त्री

मेरे और तुम्हारे प्रेम में
प्रेम का निर्वहन मेरे हिस्से था
और आज़ादी तुम्हारे हिस्से।

अथाह दुख

हज़ार बार प्रेम में पड़ सकने का जोखिम
उठा सकने वाली
स्त्रियाँ ही सँभाल सकीं
ईश्वर की सत्ता के नियोजित
अथाह दुख।

चुप्पी

चुप रहने से
सच नहीं बदलता

निर्बाध मुस्कुराता
रहता है
मौन के कोमल आवरण में

पर
कई बार अनावश्यक शोर में
क्षत विक्षत हो जाता है
या
किसी अबोध बालक-सा
खो जाता है
सच।

चरित्रहीनता

तुमने बग़ावत की
तो उसे कहा गया
पौरुष
हमने बग़ावत की
तो कही गयी
चरित्रहीनता।

दुखद

दुखद सिर्फ़ ये नहीं होता
कि हम किसी की ज़िन्दगी में क्यों नहीं हैं

दुखद होता है
कि हम किसी की ज़िन्दगी में होते हुए भी
उसके दिल और ज़रूरतों में क्यों नहीं।

अपनी उपस्थिति में भी ख़ुद को
अनुपस्थित पाना
सबसे ज़्यादा दुखद होता है।

गुमचोट

तुम्हारे जाने
और आने के मध्य
हमेशा छूट जाता है
कोई न कोई
वादाख़िलाफ़ी का पल

जिसे लाख सावधानी से
चुनते बटोरते हुए भी
मैं नहीं बच पाती
उस सूक्ष्म खरोंच से
जो हर पल
मुझे टीसता रहता है
एक गुमचोट की तरह।

जीवन

जीवन ने मुझे फिर फिर
आश्वस्त किया
कि सबसे ज़्यादा
संवेदनशील
और मनुष्यता के प्रति
परम आग्रही
लोग ही
प्रेम में
सबसे ज़्यादा और
बुरी तरह छले जाते हैं।

सम्बन्धों की साँकल

अपने आसपास का बिखरा झूठ
सहेजते-सहेजते थकने लगी हूँ

थकने लगी हूँ तुम्हारे छल और खोखलेपन से
नहीं बुहारे जाते तुम्हारे वादाख़िलाफ़ी के बिखरे शीशे

मन के झरोखे पर
नाउम्मीदी के जाले फैलते जा रहे हैं
और प्रेम का दरवाज़ा
बेवफ़ाई की बारिश में भीग-भीगकर
इतना पसर गया है
कि ठीक से बन्द नहीं हो पा रही
सम्बन्धों की साँकल।

काठ-मन

मन को कितना भी
काठ कर लो
दुख किसी आरी-सा
चीर ही देता है उसे

दुख के पंजे
खरोंच ही देते हैं
काठ-से मन को भी

दुख से बचने के लिए
काफ़ी नहीं होता
कलेजा काठ कर लेना।

कठपुतली

सबसे ज़्यादा
सशक्त और बुद्धिजीवी
स्त्रियाँ ही
प्रेम में सबसे ज़्यादा
असफल रहीं
क्योंकि वो चाहकर भी
न बन सकीं
किसी के हाथ की कठपुतली।

खण्ड चार

पिता के लिए नहीं लिखी कोई कविता

यात्राएँ

यात्राएँ
हमें कभी
पूरा का पूरा
लौटने नहीं देतीं
यात्राओं में
हम अक्सर छूट जाते हैं
थोड़े-थोड़े
उन जगहों पर
जहाँ पहुँचकर
हमने ठहर जाना चाहा था

सबसे ज़्यादा तो छूटते हैं हम वहाँ
जहाँ हम जैसे अजनबियों को
बरसों बाद लौटे किसी
रिश्तेदार की तरह
हुलस कर अपनाया गया

खाने की थाल में छूट गये
आख़िरी किसी कौर की तरह
छूट जाती हैं कई ख़्वाहिशें
जो उस यात्रा में चाहकर भी
पूरी न हो सकीं

खींची गयी तस्वीरों में
हमारे साथ आती हैं
यात्राओं की मधुर स्मृतियाँ

जिसके हरेक दृश्य में
हम पाते हैं ख़ुद को
पूरा का पूरा
वहीं उन्हीं यात्राओं में।

शुरुआत

कई बार
जिसे हम किसी यात्रा की समाप्ति समझ लेते हैं...
दरअसल
वह एक नयी यात्रा की शुरुआत होती है।

सुख-दुख

एक

चौंकती हूँ
सबसे ज़्यादा
सुख की आहट से

सुख हमेशा मिला
किसी भीतरघात की तरह

या शायद छोड़ कर जाते
प्रेमी की तरह

सोचती हूँ
दुख न होता
तो कैसे जान पाती कि दुनिया
दुख के हाथों नहीं
सुख के हाथों छली जाती है।

दो

दुख
इतने आकस्मिक थे कि
सुख के पाँव ठिठक गये
दुख ने बस
आँख भर देखा
और
सुख के सारे पल
बेवफ़ा प्रेमी से पलट गये।

दुख

एक

दुख
एक अनवरत बारिश
और सुख
बस एक रेनकोट।

दो

दुख ठाठे मारता
समन्दर
और सुख
एक
छोटी-सी कश्ती।

पिता के लिए नहीं लिखी कोई कविता

अपनी सारी डायरी खँगालते हुए
कहीं नहीं मिलती
पिता के लिए लिखी गयी
कोई भी कविता

मुझे नहीं पता
भाई के लिए कैसे लिखीं
इतनी कविताएँ
उसके बारे में सोचने बैठूँ तो
आँखों में तिरती हैं
जाने कितनी छवियाँ
और उसकी तो
हर छवि पर लिख सकती हूँ
जाने कितनी कविताएँ

माँ के जाने के बाद ही लिख पायी
माँ के लिए पहली कविता
शायद इसलिए कि
जीते जी माँ ऐसे ही रही
जैसे कोई बेटे वाली स्त्री
अपनी बेटी के साथ रहती है,

पर माँ के चले जाने के बाद
बेटे वाली माँ जाने कैसे
एकदम बराबर सी बँट गयी
हम दोनों में
माँ के चले जाने के बाद
उसे ज़्यादा बराबरी से पाया मैंने
शायद इसीलिए लिख पायीं
माँ के चले जाने के बाद
उस पर कोई कविता

लिखा तो मैंने भतीजे के लिए भी था
क्योंकि बुआ शब्द की तरलता में
मन पर उलीचे गये तमाम
अनावश्यक संवाद
धुल उठे थे
और सब कुछ कितना नरम, शफ़्फ़ाक-सा हो गया था

पर पिता के लिए क्यों नहीं लिखी कोई कविता...?
इसका क्या जवाब देती!
हर बार पूछे गये इस
सवाल से ज़्यादा ज़रूरी था
चुपचाप ख़ुद को टोहना

पिता को याद करते ही
जाने क्या हो जाता है
पिता को सोचते ही
चेतनाशून्य
कोमा मरीज़ सी हालत हो जाती है
अनुपस्थित पिता को
अपने चारों तरफ़ साकार देखती हूँ

कई बार तो लगता है कि
दूध में मिसी गयी रोटी और
सादी परवल की सब्ज़ी का भाप
उठ रहा सामने की मेज़ से

अर्ध अल्जाइमर जैसी व्याधि से
पीड़ित पिता का चेहरा
दुधमुँहे बच्चे-सा लगता है
बुशर्ट की जेब में पाँच सौ रुपये को
बार-बार चौकन्ना होकर
टटोलते हुए पिता
और शाम होते ही किसी बहाने से
पैसे गुम जाने का शोर मचाते हुए पिता

हालाँकि पाँच सौ का नोट
नाती के पॉकेट में डालने की
चेतना थी उनमें
सबके नाम पर अजनबीयत दिखाते हुए भी
बबली ...मेरा नाम सुनते ही
उछाह से भर उठते पिता
उनकी बीमारी को भला डॉक्टर भी कहाँ समझ पाया होगा

मस्तिष्क की जाने किस शिरा में
अटका था मेरा नाम
जो बाक़ी सब भूल जाने पर भी याद रहा
सोचती हूँ, मेरा नाम धरते हुए
हुलसते पिता को
क्या इसका किंचित भी आभास रहा होगा कि
अपने आख़िरी दिनों में सब भूलते वक़्त
वो इसी एक नाम को याद रख पायेंगे

अपने हाथ में दो लुंगी, दो बुशर्ट पैंट लिए
एक थैला बग़ल में दुबकाये
हर बार मेरे जाते वक़्त
बरामदे में सामने आते हुए पिता
धीरे से फुसफुसाते...
इतना धीरे कि सिर्फ़ मैं ही सुन पाती

सुनती कम काँपती ज़्यादा...
तुम्हारा घर है न...?
पूछते हुए पिता की
प्रश्नवाचक नज़रें मुझे बेधतीं
उनकी शंका का क्या करूँ
हाँ...!
थूक घोंटते हुए बोलती...
हालाँकि जानती थी, उन्हें याद होगा कि
मेरा कोई घर नहीं था
मैं किसी किराये के मकान में थी

घर से निकले लोग
किराए के मकान में ही तो जाते हैं
फिर भी मेरा बहुत मन होता
कि उस मकान को घर बना लूँ
ले जाऊँ पिता को उसी घर में
उनके छोटे-से थैले के साथ

पिता ख़ुद की बनायी कोठी में
इतने अपरिचित थे
कि जीवन भर की कमाई और
वैभव से विरक्त
उस एक थैले में ही सन्तुष्ट थे

और मेरी ऐसी विवशता कि
साथ चलने की मनुहार करते पिता को
अपने साथ रख पाने का
न हौसला था
न इजाज़त
यूँ भी बेटे वाले माँ-बाप भला कब
बेटियों के मकान तक आ पाते हैं

पिता के राजसी वैभव में पली कोमल देह
वक़्त की निष्ठुरता से काठ-सी हो गयी है
और पिता से आनुवांशिक मिली
बड़ी-बड़ी आँखों में आने लगे हैं
दुखों के कुछ मोतियाबिन्द

जैसे ही कुछ लिखने बैठती हूँ
धुँधला सा जाता है सब
तुम्हें याद करते हुए
बस काँपते हैं प्राण...
ऐसे में, पिता तुम्हीं बोलो!
कैसे लिखूँ कोई कविता?

भाई (तुम्हें देखते हुए)

तुम्हें देखते वक़्त
मैं और कुछ नहीं देख पायी

नहीं देख पायी
जीवन के अकथ विषाद से
स्याह हुए थके-माँदे
हताश-निराश
वर्तमान का चेहरा

तुम्हें देखते हुए मुझे याद आता है
बस मेरा माजी
तुम्हें देखते हुए मैं लौट जाती हूँ
कई बरस पीछे
ख़ूब याद आता है
घर के ठीक पीछे का बाग़ीचा
आँगन में झुकी नीम की डाल
गर्मी की रातों में मसहरी लगाकर
गप्पें मारते दोनों

तुम्हें देखते हुए नहीं रोक पाती
अपने अन्दर उमड़ते अगाध प्रेम का वेग
तुम्हें सोचते हुए

कितनी रातें उठ-उठ कर बैठ जाती हूँ
सोचती हूँ, क्या तुम भी कभी
अचानक जागकर
ऐसे ही हमारे बचपन और
जवानी के सुन्दर दिनों को याद करते हो

स्मृतियाँ रौंदती हैं
रिश्तों के मध्य उग आये
अनावश्यक गिले-शिकवे और
औपचारिकताओं के झाड़-झंखाड़ को

मेरे सामने होता है एक
गोरा-चिट्टा, बड़ी-बड़ी आँखों वाला
गोल-मटोल बच्चा
जिसकी मुस्कान में झलकते थे
मोती जैसे दूधिया दाँत

जो घर से बाहर निकलते ही
बड़ी चुस्ती से
न सिर्फ़ मेरी उँगलियाँ पकड़ता
बल्कि
मेरी ढेर सारी परेशानियाँ भी
अपने नन्हे हाथों में समेट लेता था

मसलन मेरे खेल में हारने पर तमतमाते हुए
सारा खेल भांड देना
या क्रोध में नथुने फुलाते हुए
ललकारना

खेल भांड देना
एक प्रतिशोध था
मुझे हारा हुआ देखना
तुम्हें कभी अच्छा नहीं लगा

तुम्हें देखते वक़्त
मैं अब भी अपमान और प्रतिशोध में जलते
उस मासूम बच्चे के आँखों की पीड़ा
नहीं भूल पाती

तुम्हें देखते वक़्त
मैं हर पल याद रखती हूँ
तुम्हारे भोले चेहरे की विवशता और
वही तमतमाहट
और शायद तुम्हारी उन्हीं आँखों ने
मुझे सिखाया है
जीवन से लड़ना और बार-बार जीतना

तुम्हें देखते हुए
सच में भूल जाती हूँ
ज़िन्दगी का हर सन्ताप
नियति के हर खरोंच
भूल जाती हूँ सारे अवांछित दुख
अपमान, पीड़ा,
अघोषित चरित्र हनन
क्रूरतम साज़िशें
जघन्यतम प्रताड़नाएँ
पीठ पीछे की फुसफुसाहटें
सबकी आँखों का परायापन

तुम्हें देखते हुए
भूल जाती हूँ वो सब कुछ
जो तुम्हारे नहीं होने पर
कभी नहीं भूल पायीं

तुम्हें देखते हुए उतर आता है
जैसे पूरा का पूरा वसन्त
करती हूँ शुक्रिया
मार्च के इस सुन्दर माह का
जिसकी आमद हो तुम

पुरी के समुद्र सा उफान खाता है
मन का नेह और
नवाती हूँ सर, उस अज्ञात को
जिसकी सत्ता पर सबसे ज़्यादा प्रश्न भी
मैंने ही उठाये थे
पर नास्तिक होने से पहले
हर बार
याद आ जाते हो तुम

तुम्हें देखते हुए बहुत याद आता है
हमारा घर
हमदोनों का घर
जो अब माँ, पिता के नहीं होने से
घर कम और तीर्थ ज़्यादा हो गया है

इस हर साल अकेले जाते
और बन्द घर की चाबियाँ खोलते हुए

मुझसे आ लिपटती है
बरसों पुरानी तुम्हारी देहगन्ध
पैरों पे महसूस होती है
स्मृतियों की मुलायम छुअन...

तुम्हें याद करते हुए
अक्सर सोचती हूँ
कि काश तुम्हें रोज़-रोज़ देख पाती
तो कितना सुन्दर हो जाता यह जीवन।

जन्मदिन

मेरे बच्चे
जब तुम्हारे आने की बात
मैंने पहली बार सुनी थी

तो जैसे
मेरे कानों में मिश्री घुली थी

जब तुम अपनी माँ के पेट में
धीरे-धीरे बढ़ रहे थे
तो तुम्हारे साथ-साथ
बढ़ रही थीं
मेरी ढेर सारी आकांक्षाएँ
और आशाएँ

जब तुमने पहली बार
अपनी माँ के पेट में
लात मारी थी
मुझे लगा था
ये ठोकर
मेरे जीवन के
सभी अवांछित पलों पर है

तुम्हारी माँ के पेट के
बढ़ते उभारों की तरह
पूरे आसमान पर
एक सतरंगी चन्दोवा तन रहा था

बहुत सालों बाद
बदलने लगा था
मेरे मन का मौसम

अब सिर्फ़ दिन और रात नहीं
बल्कि सूरज-चाँद-सितारों
के अलावा
सपनों और उम्मीदों के
छोटे-छोटे गुब्बारे भी थे

मैंने उनमें बैठ कर
भरी थी
एक नयी उड़ान
और शायद तभी नाप पायी
अपने हिस्से का आसमान

मेरे बच्चे
बिहार के पास
झारखण्ड में
जब पहली बार
तुम आये इस दुनिया में
तो
सुबह-सुबह
पंछियों के
कलरव की तरह

मेरे कानों तक आया
तुम्हारा पहला क्रन्दन

तुम्हारे आने की ख़बर के साथ
आयी पहली बार "बुआ"
कहलाये जाने की
अद्भुत ख़ुशी...
उस ख़ुशी की व्याख्या के लिए
शब्दों से रिक्त हो जाता है
मेरा समृद्ध शब्दकोश

तुम्हें जब पहली बार देखा तो
मुझे एकदम से याद आये
लड्डू गोपाल

तुम्हारी बड़ी-बड़ी आँखों
पर गिरते ख़ूब घुँघराले,
घने बालों को देख
सबने कहा कि ठीक
बुआ जैसे हैं बाबू के बाल...
तुम्हारी मासूम आँखों में दिखी
एक अजीब सी स्निग्ध-शान्ति
जैसे तुम्हारे आने से
सब कुछ ठीक हो जाना है

इतने बरस बाद भी
मेरी हथेलियों में है
तुम्हारे प्रथम स्पर्श की गर्माहट
और तुम्हारी विहँसती आँखों की
अबोली आश्वस्ति

मेरे बच्चे
तुम्हारे बढ़ने के साथ
घटता गया मेरा हर डर
क्षीण होती गयी हर निराशा
समाप्त होता गया हर दुख

तुम पाँव-पाँव चले
तो ठुमक के चली ज़िन्दगी
जब तुमने दौड़ना शुरू किया
तो मैंने भी ज़िन्दगी की नयी उड़ानें भरीं
तुम्हारी तोतली भाषा के साथ
मैंने भी सीख लिया सवाल करना

और जब तुम ख़ूब साफ़-साफ़ बोलने लगे
तो मैं देने लगी पलटवार जवाब
मैं हर उस अपराधबोध से मुक्त हुई
जो जबरन थोपे गये थे मुझ पर
हालात, नियति और विवशताओं के ख़िलाफ़
मैंने शुरू किये प्रतिकार

तुम्हारे साथ मैं भी पलती रही
बढ़ती रही और
अब
जब तुम मेरे कन्धों तक आ पहुँचे हो
या शायद मेरे बराबर
तो मैं
ठीक तुम्हारी तरह
आँखों में आँखें डालकर
ज़िन्दगी को गिना रही
उन बीते सालों का हिसाब

मेरे बच्चे
मैंने तुम्हारे साथ
ख़ुद को भी पैदा किया था
और
ये सालगिरह
हम दोनों को
मुबारक हो।

माँ

माँ के जाने के बाद
बार-बार याद आती हैं
माँ की हिदायतें
उलाहने और सख़्त बन्दिशें

कालेज जाती बेटी को देख
एकदम माँ की तरह विचलित हो
जाने कितनी आशंकाओं से
भर जाता है मन

वही हिदायतें
दबे पाँव दिमाग़ से निकलकर
ज़ुबान पर आ जाती हैं
वही खीझ और नाराज़गी
उलाहनों की शक्ल में तब्दील हो जाती है

स्त्री आज़ादी, लैंगिक समानता
और स्वालम्बन की
घोर पक्षधर मैं
देर रात किसी सेमिनार से लौटते ही
झाँकती हूँ सबसे पहले
जवान हो रही बिटिया के कमरे में

किसी ट्रिप की इजाज़त देते वक़्त
सौ दफा काँपता है मन
हज़ार हिदायत देने के बाद
दी गयी स्वीकृति भी
जाने किस अपराधबोध में डाल देती है

आधी रात के बाद
हर आधे घण्टे में फ़ोन, मैसेज कर
बार-बार लोकेशन माँगते हुए
जाने कैसी तुर्शी से भर जाती है ज़बान

बोझिल पलकों से
बिटिया का इन्तज़ार करते हुए
अचानक आईने में
अपनी शक्ल में दिख जाती है
माँ की शक्ल

और माथे की शिकन पर
एक प्यार भरा चुम्बन धर
हँसते हुए कहती है बिटिया
माँ! तुम बिल्कुल नानी जैसी हो गयी हो...।

बुद्धत्व

अपने एकान्त को
उत्सव बना लेना
क्या यही बुद्धत्व नहीं?

अपनी आकुलता को
परम सन्तोष बना लेना
क्या यही बुद्धत्व नहीं?

मिलन बिछोह से परे
एकात्म हो लेना
क्या यही बुद्धत्व नहीं?

दुख तुम्हें सिर्फ़
दिगम्बर करता है
तुम क्यों डरते हो...
अपनी इस अलौकिक नग्नता से

क्या तुम्हारी पीड़ाएँ
वैदिक ऋचाओं-सी
उच्चारित नहीं होतीं?
फिर क्यों क्लान्त हो?

जलकर राख हुए स्वप्न
क्या भभूत सी
शान्ति नहीं देते?

सम्बन्ध मात्र अरण्य है
और एकान्त अन्तिम पाथेय
जो तुम्हें बुद्धत्व देता है

दरअसल
आसक्ति का परम ही
हमें अनासक्त करता है।

तृप्ति-अतृप्ति, मोह-विराग
घृणा-प्रेम, सुख-दुख
के मध्य
निर्विकार हो लेना ही
बुद्धत्व है।

विपश्यना

न लिखने वाले दिनों में
विपश्यना वाली अनुभूति से
गुज़र रही होती हूँ

कुछ दिन
संसार में होते हुए भी
असांसारिक होने और
चुपचाप
सृष्टि और नियति के मध्य अपने आगत
को जान सकने की लालसा के साथ
विगत के समस्त शोक पर श्वेत वस्त्र डाल
हर सम्बन्ध, हर कामना, हर सुख, हर दुख को
अन्तिम यात्रा के लिए
शान्त चित्त विदा करना
और जैसे फिर से नया जन्म लेना

हर लम्बी चुप्पी और अदृश्य एकान्त के बाद
लौटती तो हूँ सदेह
पर विलुप्त हो चुका होता है
मेरा विषाद भरा अतीत
दुख, ईर्ष्या, क्रोध, मद, मोह, लोभ

इन सबसे रिक्त एकदम
नवजात शिशु सी विहँसती है
मेरी आत्मा

अपनी ही देह से उतारती हूँ केंचुल
मुक्त और तृप्त-सी
नयी देह, नयी आत्मा लिए
अपनी ही मानसिक शुचिता पर मुग्ध होती
बार-बार देखती हूँ
अपना सुन्दर नवल धवल मुख
अभी-अभी जन्मे शिशु सी निर्दोष हँसी
निष्कलुष हृदय के साथ।

अच्छा लगता है

अच्छा लगता है
तुम्हारी हर बात मान लेना
तब भी जब होती हूँ
तुम्हारी बातों से
घोर असहमत

अच्छा लगता है
तुम्हारी हाँ में हाँ मिलाना
भले ही हममें कितना भी
वैचारिक मतभेद हो

पर बिल्कुल भी अच्छा नहीं लगता
उस वक़्त हामी भरना
जब तुम
एक प्रेमी से ज़्यादा हो जाते हो
सिर्फ़ और सिर्फ़ पुरुष
और तुम्हारे संवाद हो जाते हैं
पुरुषोचित दम्भ भरे
तुम्हारा अमूर्त दर्प
क्रूरता से बेध जाता है
प्रेम का कोमल आवरण

प्रेम में स्त्री
मूढ़ ज़रूर हो जाती है
पर नहीं खोती
आत्मसम्मान

तुम्हारी हर बात पे हामी
भरती स्त्री को
यूँ आदेशित न करो कि
वो भूल जाये प्रेम में
तुम्हारी हर बात मानना।

मुझे नहीं आता

मुझे नहीं आता
तुम्हारे हठ की तनी रस्सी पर
सब्र की छड़ी थामे
किसी कुशल नटी की तरह
सधे पाँव चलते जाना

मुझे नहीं आता
तुम्हारे दम्भ के डमरू पर
किसी बन्दरिया-सी नाचते जाना
खी-खी कर दाँत निपोरना
नये-नये करतब दिखाना

मुझे नहीं आता
तुम्हारे क्षोभ की बीन पर
सर्पिणी सा फन काढ़े
लहराते जाना

मुझे नहीं आता
तुम्हारी महत्त्वाकांक्षाओं के आकाश पर
पतंग-सा लहराना
और तुम्हारे डोर खींचते ही
वापस पलट आना।

एकल स्त्री के शब्द

क्या कोई स्त्री कभी लिख सकेगी

मन का सारा सन्ताप
समाज के समस्त उलाहने
सगे-सम्बन्धियों का सम्पूर्ण तिरस्कार
पुरुषों की उम्मीद भरी लोलुपताएँ और
ख़ुद पर रोज़-रोज़ लगते
निकृष्टतम आरोपों की
पूरी की पूरी सूची।

ख़ासकर तब
जब वह एकल हो।

स्मृति

एक

तुम्हारे होने और नहीं होने के बीच
अटके हैं कई पल
मैंने सिर्फ़
तुम्हारा होना चुनकर
रख लिया है
स्मृतियों में

और तुम्हारे चले जाने की
सच वाली पोटली को
फेंक आयी हूँ
विस्मृति के कुएँ में।

दो

तुम्हारे जाने के बाद भी
बची हुई हैं तुम्हारी स्मृतियाँ
जैसे
लहरों के लौटने के बाद
बची रह जाती हैं सीपियाँ
बची हुई स्मृतियों को मैं
जब-तब डाल आती हूँ
विस्मृति के कुएँ में

पर वो लाश की मानिंद
उथली होकर तैरने लगती हैं
चेतना की सतह पर

मरे हुए सम्बन्धों की यादें
इतनी आसानी से नहीं मरतीं
और मरे हुए सम्बन्धों का तो
क्रिया-कर्म भी नहीं होता।

अदृश्य हुईं औरतें

वही जो कल तक
पढ़-लिख रही थीं
बोल रही थीं और
दुनिया को अपने श्रम और संघर्ष से
कुछ और सुन्दर कर पाने की
जद्दो-जहद में जुटी थीं

सब कुछ रचती
सुनती, गुनती
वो ढेर सारी औरतें
आख़िर कहाँ गयीं?

धरती की आधी आबादी
की तमाम प्रबुद्ध-प्रखर औरतें
आख़िर कहाँ गयीं?

कहाँ विलुप्त हो गयीं?
किस पाताल में चली गयीं?
किस खोह में घुस गयीं?
कहाँ एकान्तवास ले लिया?
कौन-से नये ग्रह पर बस गयीं?

हममें से किसी ने भी
कोई सवाल नहीं किया!

हमने सच में
कभी पूछा ही नहीं
कि विद्रोह के शंखनाद फूँकती
वो तमाम जीवन्त और जीवट
औरतें कहाँ गयीं?

असल में
सृष्टि के आरम्भ से अब तक
एक भयानक साज़िश से
घिरी रही है
औरतों की दुनिया

यहाँ कुछ परमपिताओं के
हाथ में है
एक ख़ास सत्ता
जहाँ दिखने और टिकने की है
ख़ास नियमावली

चरणवन्दन और
शीश-नमन के बिना
ख़ारिज हो जाती हैं
सारी प्रतिभा
सारा वैदुष्य

उस सृजन-संसार में
दाख़िल होना भी
एक अद्‌भुत कौशल है

आत्मसम्मान खोकर ही
अर्जित किये जा सकते हैं
उनके विशेष उत्तराधिकार

ढेर सारी अच्छी और सच्ची कविताएँ
दम तोड़ देती हैं उनकी चौखट पर
बिना पढ़े ही सीधे-सीधे
ख़ारिज कर दी जाती हैं

और इन ढेर सारी कविताओं की तरह
नकार दिया जाता है
उन औरतों का अस्तित्व
जिन्होंने नहीं स्वीकारी
उनकी सत्ता
उनका वर्चस्व
उनका प्रभुत्व

परमपिताओं के फ़तवों से
वे अदृश्य हुई जाती हैं

कान लगाकार सुनो
सुनाई देंगी
यहीं हम सबके बीच
सिसकती, आहें भरती और
आकाओं के षड्यन्त्र के
राज़ खोलती
अदृश्य हुई औरतें

ठीक से देखो, ग़ौर से सुनो
अदृश्य हुई औरतें
अब भी बुदबुदाती हैं
अपनी मृत कविताएँ
ठीक मर्सिया की तरह।

एकान्त और कविता

मेरे एकान्त में
मुझ तक आयें
धरती के ढेर सारे
बहिष्कृत, वंचित और
अनावृत पल

मैंने उन्हें धीरे से उढ़ाई
संवेदनाओं की दुशाला
अतिरिक्त औदार्य से
उन्हें पुचकारा
बहुत ही सौम्यता से झाँका
उन विस्फरित विदग्ध आँखों में

एक सहज मुस्कान से दिये
मौन निमन्त्रण
उस असीम अँधेरे में
आयी एक मद्धम-सी रोशनी

धीरे-धीरे दिखने लगा
उन आँखों का अरण्य
पीड़ा और पराजय के

लज्जित पल
पत्तों से काँप रहे थे
वक़्त की शाख पर

साँय-साँय बह रही थी
एक अजीब-सी अदृश्य हवा
कुछ अस्फुट स्वर गूँज रहे थे
ठीक उन फ़तवों की तरह
जिनके डर से सहम कर
मूक हो गये थे सदी के
जाने कितने-कितने पल

उन पलों का मौन
जैसे कोई पाषाण

पर बह रही थी
अन्दर बची हुई
चेतना की एक क्षीण-सी नदी

मौन के पाषाण पर
कान धर कर मैंने सुने
बीती सदियों के क्रान्ति-गीत
काल के ताल में थिरके
युग प्रवर्तकों के चेहरे

और तभी हमारे समय के
भयानक शोर ने
मेरे एकान्त के
चिथड़े उड़ा दिये

मुझ तक आने लगीं
इर्द-गिर्द बिखरी हुई
हज़ारों चीख़ें और
दिखने लगे
दम तोड़ते वो सारे
नये और सुन्दर पल
जिन पर
कल ही लिखी थी
मैंने एक नयी कविता।

शर्मनाक हादसों के गवाह

हम जो हमारे समय के
सबसे शर्मनाक हादसों के
गवाह लोग हैं

हम जो हमारे समय की
गवाही से मुकरे
डरे, सहमे मरे से लोग हैं

हमारे माथे
सीधे-सीधे
इस सदी के साथ हुई
घोर नाइन्साफ़ी
को चुपचाप देखने का
संगीन इल्ज़ाम है,

हमने अकीदत की जगह
किये हैं सिर्फ़ और सिर्फ़
कुफ्र
हमने अपने समय के साथ
की हैं दोगली साज़िशें

हमने अपने हिस्से की
जलालत
पोंछ ली है
पसीने की तरह
और घूम रहे हैं
बेशर्म मुस्कुराहटों के साथ
दोहरी नैतिकता लिए

हम सिल रहे हैं
चिथड़े हुए
यकीं के पैरहन और
उदासियों, मायूसियों,
नाकामियों के लिहाफ़
कि ढँक सकें
अधजले सपनों के चेहरे

हमने अपने होंठों पर
जड़ ली है
एक बेग़ैरत चुप्पी
बड़ी ही बेहयायी से
दफ़ना दी है
ज़िन्दा सवालों की
पूरी फ़ेहरिस्त

हमने अपनी तालू पर
चिपका लिए हैं
चापलूसी के गोंद
और सुर्खरू हो चले हैं
कि हमने सिखा दी है

आने वाली नस्लों को
एक शातिराना चुप्पी

हम ठोंक-पीट कर
आश्वस्त हो चले हैं कि
मर चुके सभी सवाल

पर हम भूल गये हैं कि
असमय मरे लोगों की तरह
असमय मरे सवाल भी
आ जाते हैं
प्रेत-योनि में

और भूत-प्रेत की तरह ही
निकल आते हैं मक़बरों से
मँडराने लगते हैं
चमगादड़ों की तरह
हमारी चेतना के माथे पर

हम भूल जाते हैं कि
कितनी भी चिंदी-चिंदी कर
बिखेर दें
तमाम हादसों के दस्तावेज़
वे तैरते रहते हैं
अन्तरिक्ष में
शब्दों की तरह

हम भूल जाते हैं कि
शब्द नहीं मरते

वे दिख जाते हैं
जलावतन किये जाने के बाद भी

वे दिखते रहते हैं
हमारे समय के दर्पण में
जिन्हें हम अपनी
सहूलियत, महत्त्वाकांक्षाओं
और लोलुपताओं
के षड्यन्त्र में
दृष्टि-दोष कह
ख़ारिज कर देते हैं

हम, जो हमारे समय के
सबसे शर्मनाक हादसों के
गवाह लोग हैं!

पुरुष

पुरुषों की भीड़ से
मैं उसी विरक्त भाव से
गुज़रती रही
जैसे ट्रैफ़िक जाम में फँसा
कोई आम इन्सान

विचित्र संयोग रहा कि
दिन-दुपहरी
रात-बेरात
स्त्री होकर भी पुरुषों के बीच
पुरुषों-सी गुज़रती रही

मुझे घूरने वाली तमाम
मरदाना आँखों को मैं
यक़ीनन
एक ग़लत मुहावरे की शक्ल में मिली

दुनिया की भीड़ में अब भी
स्त्रियों से ज़्यादा पुरुष हैं
और आज से बीस साल पहले
किसी ऐसे शहर में मैंने

बेधड़क चलना शुरू किया था
जहाँ स्त्री को स्त्री की तरह देख पाने की भी
सलाहियत नहीं रख पाये थे वहाँ के पुरुष

बहुत दिनों तक दबा-दबा-सा शोर
गूँजता रहा
आस-पड़ोस, चौक-चौराहे पर

अचानक फूटे बलून की तरह कुछ फ़िकरे
ठीक कानों के नीचे गिरते
फ़िकरे कमर तक की चोटी में उलझ-उलझ
पीठ पर खरोंच पैदा करते

कमर तक की चोटी को
कन्धे तक के थ्री स्टेप में काट
उन फ़िकरों की चुभन से मैंने
मुक्त होने की कोशिश की

फ़िकरे फिसल कर धप्प से
ज़मीन पर गिरने लगे
गिरे हुए फ़िकरों को मैं
जूती की नोक से कुचल
आगे बढ़ने लगी

पुरुषों की दुनिया में
पीठ छीलती भीड़ के बीच से
रोज़-रोज़ गुज़रते हुए
यकायक मिले
स्त्रियों से भी ज़्यादा कोमल और
सखियों से सगे कुछ
भरोसेमन्द और प्रबुद्ध पुरुष

उन्हीं कुछ पुरुषों की वजह से
सूखते रहे पाँव के छाले
मिटती रही पीठ की खरोंच
मिलता रहा जी सकने भर का
सुकून

किसी पुरुष की आँखों में ही
मैंने पहली बार देखा
अपना चट्टान-सा व्यक्तित्व
और लिया कभी न टूटने का संकल्प

किसी पुरुष के वात्सल्य भरे
हाथ ने ही मुझे सँभाला
हर आघात में

उन चन्द पुरुषों ने ही मुझे सिखाया
कि दुनिया सिर्फ़ भीड़ नहीं
और स्त्री होना कोई अपराध नहीं

उन पुरुषों ने दिया
मुझे मनुष्य होने का सम्मान
विश्वास और मैत्री जैसे शब्द
उनसे मिलकर ही सार्थक हुए

उन हाथों ने इंगित किये
हमेशा सही राह
मेरी सिसकी-मात्र पर सजल होते
और मुझे धीर धराते पुरुषों ने ही बचाया
मेरा खण्डित होता आत्मबल
अपनी विवशताओं पर

बुक्का फाड़कर रोते वक़्त
मैंने नहीं देखा उनका पुरुष होना

पुरुषों की भीड़ से विरक्त गुज़रते हुए
मैं कई बार ठहरी
उन तमाम पुरुषों के पास
जो भीतर से स्त्री थे
और आचरण में
पूरे के पूरे मनुष्य।

समर्पण

अँधेरे से जूझते मनुष्य
(स्त्रियाँ इसमें शामिल मानी जाएँ)
के अनवरत प्रयासों
और
अदम्य इच्छाओं के नाम

कहने की बेचैनी के भीतर

बहुत समय से स्त्री जीवन को लेकर, उसकी बौद्धिकता और उसके परिवेश को लेकर जो कुछ सोचती, विचारती रही, उसे यदा–कदा काग़ज़ पर उतारती भी गयी, वह सब आज एकत्र होकर एक किताब की शक्ल अख्तियार कर मेरे सामने है, तो उसे आप सब पाठकों के सामने लाने का मन भी है। न यह स्त्री जीवन और उससे जुड़े प्रश्नों का अन्तिम सत्य है और न विचार विमर्श का, बल्कि अगर यह जो कुछ मैं कह पायी हूँ, पाठक को और अधिक विचार करने के लिए प्रेरित कर पाये, सहमति और असहमति के विवेक को जाग्रत करने में जरा–सा भी सहायक हो पाये, तो शायद मेरा लिखना कुछ सन्तोष पा सकेगा।

बार–बार जो बातें मुझे बेचैन किये हुए थीं, उनसे टकराते हुए इस तरफ भी जाना हुआ कि स्त्री जीवन के प्रश्नों को भारतीय ऐतिहासिक परिप्रेक्ष्य के उस स्वाभाविक विकास में देखने की कोशिश की जाये, जो नवजागरण के साथ उभरे और केन्द्रीय भूमिका में आ गये। राजनीतिक आन्दोलनों के समानान्तर चल रहे सामाजिक आन्दोलनाओं की पृष्ठभूमि को भी नज़रअन्दाज नहीं किया जा सकता। स्त्री के वर्तमान पर बात करते हुए उसे समाजविहीन, आन्दोलनों के प्रभाव से निस्पृह, अलग–थलग प्राणी की तरह नहीं देखा जा सकता।

वृहत्तर मानवीय संवेदनाओं, मानवीय मूल्यों की पक्षधरता, जनजीवन के गहरे सरोकार, इतिहासबोध और बौद्धिकता के वैचारिक आयामों के जो पक्ष हैं, जो किसी भी लेखन को समझने की खिड़कियाँ बनाते हैं, वे भला स्त्री लेखन की बात आते ही इतने दूर कैसे कर दिये जाते हैं! उसकी समस्त रचनात्मकता को सभी प्रकार के तन्त्रों से काट कर इकहरा और निहायत घरेलू हदबन्दियों में क़ैद की श्रेणी में डाल देने का यह चलन हिन्दी-साहित्य का नुकसान करता जा रहा है। यह षड्यन्त्र जैसा दिखता है,

जो पाठक को नयी दृष्टि से जीवन के विस्तार और उसकी बहुआयामिता को समझने की तरफ जाने से रोकता है। इसलिए बार–बार मैं साहित्य और इतिहास के अतीत और वर्तमान से टकराती रही। इस सबके बीच मुझे एक ऐसा जीवन मूल्य दिखा, जिसे स्त्री विमर्श के नाम पर सारी स्त्री जाति से ही छीन लिए जाने की षड्यन्त्रकारी मुहिम–सी दिखाई पड़ रही थी। वह मूल्य था–ईमानदारी। ईमानदारी हमेशा से एक प्रतिष्ठित मानव मूल्य रहा है। चाहे स्त्री हो या पुरुष, वृद्ध हो या बच्चा, वह चाहे रिश्तों में हो, मित्रतों में हो या कार्य व्यवहार में, यह मूल्य बदला नहीं जा सकता। परन्तु 'स्त्री विमर्श' के नाम पर यौन स्वछन्दता का जो पाठ रचा गया, उसने सबसे पहले स्त्री को इस मानव मूल्य से दूर करने की बात की और दूसरा, उसके निर्णय लेने की स्वतन्त्रता के सारे पिछले संघर्ष को कमज़ोर कर दिया। ऐसे उपन्यास आये, जो विवाह के भीतर यौन सम्बन्धों की वकालत कर रहे थे। यह एक ज़्यादा आरामदेह स्थिति बनाता था, चोर दरवाज़े कभी भी प्रशंसित नहीं हो सकते। वे यथास्थिति को बनाये रखते हैं, जो बाज़ार, पितृसत्ता और सामन्तशाही, सबके अनुकूल पड़ती है। दूसरा, यह सीधे–सीधे चालाकियों की तरफ जाना था न कि समता और स्वाधीन चेतना के संघर्ष की तरफ। मैं इसे नहीं मानती कि हर हाल में विवाह के भीतर बने रहना चाहिए, यह कोई अच्छी स्थिति भी नहीं। प्रतिरोध हमेशा ही सकारात्मक रहा है और उसका संघर्ष हमेशा जीने की बेहतर स्थितियों के लिए बना है। लेकिन नयी तरह का यह जो 'स्त्री विमर्श' हिन्दी में आया था, जिसे स्त्री विमर्श की सारी वैचारिकी के बीच से किसी एक तिनके को चुनने की तरह चुन लिया गया था, जो यौन स्वछन्दता के पाठ में सारी मानवता को ही भुला देता था और यौन हिंसा की बात तक नहीं उठाता था, जो सारे भारतीय स्त्री संघर्ष को और उसकी मेधा को भोथरा कर रहा था, उसका उद्देश्य सिर्फ़ यथास्थितिवाद बनाये रखना था। मैं यह कहना चाहती हूँ कि जब आप एक रिश्ते में हैं, तब उसकी ईमानदारी को बनाये रखें और जब आप उस रिश्ते से निकलना चाहें, तो निर्णय लें और दूसरे साथी के साथ जीवन बिताने का साहस दिखाएँ। विवाह के भीतर अन्याय और असमानता, हिंसा और अत्याचार के विरुद्ध प्रतिरोध ज़रूरी है, परन्तु इस प्रतिरोध के लिए निर्णय का विवेक और साहस का बल चाहिए। आर्थिक आत्मनिर्भरता और शिक्षा का बल ज़रूरी आधारभूमि बनाता है।

निर्णय और साहस किसी भी व्यक्ति के लिए महत्त्वपूर्ण है। परन्तु निर्णय लेने के संघर्ष को नकार कर बेईमानियों के सहारे आप किसी विमर्श को दूर तक नहीं ले जा सकते। स्त्री बुद्धि, जिसे विज्ञान भी स्वीकार करता है, उसे देह में रीड्यूज कर कब तक बाज़ार के भरण की सामग्री बनाये रख सकते हैं? आखिर चिन्तनहीन स्त्री विमर्श कब तक बिना धूपवाली गली का आख़िरी मकान बना रहेगा? इसलिए स्त्री विमर्श का यह हाल होना ही था, बड़ी जल्दी वह अपनी जमीन; (क्योंकि ठोस ज़मीन थी ही नहीं) खोकर बेचारा बना दिया गया।

मेरे सामने सवाल यह भी था कि अब नया क्या है, जो पिछले से अलग है? नया वह है, जो पिछली सारी गढ़ी गयी हदबन्दियों को तोड़ता, किसी भी तरह के फ्रेम में बाँधे जाने से इनकार करता, रचना शीलता के वृहत्तर आयामों की तरफ जाता, अपना विस्तार करता है। सारी दुनिया को देखने का साहस और धैर्य लिए दिये, सारे आकाश को लिंगभेद के बँटवारे से मुक्त करता मानवीय दृष्टि के साथ रचनारत होता है। स्त्री जीवन की समस्याएँ मानव द्वारा निर्मित हैं, इसलिए वे मानवीय समस्या से अलग नहीं। न ही वे जड़–मूल से कटे किसी वस्तु की समस्या हैं, जिसे देखने के लिए मनुष्यता की आँख से अलग कुछ चाहिए। मेरा आग्रह है कि स्त्री समस्याओं को मानवीय समस्या की तरह देखा जाये और मनुष्यता के आलोक में उस पर विचार किया जाये।

एक ऐसे समय में जब खाँचावादी मानसिकता ने हिन्दी साहित्य को ग्रस रखा है, स्त्री मुद्दों पर बात करना अपने लिए एक खाँचे में बाँध दिये जाने का ख़तरा उठाना भी है। इस ख़तरे को उठाते हुए जो मुझे उचित लगा, वह मैंने आप सबके सम्मुख रखने की कोशिश की है। उम्मीद का यह दामन मैं छोड़ना नहीं चाहती कि शायद यह किताब पाठकों की अदालत में विचार के अनेक नये आयामों की तरफ़ ले जाने की चिंगारी पैदा कर सके।

–अल्पना मिश्र

प्रोफ़ेसर, हिन्दी विभाग,

दिल्ली विश्वविद्यालय, दिल्ली–7

अनुक्रम

भारतीय स्त्री :
मुक्ति संघर्ष यात्रा पर एक नज़र

भारतीय इतिहास में उन्नीसवीं शताब्दी का आरम्भ अनेक सामाजिक, वैचारिक और राजनीतिक हलचलों से भरा है। इस समय सामाजिक जीवन के बीच गहरे जड़ जमाये बैठी कुरीतियाँ और अन्धविश्वास मुख्य समस्या की तरह जगह पा सके हैं तो वैचारिक क्षेत्र में भी दख़ल की कोशिशें तेज़ हुई हैं। समाज सुधार आन्दोलनों के बीच धर्म भी अपने समाज विज्ञानी व्यावहारिक रूप को प्रकट करने की तरफ़ प्रवृत्त होता दिख रहा था। धर्मान्धता की अपेक्षा धर्म की जीवन में उपयोगिता पर बहसें शुरू हुई थीं। तर्क के धारदार और पैनेपन ने विचार जगत् को भी जड़ नहीं रह जाने दिया। नवजागरण, जिसे कहा गया, वह समय पूरब से लेकर दक्षिण और पूर्वोत्तर तक स्वाधीनता, स्वावलम्बन और प्रगतिशीलता के नये अध्याय खोलने को तत्पर दिख रहा था। 19वीं सदी का मध्य वह समय है, जब भारत में महिला जीवन की समस्याओं पर विचार और उसके सुधार की चेतना आन्दोलन के रूप में दिखायी पड़नी शुरू होती है।

स्त्री जीवन और उससे जुड़े प्रश्न सामाजिक आन्दोलन के साथ साथ धार्मिक और सांस्कृतिक आन्दोलनों में भी प्रमुख विषय बनते गये। बाल–विवाह निषेध, विधवा जीवन की कठिन, दारुण स्थितियाँ, विधवा–विवाह, सती प्रथा आदि के साथ–साथ स्त्री शिक्षा भी इस दौर के सुधार आन्दोलनों का एक प्रमुख मुद्दा रहा। हालाँकि सुधारकों के लिए भारतीय जनमानस को समझना और सदियों से चले आ रहे अभ्यास का टूटना, दोनों इतना आसान नहीं था। इससे टकराहटों के परिणामस्वरूप सुधारकों के लिए यह आवश्यक होता गया कि वे सुधार को क़ानून का जामा पहनाने की दिशा में क़दम उठायें। इन सुधार आन्दोलनों की यह ख़ास बात रही कि ये सभी अपने

उद्देश्य के लिए क़ानून का सहारा चाहते थे। इसके लिए उन्होंने ब्रिटिश सरकार पर दबाव भी बनाया और इसमें उन्हें कुछ सीमा तक सफलता भी मिली। इससे सामाजिक जीवन में जिस तरह के बदलाव की सुगबुगाहट बंगाल, महाराष्ट्र आदि में शुरू हुई, उस तरह की स्थिति उत्तर प्रदेश, बिहार आदि में नहीं बनी। उत्तर प्रदेश इस दृष्टि से अपने को समुन्नत भी नहीं कर सका और क़ानून बना लेने तक के ध्येय तक सिमट कर रह गया। ब्रिटिश सरकार के क़ानून बनाने के पीछे अपने मन्तव्य निहित थे। वह एक तरफ़ अपनी जनपक्षधर छवि बनाना चाहती थी तो दूसरी तरफ़ प्रकारान्तर से भारतीय समाज को पिछड़ा हुआ और संस्कृति को हीन साबित कर देने का यह मौक़ा भी नहीं जाने देना चाहती थी।

यही वह समय भी है जब भारतीय संस्कृति को लेकर ईसाई मिशनरियों द्वारा रणनीतिक तौर पर बहुत बारीक़ किन्तु साफ हमले किये गये। अनेक ऐसे पर्चे बाँटे जाते, जिनमें भारतीय समाज में स्त्रियों की अशिक्षा और अज्ञानता से उत्पन्न दुरावस्था के चित्र होते।[1] इस तरह भारतीय संस्कृति का अँधेरा पक्ष साफ़ दिखायी पड़ता। यह सत्य था कि भारतीय समाज अपनी स्त्रियों के बारे में रूढ़िवादी था और स्त्रियाँ प्रायः अशिक्षित थीं। घर के भीतर का वातावरण सामन्ती था और स्त्रियों के साथ बेगार कामगार की तरह व्यवहार किया जाता था। देवी की एक कल्पित छवि भी थमायी गयी थी, जिसके त्याग–तपस्या के दुरूह पद तक किसी भी मानवी का पहुँचना असंभव था। देवी के पद तक पहुँचने की दौड़ में स्त्रियाँ प्रायः ही अपने आप को यातनामय जीवन जीने के लिए प्रतिबद्ध पातीं और वे सारे कठिन प्रयत्न करतीं, जो उन्हें मानव से देवी में रूपान्तरित कर सकें। वे असन्तुलित और अमानवीय श्रम विभाजन को अपनी नियति और ईश्वर की देन मान कर उसी तरह महिमामण्डित करतीं, जैसा कि उन्हें समझाया जाता। परिवार के लिए श्रमपूर्वक भोजन तैयार करने के बावजूद वे सबके भोजन कर लेने के बाद बचा हुआ भोजन खातीं अथवा कई बार उन्हें यह भी प्राप्त नहीं हो पाता। श्रम का अमानवीय बँटवारा उनकी दिनचर्या को कठिन और अरुचिकर बनाता। इन स्थितियों की तरफ़ ध्यान जाने पर किसी भी समझदार व्यक्ति का सिर शर्म से झुक जाना स्वाभाविक था। बहू दहन अथवा सती प्रथा, विधवा जीवन और बाल–विवाह कलंक की तरह चमक रहे थे।

1. गोरा, उपन्यास, रवीन्द्रनाथ टैगोर, अनुवाद–अज्ञेय, प्रकाशक–साहित्य अकादमी, दिल्ली

इस कलंक से मुक्ति पाने की छटपटाहट स्त्रियों से पहले पुरुषों को समझ में आयी। स्त्रियों के लिए यह सम्भव भी नहीं था। वे प्रायः अनपढ़ और घरों की चारदीवारी में क़ैद थीं। लम्बे समय से दलित अधिकार मान्य समुदाय को अपने अधिकार की लड़ाई लड़ना तब तक सम्भव नहीं हो पा रहा था, जब तक कि पुरुष वर्ग उनके अधिकारों और शोषण की पहचान करके उनकी लड़ाई को अपने स्तर पर शुरू न कर दे। भारतीय परिवेश में यही हुआ। इसलिए प्रारम्भ के सुधार आन्दोलनों में स्त्रियों की संख्या प्रायः नगण्य ही रही।

इन सुधार आन्दोलनों के पीछे भी कई प्रत्यक्ष और परोक्ष कारण निहित थे। स्त्री समस्या के केन्द्र में आने के पीछे भारत में आयी नयी शिक्षा और ज्ञान–विज्ञान का प्रसार तो था ही, उसके साथ कहीं–न–कहीं उस औपनिवेशिक मानसिकता से मुक्ति की छटपटाहट भी थी और योरोप द्वारा अपनी सांस्कृतिक श्रेष्ठता के दावे के आगे सिर झुका देने से मुक्ति की इच्छा भी थी और साथ अपनी संस्कृति की बुराइयों को दूर कर के अपने को हीनतर माने जाने से बचाने की आकांक्षा भी शामिल थी। इसलिए अपनी संस्कृति के सुनहरे पक्षों को चुन–चुनकर दुनिया के आगे लाने की कोशिश भी की जा रही थी। पुरातन का महिमामण्डन करने का नया तरीक़ा यहीं से शुरू हुआ। इस प्रयास में पुरातन साहित्य और इतिहास से उन प्रसंगों को चुना गया, जो भारत की पुरातन छवि को उज्ज्वल गाथा की तरह प्रस्तुत कर सकें।

यह कहा गया है कि इतिहास और स्मृतिविहीन व्यक्ति और देश, दोनों ही अपना गर्व खो देते हैं। इसलिए वेदों से उन तमाम सुन्दर उक्तियों को उठाया जा रहा था, जिन्हें नये सिरे से उन्नत भारतीय संस्कृति के रूप में स्थापित किया जा सके। साहित्य में भी अनेक रचनाकार इस दौर में, इस दिशा में प्रयासरत दिखते हैं बल्कि कहा जाना चाहिए कि इस दौर में जनता के बीच अपनी संस्कृति पर गर्व करने का एक पूरा प्रचार अभियान दिखायी पड़ता है। सांस्कृतिक स्तर पर लगातार अंग्रज़ों के साथ एक इस तरह की लड़ाई भी जारी थी। इस प्रकार जनता के मनोबल को बढ़ाने का प्रयास किया जा रहा था। लेकिन इस सारे प्रयास के बावजूद जब स्त्री की बात आती तो भारतीय महामनाओं के सिर शर्म से झुक जाते थे। उनकी स्त्रियाँ देवी होते हुए भी अनपढ़ थीं।

बाल–विवाह, विधवा जीवन, सती प्रथा जैसे अनेक कमज़ोर पहलू उनके साथ जुड़े थे, जो योरोप के सामने उन्हें हीन बनाते थे। इसके लिए वैदिक काल में मिलने वाली स्त्री शिक्षा के छोटे–छोटे संकेतों को ख़ूब उभार दिया गया और प्रचारित किया गया कि वैदिक काल में भारतीय स्त्रियाँ शिक्षित थीं और उस समय के विद्वानों के साथ तर्क करने में सक्षम थीं। कालान्तर में लगातार विदेशी आक्रमणों और शासन ने उन्हें इस स्थिति तक पहुँचा दिया था, किन्तु यह तर्क नाकाफ़ी था और स्त्री शिक्षा के मामले में भी आंशिक सच्चाई ही थी।

वैदिक काल में सभी स्त्रियों के लिए शिक्षा व्यवस्था का कोई संकेत नहीं मिलता है। यह सुविधा मात्र उन्हीं स्त्रियों को सौभाग्य से प्राप्त हो गयी थी, जिनके भाई या पिता शिक्षक थे। इसमें भी जो नाम उपलब्ध हैं, वे बहुत कम हैं। जो हैं, वे अपवाद स्वरूप ही हैं। उनमें भी ज़्यादातर की बातों को कभी तरजीह नहीं दी गयी। वेदों की अपनी ऋचाओं में इन स्त्रियों ने क्या ज्ञान दिया है, यह लगभग ज्ञान विस्तार के बाहर की चीज़ है। उनका होना मात्र परिस्थितिवश ही दिखायी पड़ता है। यदि उनकी कहानियों पर ध्यान दिया जाए तो प्रायः वे सभी पितृसत्ता द्वारा उपेक्षा की शिकार तिरस्कृत स्त्रियाँ हैं और वे प्रायः प्रश्नवाचक की तरह अपनी बात कहते हुए नजर आती हैं। यह आश्चर्यचकित करता है कि अपनी उपस्थिति सुनिश्चित करा देने वाली उन सौभाग्यशाली स्त्रियों के कथनों को इतने लम्बे वर्षों में भी अनसुना ही किया गया। रोमशां ऋग्वेदकालीन ऐसी ही विदुषी स्त्रियों में एक हैं, जिनके लिए यह भी प्रचलित है कि वे जन कल्याण के कार्यों से भी जुड़ी रहती थीं और स्त्रियों को तर्क और बुद्धि के प्रयोग के लिए प्रेरित करती थीं। वह बुद्धिमती स्त्री भी जब अपने उद्‌गार व्यक्त करती है, तो किस तरह का जीवन सत्य उद्‌घाटित होता है। इस जीवन सत्य की बात कभी नहीं उठाई गयी तो इसे हमारे समाज की किस मूलभूत संरचना के साथ जोड़ कर पढ़ा जाना चाहिए? रोमशां ऋषि भावभव्य की पत्नी हैं और ऋषि भावभव्य 'ऋग्वेद' के दसवें मण्डल के सूक्त–रचयिता भी हैं। रोमशां के श्लोक के ठीक पहले उनका श्लोक है, यह भी आश्चर्य में डालता है। रोमशां कहती हैं कि "हे पति राजन! जैसे पृथ्वी राज्य धारण एवं रक्षा करने वाली होती है, वैसे ही मैं प्रशंसित रोमों वाली हूँ। मेरे सभी गुणों को विचारें। मेरे कामों को अपने सामने छोटा न मानें।"[1]

1. ऋग्वेद, दसवाँ मण्डल, 126 सूक्त, रोमशां, मन्त्र–7

विदुषी रोमशां का सम्बोधन अपने आप में सामाजिक संरचना की व्याख्या समेटे हुए है। वे अपने पति के लिए 'राजा' का सम्बोधन चुनती हैं न कि मित्रता का। वे पढ़ी–लिखी विदुषी स्त्री के पति की भी मालिक की भूमिका को स्पष्ट करती हैं, साथ ही इस भूमिका के कारण स्वतः स्त्री की भूमिका को निचले दर्जे का मान लिए जाने की सोच को भी साफ करती हैं। यह सम्बोधन व्यंजनार्थ की सम्भावना से भरा है। इसी के साथ उनका अनुरोध, जो मालिक पति से किया गया है, वह समूचे पितृसत्तात्मक समाज से किया गया लगता है, क्योंकि यहाँ अपने कामों को महत्त्व देने की बात कही जा रही है। देह पर रोमावलियों की अधिकता के कारण रोमशां को पति और समाज से अपमान सहन करने पड़े होंगे। इसलिए यहाँ वे अपने रोमों पर शर्मिन्दा होने की बजाय उन्हें प्रसन्नतापूर्वक स्वीकार कर रही हैं और अपनी देह की तुलना पृथ्वी से कर रही हैं। यह स्त्री–विमर्श की नितान्त भारतीय जमीन है, जो स्त्री को अपनी प्रकृति प्रदत्त देह को सहर्ष स्वीकार करने और अपनी बुद्धि और कर्मों के द्वारा अपने समूचे व्यक्तित्व का आकलन किये जाने की प्रेरणा देती दिखती है। भारतीय साहित्य के सन्दर्भ में स्त्री स्वरों का पाठ न किया जाना अथवा उनका मात्र भक्तिपरक पाठ किया जाना, दोनों ही पितृसत्तात्मक रणनीति के तहत सायास किया गया दिखायी पड़ता है। स्त्री चेतना के लिए जहाँ कहीं रौशनी की किरणें थीं, उन्हें ओझल कर दिया गया अथवा उनके विकृत पाठ बने या फिर उन्हें घरेलू दायरे का बताकर लगभग निम्न स्तर का ठहरा दिया गया। विकृत पाठों में सबसे मज़बूत उदाहरण गार्गी और याज्ञवल्क्य प्रसंग है। लम्बे समय तक गार्गी अपराधी की भाँति देखी गयी, जो याज्ञवल्क्य का अपमान करती है। पितृसत्ता के लिए बोलती हुई यानी तर्क करती, प्रश्न उठाती स्त्री एक आदरणीय स्त्री नहीं हो सकती। वह निश्चित ही अपराधी और समाज विरोधी स्त्री होगी। उपनिषदों में भी अनेक ऐसे प्रसंग आते हैं, जो समाज में स्त्री स्वर को न सुने जाने की वकालत करते दिखते हैं और प्रायः ही विदुषी स्त्री अपनी बौद्धिकता के कारण कठघरे में खड़ी कर दी जाती है। किन्तु स्त्री–विमर्श के नये पाठ की माँग ने पुनः व्याख्याओं द्वारा गार्गी की प्रश्नवाचिकता को समझने की दृष्टि दी और स्त्री बौद्धिकता को प्रतिष्ठित करने का तर्कपूर्ण आधार तैयार करने का प्रयत्न किया।

बौद्धकालीन 'थेरी गाथाओं' में थेरियों के अनुभवों से निःसृत जीवन ज्ञान पर भी बात नहीं की गयी जबकि थेरियों ने आध्यात्म के अतिरिक्त

जीवन के स्थूल दुःखों और स्त्री के हिस्से बलपूर्वक डाल दी गयी अमानवीय स्थितियों का भी वर्णन किया है। देह को लेकर प्रकट आम्रपाली के उद्‌गार अद्‌भुत रूप से एक मनोवैज्ञानिक पाठ की माँग करते हैं।[1] इसे स्त्री की अनुभूत आवाज़ की पहली काव्यमय अभिव्यक्ति माना गया है। यद्यपि उनकी अपनी सीमा है और जिस आधुनिक चेतना की अपेक्षा हम उनसे करते हैं, उसका लगभग अभाव है। किन्तु पहली बार जिन स्त्रियों ने तय कर दी गयी अपनी हदबन्दियों से बाहर निकलकर एक नितान्त भिन्न दुनिया को जाना था, उनका अनुभव भी कम महत्त्वपूर्ण नहीं। पहली बार थेरीगाथा में स्वीकार किया गया कि स्त्री जीवन को समाज ने यातनामय बना दिया है और उसकी परिस्थितियों पर खुल कर कहा गया। यह भले ही व्यक्तिगत था, किन्तु यह समाज के बहुसंख्यक की सच्चाई भी था। यद्यपि थेरीगाथाओं की अपनी कुछ सीमाएँ थीं, उनकी व्यापकता समाज से विच्छिन्न होने और बहुत कुछ आध्यात्म में अपने को पाने की थी। तथापि उनमें व्यक्त थेरियों के विचार अपना महत्त्व कम नहीं कर पाते। यह स्त्रियों की पहली ऐसी आवाज़ थी, जो समाज के भीतर स्त्री की स्थितियों को सामने लाती थी। अनेक थेरियों ने स्वीकार किया है कि समाज की संरचना से विच्छिन्न होने के बारे में सोचना, स्त्री के लिए एक स्वप्न सरीखा था, जो बुद्ध की शरण में आ कर पूरा होता है। समाज की यह संरचना स्त्री जीवन के दुःखों को नज़रअन्दाज़ कर, उसे महिमामण्डित करती है और थेरियाँ इसे व्यक्त कर संरचना की अमानुषिकता पर चोट करती हैं। पहली बार सपत्नीक होने के दुःख और प्रसव पीड़ा की बात की गयी। सामाजिक असमानता के अनेक पाठ इनके भीतर से बोलते हैं–

"स्त्री होना दुःख है...
सपत्नियों के साथ एक घर में रहना दुःख है
बच्चों को जनना दुःख है....
जब बच्चा पैदा नहीं होता और बीच में रुक जाता है
तो भ्रूण मातृघातक बन जाता है
और जच्चा और बच्चा,
दोनों ही विपत्ति अनुभव करते हैं....'[2]

1. थेरी गाथा, संकल्प प्रकाशन, हैदराबाद, पृ. 209
2. थेरी गाथा, संकल्प प्रकाशन, हैदराबाद, पृ. 189

यहाँ भक्तिकालीन अनेक स्त्री कवियों की रचनाशीलता और उनके विद्रोही तेवर को भूला नहीं जा सकता। दक्षिण भारत हो या उत्तर भारत, स्त्रियों ने भक्ति के माध्यम से अपने मन के अनेक कोनों को उद्घाटित किया है। भक्ति को ओट की तरह इस्तेमाल करती प्रतिरोध की एक धारा यह भी है। अक्क महादेवी, आंडाल, वेकम्मा, लल्लदेई, मीराबाई, जैनाबाई आदि ऐसी ही भक्तिकालीन रचनाकार स्त्रियाँ रही हैं। यहाँ भी उनके पाठ की उपेक्षा बनी ही रही। मीराबाई के पदों का पाठ भक्ति में अपने इष्टदेव को समर्पित एक भक्त के रूप में किया गया और उसके अन्तः पाठों को या तो पढ़ा ही नहीं गया या उसे समझकर भी नज़रअन्दाज़ कर दिया गया। मीरा को विद्रोह की चेतना से लैस स्त्री के रूप में पढ़ा जाना अभी भी सम्भव नहीं हुआ है। उनके पदों में जो कृष्ण है, वही स्वतन्त्रता की तरफ़ ले जाने वाला रास्ता भी है और उसी स्वाधीनता के लिए संघर्ष के अनजाने क्षेत्र भी हैं, जो मीरा के पूर्वाग्रह से रहित पाठ किये जाने पर सहज ही मिल जाते हैं। उनका संघर्ष तिहरा से भी अधिक कई तरफ़ा है– पितृसत्ता, राजसत्ता और पुरोहित सत्ता के आगे भावनात्मक सत्ता पर किये गये आक्रमणों का भी मीरा को सामना करना है। स्त्री और सन्त के लिए उच्चकोटि की नैतिकता के मानदंड मीरा को सीधी–सीधी राह की बजाय कंकड़ीले, पथरीले राहों पर चलने को विवश करती है और भक्ति, तिनके की ओट की भाँति आक्षेपों, अपशब्दों को पास नहीं फटकने देती। वे अपने समाज की नब्ज़ को पहचानती हैं और उसके पाखण्ड को कहने से नहीं चूकतीं–"अपने घर का पर्दा कर ले, मैं अबला बौराणी।"[1] का भाव समाज की नसीहत सुनने का नहीं, बल्कि समाज को उसके सच का अहसास कराने का भी है या फिर "लोग कहें मीरा भई रे बावरी..." का भाव ख़ुद का बावरा हो जाना भर नहीं है, यह समाज के दोगले चरित्र को खोल कर रख देने का साहस भी अपने में भर लेता है।

स्वतन्त्रता की यही अभिलाषा महादेवी के यहाँ अज्ञात प्रियतम का रूप धर कर आती है, जिसे बार–बार उनके अज्ञात प्रेम के रहस्यवादी परदे में ढँक कर पढ़ा और पढ़ाया गया, वह कविता की एक ही परत उतरते स्वाधीनता की आकांक्षा में बदल जाता है। जिस स्वाधीनता आन्दोलन के मूल्यों को महादेवी के समकालीन रचनाकार ग्रहण कर रहे थे,

1. मीराँबाई की पदावली, परशुराम चतुर्वेदी, हिन्दी साहित्य सम्मेलन, प्रयाग, पृ. 107

वे मूल्य महादेवी के यहाँ भी अपनी प्रखरता में मौजूद हैं, पर आलोचना ने इसे कभी कहने की कोशिश नहीं की। बुद्ध की करुणा को ज़रूर महादेवी के सन्दर्भ में देखा गया, पर स्त्री स्वातन्त्र्य की आकांक्षा को सिर्फ़ काम और प्रेम की व्याकुलता में रिड्यूस करके ही देखा जा सका। यह महादेवी जैसी महान प्रतिभा के साथ खुले तौर पर किया गया अन्याय था। 'शृंखला की कड़ियाँ' के प्रकाशित होने पर हिन्दी साहित्य समाज ने उसका स्वागत नहीं किया, न ही उस पर कोई बहस या बात उठी जबकि व्यवस्थित रूप से स्त्री चिन्तन पहली बार हिन्दी में आ रहा था।

वस्तुतः महादेवी के गद्य में उनकी तेज़स्वी प्रखरता उद्घाटित हुई है। कविताओं की गहन अर्थसंकुलता का शिल्प वे यहाँ नहीं रचती हैं। नारी अधिकारों के प्रति वे सजग भी हैं और उतनी ही स्पष्ट भी। वे साफ कहती हैं कि स्त्री को उसके अधिकार "भिक्षावृत्ति से न मिले हैं न मिलेंगे, क्योंकि उनकी स्थिति आदान–प्रदान योग्य वस्तुओं से भिन्न है।"[1]

महादेवी व्यावहारिक जीवन में भी स्त्रियों के सुख–दुःख के निकट थीं। वे व्यावहारिक जगत् में भी स्त्रियों की मददगार साबित हुईं। सामाजिक जीवन में उनका यह सीधा हस्तक्षेप उनके विचारों को धार भी देता है और प्रामाणिक भी बनाता है। सम्भवतः इस एक कारण का भी योगदान होगा कि वे अपने समय और समाज की जड़ता को उसकी समग्रता में आँकने की तरफ़ बढ़ीं। यह बहुत महत्त्वपूर्ण तथ्य है कि महादेवी स्त्री समस्याओं पर विचार करते हुए, पारिवारिक ढाँचे के भीतर पुरुष वर्चस्व की स्थितियों को इतिहास के आलोक में जाँचने की कोशिश करती हैं। सारा नारीवादी आन्दोलन जिन अतियों से गुज़रने के बाद पुरुष विरोध के एकांगी दृष्टिकोण से हटकर बाद के दिनों में सन्तुलन की राह तलाशता नजर आता है, महादेवी अपनी दूरदर्शिता से उसे सन् 1942 के पूर्व ही देख लेती हैं। इसीलिए वे अपना मत साफ़ कर देती हैं कि "ध्वंस के लिए ध्वंस' के सिद्धान्त में मेरा कभी विश्वास नहीं रहा।"[2]

उनकी दूरदृष्टि केवल आज के परिवेश को ही नहीं पहचानती, वरन वे राष्ट्रीय, सांस्कृतिक अस्मिता के नाम पर होने वाले युद्धों और सत्ता संघर्ष के बीच स्त्री की अमानवीय होती चली गयी परिस्थितियों पर भी विचार करती हैं।

1. अपनी बात, शृंखला की कड़ियाँ, महादेवी वर्मा, पृ. 9
2. अपनी बात, शृंखला की कड़ियाँ, महादेवी वर्मा, पृ. 21

किस प्रकार युगों के अनवरत प्रवाह में बड़े–बड़े साम्राज्य ढह गये, संस्कृतियाँ विलुप्त हो गयीं, जातियाँ आयीं और मिटीं, किन्तु स्त्री के हिस्से डाल दिये गये जीवन में परिवर्तन की सम्भावना नहीं बन सकी। अनेक परिवर्तनों और हलचलों से भरे इतिहास को खंगाल कर वे इस निष्कर्ष पर पहुँचती हैं कि "आज भी जब सारा गतिशील संसार निरन्तर परिवर्तन की अनिवार्यता प्रमाणित कर रहा है, स्त्रियों के जीवन को काट–छाँट कर, उसी साँचे के बराबर बनाने का प्रयत्न हो रहा है, जो प्राचीनतम युग में डाला गया था।"[1] भारतीय परिवेश और पौराणिक दृष्टान्तों का उपयोग वे पितृसत्ता की स्त्री विरोधी दृष्टि से समूची मानवता को दृष्टिहीन, संवेदनाहीन बना देने की प्रक्रिया को समझाने के लिए करती हैं। पिता की आज्ञा से माता के वध को तत्पर हो जाने वाले मनुष्य के भीतर किस तरह की क्रूरता जड़ जमा चुकी है और वह किस तरह के नृशंस समाज का निर्माण करेगा, ये चरित्र उसका उदाहरण हैं। ऐसे ही दृष्टान्तों से अपनी बात समझाते हुए सीता आदि पात्रों के विशाल देवत्व की उपेक्षा और मूल्यहीनता का उल्लेख करते हुए वे लिखती हैं कि–"मनुष्य की साधारण दुर्बलता से युक्त दीन माता का वध करते हुए न पराक्रमी परशुराम का हृदय पिघला, न मनुष्यता की असाधारण गरिमा से गुरु सीता को पृथ्वी में समाहित करते हुए राम का हृदय विदीर्ण हुआ। मानव पुरुष समाज के निकट दोनों जीवनों का एक ही मूल्य था। एक जीवित व्यक्ति का इतना कठोर त्याग, इतना निर्मम बलिदान, दूसरा हृदयवान व्यक्ति इतने अकातर भाव से स्वीकार कर सकता है, यह कल्पना भी क्लेश देती है।"[2]

नवजागरण से उभरी नवचेतना ने स्त्री की स्थिति को सुधारने की दिशा में सराहनीय कदम उठाये और सुधार आन्दोलन के नेताओं, समर्थकों, बुद्धिजीवियों और यहाँ तक कि पश्चिमोत्तर प्रान्त के लेखकों ने भी इन विकृतियों का विरोध किया और स्त्री शिक्षा का समर्थन किया। हालाँकि स्त्री शिक्षा के समर्थन के पीछे लगातार स्त्री को स्त्री धर्म पालन की शिक्षा तक सीमित रखने और उसे मध्यवर्गीय 'स्त्रियोचित मर्यादा' के भीतर बनाये रखने की चिन्ता के साथ जुड़ा था। यह स्त्री में चेतना जगाने और उसे ज्ञानवान बनाने की दिशा में उठाया जाने वाला क़दम नहीं था

---

1. वही
2. शृंखला की कड़ियाँ, महादेवी वर्मा, पृ. 40

न ही उसे आत्मनिर्भर बनाकर स्वावलम्बी व्यक्ति में बदल देने की कोई कोशिश थी। यह तो अपने को हीन बताये जाने से बचने के लिए स्त्री को मात्र अपनी ही सीमा और फ़ायदे की भीतर शिक्षित करना भर था।

अर्थात् कि स्त्री जीवन को नियन्त्रित रखना स्त्री शिक्षा के पुरोधाओं की चिन्ता का सबसे बड़ा कारण था। इस पर वीर भारत तलवार ने बहुत स्पष्ट लिखा है कि "हिन्दी नवजागरण के लेखकों के सामने स्त्रियों की समस्या नहीं थी। उनके लिए खुद स्त्री ही एक समस्या थी, जिस पर हर हाल में काबू पाना था। हिन्दी नवजागरण के नेताओं को इस समस्या से इतने लम्बे समय तक जूझना पड़ा कि पश्चिमोत्तर प्रान्त में स्त्री शिक्षा घिसट–घिसटकर ही चलती रही।"[1] परन्तु परिस्थितियाँ ऐसी थीं कि संस्कृति के इस कमज़ोर पहलू को दूर करने का प्रयास ज़रूरी लग रहा था। अपमान और हीनता की स्थिति को बनाये रखना सम्भव नहीं रह गया था। अपने को स्त्री मुद्दे पर भी सबल दिखाना समय की अतिशय आवश्यकता में बदल चुकी थी।

ईसाई मिशनरियों के हमले इस कमज़ोर पक्ष पर आसानी से काम कर जाते थे। ख़ासकर हिन्दू विधवाओं के मामले में धर्मान्तरण का ख़तरा बहुत बड़ा था। परम्परागत नारकीय विधवा जीवन से मुक्ति का एक विकल्प वहाँ मौजूद था। इसलिए ईसाई मिशनरियाँ एक चुनौती की तरह भी थीं, जिनसे मुकाबला करना और उन्हें परास्त करना भी इन आन्दोलनों के मूल में छिपा था। इसलिए लगभग सभी समाज–सुधारक संस्कृति और धर्म के कमज़ोर पक्ष की आलोचना करते हुए उसे दूर करने का प्रयास कर रहे थे, लेकिन उनमें नये–पुराने का, हीनता–श्रेष्ठता का और पूरब और पश्चिम की टकराहट से उपजा द्वन्द्व लगातार बना हुआ था। योरोपीय ज्ञान–विज्ञान से मिली आलोचनात्मक दृष्टि को वे अपनी परम्पराओं की जाँच–पड़ताल और उनके पुनर्गठन में लगा रहे थे।

'बंगाल में राजा राम मोहन राय, ईश्वरचन्द्र विद्यासागर, महाराष्ट्र में अगारकर व एम. जी. रानाडे, सावित्री बाई फुले, पण्डिता रमाबाई, आन्ध्र में वीर सिंह लिंगम्, मद्रास में के. एम. नटराजन और उत्तर प्रदेश में दयानन्द सरस्वती के नेतृत्व में महिला उत्पीड़न के ख़िलाफ़ सशक्त आन्दोलन चलाए गये।'[2] वीर भारत तलवार के अनुसार, उस समय तीन प्रकार की

---

1. रस्साकशी, वीरभारत तलवार, पृ. 197
2. आन्दोलन की महिलाएँ, रेणु दीवान, पृ. 21

संस्थाएँ नवजागरण का काम कर रही थीं–ब्रह्म समाज, आर्य समाज और जाति सभाएँ।[1]

यह भी कहा गया कि बाल–विवाह के कारण एक वर्ष में बहुत बड़ी संख्या में बच्चियों की मृत्यु हुई, जिसमें बाल–विवाह की शिकार फूलमणि की मृत्यु से यह लड़ाई क़ानूनी लड़ाई में बदल गयी। फूलमणि के पिता ने क़ानून का सहारा लेकर बाल–विवाह के ख़िलाफ़ मुहिम छेड़ दी।

'एज ऑफ़ कंसेंट' बिल पर एक सीमा तक 'नेशनल सोशल कॉन्फ्रेंस' भी सक्रिय थी, किंतु 'सोशल कॉन्फ्रेंस' से हिन्दी लेखकों का ख़ासा विरोध था। इस विरोध का कारण सोशल कॉन्फ्रेंस द्वारा 'एज ऑफ़ कंसेंट' बिल का समर्थन करना था। यह बिल क्रान्तिकारी रूप से स्त्री के हित में जाता था। इसके अनुसार, बारह साल से छोटी पत्नी के साथ सम्भोग करना जुर्म था। प्रायः भारतीय समाज में स्त्रियों की मृत्यु का एक बड़ा कारण बाल–विवाह था। बहुत–से मामलों में छोटी लड़कियाँ सम्भोग के कष्ट को झेल नहीं पाती थीं और काल कवलित हो जाती थीं। आज की दृष्टि से देखें तो यह बिल कोई बहुत बड़ी राहत नहीं था और डॉक्टरों द्वारा सुझायी गयी विवाह के लिए न्यूनतम 14 वर्ष की आयु को नज़रअन्दाज़ कर के परम्परावादियों को कुछ सन्तुष्टि देते हुए बीच का रास्ता निकालता था, तथापि उस समय के लिए इतना भी होना कम राहत की बात न थी। दूसरे, सोशल कॉन्फ्रेंस ने पण्डिता रमा बाई को समर्थन दे दिया था, जिन्होंने जातिप्रथा को तोड़ कर अन्तरजातीय विवाह किया था। वे अपनी आजीविका भी खुद कमा रही थीं और धर्मान्तरण कर के ईसाई धर्म को स्वीकार कर चुकी थीं। इसके साथ–साथ वे अपनी संस्था के द्वारा हिन्दू विधवाओं की मदद कर रही थीं।

पण्डिता रमा बाई स्त्री प्रतिरोध का मुखर स्वर बन कर सामने आयीं। उन्होंने उच्चकुलीन हिन्दू स्त्रियों के जीवन अन्धकार की परतें खोल दीं। सन् 1887 में 'द हाई कास्ट हिन्दू वुमेन'[2] उनकी पुस्तक ने देश–विदेश में भारतीय स्त्री जीवन की समस्याओं को उद्घाटित किया। उन्होंने तर्कों और उदाहरणों के साथ भारतीय उच्च वर्ण स्त्रियों की यन्त्रणाओं, अन्धविश्वासों की जकड़नों, भय और नियति के भरोसे छोड़ दिये जाने के छल को प्रखरता

1. रस्साकशी, वीरभारत तलवार, पृ. 124
2. हिन्दू स्त्री का जीवन, पण्डिता रमाबाई, प्रकाशन– संवाद प्रकाशन, आई. 499, शास्त्रीनगर, मेरठ

से सामने रखा। स्त्री शिक्षा के सन्दर्भ में, हंटर कमीशन को दिये सुझावों में भी भारतेन्दु हरिश्चन्द्र की अपेक्षा उनके विचार प्रगतिशील थे और स्त्री के व्यावहारिक हित को समझने वाले थे। उनके लिए डॉ. रैचेल एल. बाँडले ने लिखा कि डॉ. डब्ल्यू.डब्ल्यू. हंटर उनके अनेक प्रशंसकों में से एक थे। "हंटर के अनुसार, रमाबाई के प्रयास और काम इतने सुव्यवस्थित हैं कि उनकी प्रशंसा होनी ही चाहिए। अतः उन्होंने रमा बाई को एडिनबर्ग में एक व्याख्यान के लिए बुलाया।'[1]

यह निमन्त्रण पण्डिता रमाबाई के कार्यों के महत्त्व और उनके जुझारूपन को निश्चित ही चिह्नित करता है। 'हंटर कमीशन' में दिये अपने सुझावों में रमाबाई ने छात्रा विद्यालयों में महिला निरीक्षक रखने के लिए तर्क दिया कि "अगर एक पुरुष निरीक्षक किसी छात्रा विद्यालय में जाता है तो सभी स्त्रियाँ व छात्राएँ डर जाती हैं और उनकी ज़बान बन्द हो जाती है।"[2] यह वास्तविक स्थिति थी, जिसे साफ़ लिखने का साहस रमाबाई ने किया था।

इसी के साथ एक और समस्या इस दौर में साफ़ दिखायी पड़ रही थी– स्त्री जीवन और शिक्षा के मुद्दे पर स्त्रियों और पुरुषों का एक मत न होना। जहाँ स्त्रियाँ अपने व्यावहारिक जीवन अनुभवों को आधार बनाकर यथार्थ कह लिख रही थीं, वहीं पुरुष अभी भी स्त्री जीवन को नियन्त्रित करने की परम्परागत सोच से बाहर नहीं आ पाये थे और अधिकतर सैद्धान्तिक बातों का जामा पहनाकर अपने तर्क दे रहे थे। 'हंटर कमीशन' को स्त्री शिक्षा पर दिये भारतेन्दु के सुझाव प्रगतिशील मानस की उपज नहीं लगते। वहीं रमाबाई नये ढंग से स्त्री हित सोचने की तरफ़ खड़ी दिखायी पड़ रही हैं। पहली बार एक स्त्री, स्त्री चिकित्सकों की आवश्यकता और मेडिकल की शिक्षा की आवश्यकता पर बल दे रही है। रमाबाई लिखती हैं कि "यद्यपि हिन्दुस्तान में कई सज्जन डॉक्टर हैं, परन्तु स्त्रियाँ इस कार्य व्यवसाय में नहीं हैं। अन्य देशों की स्त्रियों की तुलना में इस देश की स्त्रियाँ ज़्यादा संकोची हैं और उनमें से अधिकांश किसी पुरुष को अपनी बीमारी बताने की बजाय चुपचाप बीमारी से मर जाती हैं। अतएव हज़ारों–लाखों स्त्रियों की अकाल मुत्यु/असमय मृत्यु को रोकने के लिए स्त्री चिकित्सकों की आवश्यकता है। अतः मैं अपनी सरकार से अनुरोध

---

1. वही, पृ. 22
2. वही, पृ. 24

करती हूँ कि स्त्रियों को मेडिसिन पढ़ने की सुविधाएँ उपलब्ध करवाये और जन साधारण के जीवन की रक्षा करे।....''[1]

सन् 1882 में कमीशन से किये उनके इस अनुरोध ने साम्राज्ञी का ध्यान भी आकर्षित किया था और कहते हैं कि हिन्दुस्तान में अप्रत्यक्ष तौर पर एक आन्दोलन का भी सूत्रपात हुआ, जिसमें स्त्री चिकित्सकों की माँग का स्वर उभरा। रमाबाई ने स्त्री जीवन के लिए आचार संहिता निर्धारित करने वाली पुस्तक 'मनुस्मृति' के श्लोकों का पाठ कर उनकी अवैज्ञानिकता को सामने रखा और तर्कपूर्ण विरोध किया। यह आचार संहिता स्त्री से मनुष्य होने का अधिकार छीन लेती है और पितृसत्ता को अमानवीय रूप से एक मनुष्य के जीवन का अधिकार सौंप देती है। धर्म और उसके नाम पर संचालित अमानवीय अलिखित सामाजिक क़ानूनों की उन्होंने अच्छी ख़बर ली। रमाबाई की यह पुस्तक स्त्री मुक्ति संघर्ष में एक मज़बूत क़दम साबित हुई।

सुधार आन्दोलनों के फलस्वरूप ब्रिटिश सरकार को कुछ महत्त्वपूर्ण क़ानून बनाने पड़े। सन् 1830 ई. में सती प्रथा निषेध क़ानून पारित हुआ। सन् 1856 में विधवा विवाह अधिनियम, सन् 1891 में एज ऑफ़ कंसेंट बिल पारित हुआ। इसी बीच सन् 1877 में लड़कियों को पहली बार मैट्रिक की परीक्षा में बैठने की अनुमति मिली। इन क़ानूनों ने महिला आन्दोलन के लिए पृष्ठभूमि का काम किया। 19वीं सदी के मध्य से लेकर 20वीं सदी के पूर्वार्द्ध तक स्त्री का मुद्दा केन्द्र में होने के बावजूद दो तरह की स्थितियाँ दिखायी पड़ती हैं। एक, जहाँ पुरुषों द्वारा ही सुधार के प्रयास किये जा रहे थे और दूसरा, जहाँ स्त्रियों ने ख़ुद ही आगे बढ़कर अपनी भागीदारी साबित की और नेतृत्व की तरफ़ बढ़ने की कोशिश करते हुए निर्णयों में हस्तक्षेप या भागीदारी के प्रयास भी किये।

लड़कों की शिक्षा के सन्दर्भ में पुरुष सुधारक नये तरह के आधुनिक ज्ञान–विज्ञान पर बल दे रहे थे, किन्तु स्त्री शिक्षा की बात आते ही उनकी चिन्ता बढ़ जाती थी। इस सन्दर्भ में वे केवल स्त्री धर्म पालन की शिक्षा को ही ध्येय बनाकर चल रहे थे। नये क़िस्म के ज्ञान–विज्ञान की लड़कियों के लिए कोई आवश्यकता वे नहीं समझते थे। शिक्षा का काम लड़कियों को आदर्श सुगृहिणी की भूमिका में ढालना भर था।

1. वही, पृ. 25

भारतेन्दु ने अपने प्रसिद्ध बलिया भाषण में कहा कि "स्त्रियों को पढ़ाइये, मगर उस चाल से नहीं जैसे आजकल पढ़ाई जाती हैं, जिसमें उपकार के बदले बुराई होती है। ऐसी चाल से उनको शिक्षा दीजिये कि वे अपना देश, कुल धर्म सीखें, पति की भक्ति करें और लड़कों को सहज में शिक्षा दें।...." तात्पर्य कि स्त्री धर्म पालन की शिक्षा ही स्त्री शिक्षा का ध्येय है न कि बौद्धिक समझ का विकास, व्यक्तित्व, वैज्ञानिक दृष्टिकोण, आलोचनात्मक क्षमता का विकास, सद्–असद् का विवेक, न्याय–अन्याय की पहचान, तर्क क्षमता का पल्लवन आदि। यह भी नहीं कि ज्ञान–विज्ञान प्राप्त करके कोई बड़ा पद नाम या कोई सामाजिक प्रतिष्ठा अर्जित करना हो बल्कि पहले से अधिक सुसंस्कृत गृहिणी, पतिव्रता स्त्री और बच्चों का लालन–पालन करने वाली माँ तैयार करना था। भारतेन्दु अपने इस भाषण में उस समय के बौद्धिक वर्ग की दुविधाग्रस्त दृष्टि की भी अभिव्यक्ति कर रहे थे। इसका मूल्यांकन करते हुए वीर भारत तलवार लिखते हैं कि "भद्रवर्गीय सुधारकों के सामने अहम् मसला अँग्रेज़ी शासन की परिस्थितियों में, नयी शिक्षा सभ्यता की रौशनी में, घरों के अन्दर अपनी औरतों को नयी आदर्श भूमिका में ढालना था जो वास्तव में उनकी परम्परागत भूमिका से बुनियादी तौर पर बहुत अलग नहीं थी बल्कि उसी का एक सुथरा और निखरा हुआ रूप थी।"[1]

इस आवश्यकता की झलक भारतेन्दु द्वारा निकाली जा रही महिला केन्द्रित पत्रिका 'बालाबोधिनी' के सम्पादकीय में भी देखी जा सकती है। 'बालाबोधिनी' के मुखपृष्ठ पर कुछ दोहे प्रकाशित होते थे, जिनसे पत्रिका का मुख्य आदर्श ध्वनित होता था। यह आदर्श शिव शक्ति और सावित्री सीता को लेकर बना था। इस आदर्श की स्थापना के लिए और भी माध्यम अपनाए गये। कथा, कहानियों, निबन्धों, चित्रों और उपदेशात्मक आख्यानों आदि में धार्मिक शिक्षा पायी स्त्री को, पश्चिमी शिक्षा प्राप्त और पश्चिमी चाल–ढाल वाली स्त्री के ऊपर विजयिनी के रूप में प्रस्तुत किया जा रहा था।[2]

पुरुषों द्वारा सम्पादित पत्रिकाओं में स्त्री की आदर्श हिन्दू स्त्री छवि की बात तो की जाती, किन्तु उसके अधिकारों का मुद्दा न उठाया जाता। समस्याओं की बात आती तो उसके समाधानों में दुविधा दिखायी पड़ती

---

1. रस्साकशी, वीरभारत तलवार, पृ. 124
2. उदाहरण के लिए देखें–उपेन्द्रनाथ अश्क, स्वर्ग की झलक, इलाहाबाद उद्धृत– स्त्रीत्व से हिन्दुत्व तक, चारु गुप्ता, पृ. 140

जबकि इस मामले में अन्य प्रान्तों की स्थिति पश्चिमोत्तर प्रान्त से कुछ बेहतर थी। सावित्री बाई को शिक्षित करने और उन्हें सामाजिक भूमिका के लिए तैयार करने में ज्योतिबा फुले का बड़ा योगदान था। सन् 1852 तक उन्होंने तीन कन्या पाठशालाएँ खोल दी थीं। सावित्री बाई भी एक साहसी शिक्षिका बनीं, जिन्होंने उस समय के तमाम अवरोधों, आक्रमणों को झेला और डटी रहीं। सन् 1880 की दो घटनाओं ने स्त्री सुधार आन्दोलनों को तीव्र गति प्रदान की, जिसमें पहली घटना रुक्मा बाई द्वारा देह के अधिकार को लेकर दायर किया गया मुकदमा था। इस घटना ने रूढ़िवादियों को स्त्री दशा सुधारने के लिए चलाए जा रहे अभियानों के विरुद्ध खड़ा कर दिया। पहली बार स्त्री के द्वारा उसकी देह पर अधिकार की बात उठायी गयी। ऐतिहासिक दृष्टि से यह एक महत्त्वपूर्ण क़दम था और इसने स्त्री जीवन पर विचार करने का एक सर्वथा नया आयाम खोल दिया। स्त्री आन्दोलन का यह एक बड़ा क़दम माना जायेगा।[1]

दूसरी घटना का सम्बन्ध पण्डिता रमा बाई से है। इसी बीच पण्डिता रमा बाई ने प्रतिरोध का एक बड़ा कदम उठाते हुए ईसाई धर्म ग्रहण कर लिया और सन् 1889 में स्थापित अपने 'शारदा सदन' के द्वारा हिन्दू विधवाओं की मदद के साथ धर्मान्तरण भी शुरू कर दिया। इससे रूढ़िवादियों को विरोध का एक और मौक़ा हाथ लग गया।[2] इसके पीछे के तर्क़ थे कि हिन्दू धर्म में विधवाओं के लिए कोई स्थान नहीं, किन्तु ईसाई धर्म में विधवा होने के बावजूद स्त्री को सहज जीवन जीने का अधिकार है। वह विवाह कर सकती है, बच्चे पैदा कर सकती है, रंगीन कपड़े और आभूषण धारण कर सकती है। उसका जीवन अपशकुन की छाया से बाहर लाने का यह प्रयास था, जिसने हिन्दू सुधारकों की नींद उड़ा दी।

इसी प्रकार पश्चिमोत्तर प्रान्त में देर से शिक्षा, देर से जागरूकता और देर से लेखन के क्षेत्र में स्त्रियों का प्रवेश हुआ। इसकी अपेक्षा बंगाल, महाराष्ट्र और पंजाब में कई महत्त्वपूर्ण नाम दिखायी पड़ते हैं, जिन्होंने पुरुषों से अलग अपना दृष्टिकोण प्रस्तुत किया और स्त्री के नज़रिये प्रश्न उठाये।

---

1. 1. विस्तृत विवरण के लिए देखें–गैल ओमवेट, कल्चरल रिवोल्ट इन ए कॉलोनियल सोसाइटी, पृ. 101
   2. दयाराम गिडूमल, सं. द स्टेटस ऑफ़ वीमेन इन इंडिका, पृ. 122
   3. स्त्री संघर्ष का इतिहास, राधा कुमार, पृ. 64से हिन्दुत्व तक, चारु गुप्ता, पृ. 140
2. उल्लेख–स्त्री संघर्ष का इतिहास, राधा कुमार, पृ. 67

इसमें 'सीमन्तनी उपदेश' लिखने वाली पंजाब की अज्ञात हिन्दू औरत का नाम उल्लेखनीय है। यह किताब सन् 1882 में लुधियाना से मुंशी कन्हैयालाल अलखधारी के प्रयासों से छपी थी। प्रारम्भ में इसकी तीन सौ प्रतियाँ मुफ़्त बाँटने के लिए छपवाई गयी थीं।[1] यद्यपि यह ठीक ठीक जानकारी नहीं मिल पाती कि अज्ञात हिन्दू औरत कौन थीं, किन्तु इससे इस पुस्तक के भीतर की सामग्री का महत्त्व कम नहीं हो जाता। इस पुस्तक में लेखिका ने बहुत तीखी और ओजपूर्ण भाषा शैली में पितृसत्तात्मक व्यवस्था पर करारा प्रहार किया है। पहली बार इसके माध्यम से नयी बन रही स्त्री दृष्टि का एक मूर्त रूप दिखायी पड़ना शुरू होता है। स्त्रियों के गहने के मोह पर तर्कपूर्ण फटकार, परन्तु गहने पहनने की रुचि का संस्कार भी पहली बार यहाँ उठता है। यह स्त्री की नयी सौन्दर्य चेतना की बात थी जिस पर अब तक ध्यान नहीं दिया गया था। यहाँ यह भी पता चलता है कि लेखिका को अपने समय के सुधार आन्दोलनों आदि की अच्छी जानकारी थी और स्त्री को मनुष्य समझने वाले सुधारकों की पहचान का साहस भी था।

दूसरी किताब 'स्त्री–पुरुष तुलना' ताराबाई शिन्दे द्वारा महाराष्ट्र में लिखी गयी। लेखिका ने यहाँ भी स्त्री धर्म की खुलकर आलोचना की और तर्क के द्वारा उसे निराधार सिद्ध किया। पितृसत्ता पर स्त्रियों के द्वारा किया गया यह बड़ा प्रहार था। इस किताब ने न केवल आम जनता के बीच बल्कि पुरुष सुधारकों के बीच भी खलबली मचा दी। तारा बाई ने पुरुषों के सुधार आन्दोलन की भी आलोचना की और स्त्री शिक्षा की बात करते हुए भद्र वर्ग द्वारा ज्ञान–विज्ञान के नये क्षेत्रों को स्त्री तक न पहुँचने देने का तीव्र विरोध किया। रूढ़िवादियों के लिए इसे सह पाना मुश्किल हुआ और तारा बाई पर तरह–तरह के आक्रमण किये जाने लगे। ऐसे कठिन समय में ज्योतिबा फुले ने तारा बाई का पक्ष लिया।

हिन्दी की पहली लेखिका बंग महिला का नाम भी इस कड़ी में जोड़ना महत्त्वपूर्ण है। यद्यपि चेतना का वह विस्तार और तर्क की वैसी धार उनमें नहीं दिखायी पड़ती तथापि हिन्दी की पहली लेखिका होने और गद्य जैसे वैचारिक क्षेत्र में पश्चिमोत्तर प्रान्त में रहते हुए काम करना अपने आप में साहस भरा कदम था।

---

1. विस्तृत विवरण के लिए देखें–सीमन्तनी उपदेश, सं. डॉ. धर्मवीर, भूमिका तथा उल्लेख–सरला : एक विधवा की आत्मजीवनी, सं. प्रज्ञा पाठक, पृ. 24 तथा रस्साकशी, वीरभारत तलवार, पृ. 197

स्त्री मुक्ति आन्दोलन को रूपाकार देने में स्त्री केन्द्रित पत्रिकाओं की महत्त्वपूर्ण भूमिका थी। उनमें भी ख़ास कर वे पत्रिकाएँ, जिनका नेतृत्व बतौर सम्पादक स्त्रियाँ सँभाल रही थीं। स्त्रियों के लेखों और बहसों का तर्कसम्मत स्वर यहाँ पूरी प्रखरता के साथ उपस्थित हुआ है। 'स्त्री दर्पण' नामक पत्रिका ने इस दिशा में सराहनीय काम किया। यह पत्रिका जून 1909 में प्रयाग से प्रकाशित होना शुरू हुई थी। इससे पूर्व स्त्री केन्द्रित पत्रिकाओं में 'बालाबोधिनी', 'सुगृहिणी', 'वनिता हितैषी' आदि स्त्री की परम्परागत भूमिका को ही नयी परिस्थिति के अनुसार पुष्ट कर रहे थे। जबकि 'स्त्री दर्पण' के आस–पास प्रकाशित होने वाली पत्रिकाएँ 'गृहलक्ष्मी', 'स्त्री धर्म शिक्षक', 'आर्य महिला' आदि अधिक प्रगतिशील थीं और स्त्री जीवन के यथार्थ पक्ष पर खुलकर बात करने का साहस कर रही थीं। 'स्त्री दर्पण' की सम्पादिका श्रीमती रामेश्वरी नेहरू अपने सम्पादकीय में निरन्तर पत्रिका के उद्देश्य को स्पष्ट करती रहती थीं। वे स्त्री का धर्म केवल पति पुत्रादि को भोजनादि से सन्तुष्ट करना ही नहीं मान रही थी बल्कि इस बात पर बल दे रही थीं कि इस कर्तव्य से इतर संसार के कामों को स्त्रियों को पुरुषों के साथ मिलकर करना है, तभी सामाजिक कल्याण होगा।[1]

इस तरह पश्चिम के प्रभाव से रहित यह नारीवादी दृष्टि शुद्ध रूप से भारतीय परिस्थितियों की उपज थी और अपने समय के सुधारों के प्रभाव को ग्रहण करने के बावजूद अधिक सन्तुलित तथा अधिक साफ़ है। यह पत्रिका सन् 1929 तक नियमित मासिक रूप से निकलती रही। इसके लेखों के वैचारिक तेवर और उर्जावान बहसें स्त्री के वैचारिक क्षेत्र में नयी दृष्टि के साथ सशक्त दख़ल को दर्ज करती है। यद्यपि 1923 के बाद व्यवस्था सम्बन्धी कुछ अस्थिरता आ जाने से धीरे–धीरे इसकी आन्दोलनकारी चेतना की धार कमज़ोर पड़ने लगी और सन् 1929 से यह बन्द हो गयी।

'गृहलक्ष्मी' की तरह ही 'स्त्री धर्म शिक्षक' भी महिला जीवन के मुद्दे उठा रही थी। साक्षरता अभियान इसका उल्लेखनीय पक्ष था। हालाँकि इसके पीछे धर्मशास्त्रों को पढ़ने की शिक्षा का उद्देश्य छिपा हुआ था और अपने इस स्त्री धर्म पालन करवाने वाले उद्देश्य में 'बालाबोधिनी' के समतुल्य जान पड़ती है। तथापि साक्षरता के लिए किया जाने वाला इसका प्रयास सराहनीय था। इसकी अपेक्षा 'आर्य महिला' में बौद्धिकता की मात्रा अधिक थी।

1. उदारहण के लिए देखें–स्त्री दर्पण, सम्पादकीय, जुलाई 1915

सुधारवादी आन्दोलनों के प्रभाव का एक यह रूप भी महत्त्वपूर्ण है कि उसने महिलाओं को स्वतन्त्रता आन्दोलन में भाग लेने की दिशा में उत्प्रेरक की भूमिका निभाई। सन् 1905 में बंगाल विभाजन का विरोध करने वाले आन्दोलन में महिलाओं ने सक्रिय भागीदारी की। 'राखी बाँधने' और रसोई बनाने का बहिष्कार जैसे कार्यक्रमों में महिलाओं पूरे उत्साह से भाग लिया और स्त्री से जुड़े मुद्दों को पहले से बड़ा दायरा देने की कोशिश की। एनी बेसेंट की अध्यक्षता में सन् 1917 में स्थापित हुए 'वीमेन इंडिया एसोसिएशन' में अनेक ज़रूरी मुद्दे उठाए गये, जिसमें प्रमुख रूप से स्त्री शिक्षा, राजनीति में उनकी भागीदारी, स्थानीय बोर्डों, संविधान सभाओं में उनकी भागीदारी आदि का मुद्दा प्रमुख बना। सन् 1925 में सरोजनी नायडू ने भी 'नेशनल काउंसिल ऑफ़ वीमेन' बनाया। सन् 1927 में राष्ट्रीय स्तर पर 'अखिल भारतीय महिला परिषद्' का गठन भी महिलाओं की सक्रियता और उनकी जागरूकता को दर्शाता है। स्त्री शिक्षा के प्रचार–प्रसार में इसने महत्त्वपूर्ण भूमिका निभायी और बाल विवाह, वृद्ध विवाह, बहु विवाह आदि के ख़िलाफ़ भी अभियान चलाया। गाँधी जी के दाण्डी मार्च के समय चुने गये इकहत्तर यात्रियों में एक भी महिला के न चुने जाने पर राष्ट्रवादी महिलाओं ने तीव्र प्रतिक्रिया की। दादा भाई नौरोजी की पुत्री खुर्शीद, 'स्त्री धर्म' की सम्पादक मार्ग्रेट कूजिंस, कमला देवी आदि ने कड़ा विरोध दर्ज किया। उनके विरोध के परिणामस्वरूप अन्तिम दिन सरोजनी नायडू उसमें शामिल हुईं। नमक सत्याग्रह के लिए गिरफ़्तार होने वाली वे पहली महिला थीं। इसके बाद ही सारे देश में सत्याग्रहियों का नेतृत्व करने के लिए महिलाओं का चयन किया गया।[1] इस तरह राष्ट्रवादी आन्दोलन में महिलाओं की संख्या का दायरा बढ़ने लगा।

इसी के साथ महिलाओं के अनेक संगठन बने, जिन्होंने महिला मुक्ति आन्दोलन को अलग–अलग क्षेत्रों तक पहुँचाया। 'नारी सत्याग्रह समिति', 'महिला राष्ट्रीय संघ', 'लेडीज़ पिकेटिंग बोर्ड', 'स्त्री स्वराज संघ', 'स्वयं सेविका' जैसे संगठनों के साथ साथ मज़दूर महिलाओं के संगठन बनने शुरू हुए। इस बीच इंग्लैंड के नारीवादियों ने भारतीय महिला संगठनों से जुड़ी महिलाओं से सम्पर्क कर आन्दोलन में सहयोग का प्रस्ताव रखा, परन्तु प्रस्ताव की रूपरेखा जिस प्रकार की थी और उसमें पूरब की स्त्री के लिए जिस तरह की अवमानना महसूस की गयी, उससे भारतीय आन्दोलनकारी

1. उल्लेख–स्त्री संघर्ष का इतिहास, राधा कुमार, पृ. 163

महिलाएँ सहमत नहीं हुईं और उन्होंने इस तर्क के साथ कि विदेशी नारीवादी भारतीय परिस्थिति को बिना समझे आन्दोलन को अपने हाथ में लेने का प्रयास कर रहे हैं और यह महिला आन्दोलन के हित में नहीं हो सकेगा, इस विचार के साथ प्रस्ताव ठुकरा दिये।[1]

सन् 1930 के अंतिम दिनों में नारीवादी आन्दोलन से कम्युनिस्टों का जुड़ना शुरू हुआ। उषा बाई डांगे आदि ने मिलकर बम्बई की कपड़ा मिलों की महिला कामगारों को संगठित किया। राजनैतिक कैदियों की रिहाई के लिए चलाये गये अभियान में कम्युनिस्ट और राष्ट्रवादी महिलाओं ने मिलकर काम किया। सन् 1939 में 'कांग्रेस महिला संघ' की स्थापना हुई। बंगाल में महिला संगठनों के कई घटक बने। महिलाओं की यह सक्रियता इतनी बढ़ी कि सन् 1940 में 'अखिल भारतीय छात्र महासंघ' को अलग से 'महिला विद्यार्थी समिति' बनानी पड़ी।[2]

वस्तुतः इस पूरे दौर में स्त्रियों का आन्दोलन, लगातार तीव्र हो रहे स्वतन्त्रता आन्दोलन की भेंट चढ़ गया और जिस तेज़ी से सुधार आन्दोलनों के साथ स्त्री मुद्दे उठे थे, उनकी प्रखरता वैसी ही नहीं रह गयी। इस विचार को पर्याप्त बल मिला कि स्वतन्त्रता मिलने पर सारी समस्याएँ हल हो जायेंगी और स्त्री–पुरुष के बीच फैली असमानता भी दूर हो जायेगी। दूसरे, स्वतन्त्रता आन्दोलन के समय जो महिलाएँ नेतृत्वकारी क्षमता के साथ उभरी थीं, उनमें से ज़्यादातर सत्ता के मोहजाल में उलझ गयीं या फिर घर–गृहस्थी की दुनिया में वापस लौट गयीं। इससे स्वतन्त्रता के आस–पास अखिल भारतीय स्तर का कोई बड़ा महिला मुक्ति आन्दोलन खड़ा नहीं हो पाया। इस समय वामपन्थी संगठनों का इस दिशा में कोई सराहनीय प्रयास नहीं दिखता। हालाँकि सन् 1946–50 में बंगाल के तेभागा आन्दोलन, आन्ध्र के तेलंगाना आन्दोलन में महिलाओं की सक्रिय भागीदारी रही थी। दूसरे, देश के विभाजन ने महिलाओं के जीवन पर बहुत गहरा प्रभाव डाला था। इस त्रासदी ने शारीरिक और मानसिक स्तर पर उन्हें जिस तरह तोड़ा था, उससे तत्काल निकल पाना भी सम्भव नहीं था।

1. उल्लेख–स्त्री संघर्ष का इतिहास, राधा कुमार, पृ. 189
तथा बारबरा एन. रामुसैक, 'वीमेंस ऑर्गनाइजेशन एंड सोशल चेंज' इन नौमी ब्लैक ऐनी बेकर कोरेल, सं. वीमेन एंड वर्ल्ड चेंज, लन्दन, सेग पब्लिकेशन, 1981, पृ. 205–6
2. उल्लेख–स्त्री संघर्ष का इतिहास, राधा कुमार, पृ. 163

यद्यपि भारतीय संविधान ने स्त्रियों को समान शिक्षा, सम्पत्ति, नौकरी, वोट देने का अधिकार आदि प्रदान किया था, तथापि समाज में लैंगिक असमानता और शोषण की व्यवस्था बनी रही। इससे स्त्रियों में असन्तोष का उभार पुनः हुआ। कुछ वर्षों की शान्ति के बाद स्वतन्त्रता के भ्रम से मोहभंग हो गया। 7–8वें दशक में एक बार फिर महिला संगठन सक्रिय हुए। इस समय वैचारिक पृष्ठभूमि और प्रतिबद्धता की बातें भी आयीं। नारीवादी विभिन्न स्वरों में रेडिकल नारीवाद, उदारवादी नारीवाद, मार्क्सवादी नारीवाद आदि के अलग अलग स्वरूप उभरे। सन् 1970 के आस–पास नारीवादियों ने स्त्री–स्त्री के बीच, स्त्री–पुरुष के बीच की असमानता को जाति, भाषा, धर्म, क्षेत्र और वर्ग के साथ पहली बार जोड़कर बहस शुरू की। इससे असमानता की समस्या जटिल हो उठी और अनेक पहले से अलग तरह की समस्याएँ नारीवादियों सामने आयीं। इससे यह भी हुआ कि असमानता की अवधारणा को व्यापकता प्रदान करने की तरफ़ भी उनका ध्यान गया और असमानता की किसी भी स्थिति को चिन्हित करने के साथ उपर्युक्त किसी भी स्थिति के साथ पितृसत्ता के गठजोड़ की पहचान भी शुरू हुई। स्त्री जीवन को पितृसत्ता द्वारा नियन्त्रित करने के तरीक़ों की पहचान को भी बल मिला और स्त्रियों द्वारा स्वयं अपने जीवन के पुनर्मूल्यांकन की तरफ़ भी ध्यान गया। इन सबके बीच से जो सबसे महत्त्वपूर्ण मुद्दा निकल कर सामने आया, वह आर्थिक आत्मनिर्भरता का था। इसी के साथ देह पर अपने अधिकार का मुद्दा भी उठा और देह पर पितृसत्ता के नियंत्रण से मुक्ति बहस के केन्द्र में आया। उस दौर के साहित्य पर इसका व्यापक प्रभाव देखा जा सकता है। हालाँकि पूर्व में रुक्माबाई देह पर अधिकार को लेकर ऐतिहासिक मुकदमा लड़ चुकी थीं।[1] इस मुकदमे ने उस दौर में खलबली मचा दी थी और नये सिरे से स्त्री जीवन पर बात करने का आयाम खोला था। रुक्मा देवी को भयंकर विरोध के बावजूद तत्कालीन सुधारवादियों का समर्थन और पर्याप्त सहायता मिली थी। "इस केस के बीस–पच्चीस सालों बाद प्रयागराज में भी एक भद्रवर्गीय कायस्थ युवा महिला महादेवी वर्मा ने विवाह के बाद पति के घर जाने से इंकार कर दिया। यह महिला भी शिक्षित थीं। इलाहाबाद के क्रास्थवेस्ट स्कूल में मेमों से पढ़ने वाली महादेवी उसी तरह पश्चिमी शिक्षा प्राप्त थीं जैसे रुक्माबाई।"[2]

1. उल्लेख–रस्साकशी, वीरभारत तलवार, पृ. 193
2. उल्लेख–रस्साकशी, वीरभारत तलवार, पृ. 193

आठवें दशक में यौन शोषण की परिधि को भी विस्तृत सन्दर्भ मिला और परिवार के भीतर यौन हिंसा, पति द्वारा बलात्कार, वेश्याओं के बलात्कार को भी इस परिधि में शामिल करने की माँग उठी। इसके दायरे को बढ़ाते हुए, गर्भ निरोधक दवाइयों के वैज्ञानिक परीक्षण के नाम पर तीसरी दुनिया की गरीब स्त्रियों के यौन शोषण को भी शामिल किया गया। सन् 1980 में ही दहेज–विरोधी आन्दोलन में देश भर की असंख्य महिलाओं ने सक्रिय भागीदारी की। पंजाब, महाराष्ट्र, कर्नाटक, मध्यप्रदेश, बंगाल और दिल्ली में यह आन्दोलन तीव्र गति से चला। अनेक संगठनों के साथ दहेज–विरोधी चेतना मंच ने दहेज क़ानून में बदलाव की माँग को लेकर संघर्ष किया। इसके परिणामस्वरूप दहेज क़ानून में महत्त्वपूर्ण संशोधन किये गये।[1]

सन् 1980 के समय ही राजस्थान के देवराला में हुए सती काण्ड से एक बार फिर से सती के मुद्दे के साथ स्त्री का अपनी देह पर अधिकार की माँग ने ज़ोर पकड़ा। 90 तक आते–आते कन्या भ्रूण हत्या, अल्ट्रासाउंड परीक्षणों की भूमिका, प्रजनन और यौन स्वास्थ्य की तरफ़ भी ध्यान दिलाने का प्रयत्न जारी रहा। इससे स्त्री–पुरुष के घटते लिंगानुपात की तरफ़ सरकार का ध्यान गया। इसी प्रकार देह व्यापार, यौन अपराध, छोटी बच्चियों के यौन शोषण आदि को रोकने के ख़िलाफ़ भी आवाज़ें उठाई जाने लगीं।

हालाँकि तमाम आन्दोलनों और प्रयासों के बावजूद व्यावहारिक जीवन में कोई बड़ा और क्रान्तिकारी बदलाव नहीं आ सका, किन्तु निरन्तर के इन प्रयासों ने स्थिति पर कुछ फ़र्क़ डाला और स्त्रियों को जागरूक बनाया। शिक्षा और आर्थिक आत्मनिर्भरता की तरफ़ बढ़ते उनके क़दम व्यावहारिक जीवन में प्रत्यक्ष दिखने लगे हैं। तमाम बाधाओं और अपने अन्तर्विरोधों से टकराते हुए भी महिला आन्दोलन गतिशील रहा। उसके सकारात्मक पहलू उल्लेखनीय रहे। आज भी उनके सामने समानता, न्याय और स्वतन्त्रता पर आधारित एक बेहतर दुनिया बनाने की चुनौती बनी हुई है, किन्तु नब्बे के बाद नये बने समय ने स्त्री आन्दोलनों को लगभग समाप्ति की तरफ़ पहुँचाया। उनकी धार खत्म हुई और नये आन्दोलनों की तरफ़ स्त्रियों का झुकाव भी कम हो गया। ऐसा नहीं था कि नये समय ने स्त्रियों की समस्या

1. विशेष विवरण के लिए देखें–नारीवादी राजनीति, संघर्ष एवं मुद्दे, सं. साधना आर्य, निवेदिता मेनन, जिनी लोकनीता, हिन्दी माध्यम कार्यान्वय निदेशालय, दिल्ली विश्वविद्यालय, दिल्ली, पृ. 273

को सुलझा लिया था बल्कि उनकी समस्या कई गुणा अधिक जटिल होती गयी थी। स्त्रियों को एक तरफ़ बड़े बाज़ार ने नौकरी का कुछ स्पेस मुहैया करा दिया था तो सस्ते श्रम की चक्की में पिसने को भी मज़बूर किया था। कामकाज पर किसी भी तरह का मानसिक या वैचारिक बदलाव न होने से स्त्रियों को वस्तु और देह समझे जाने की समझ में कोई कमी नहीं आयी थी। परिणामस्वरूप नये तरह के शोषण चक्र बनने लगे थे। मध्यवर्गीय कामकाजी स्त्रियाँ भी कार्य स्थलों पर यौन शोषण के नये पैंतरो से जूझने को अभिशप्त हो रही थीं। सुनवायी की जगहें या तो थीं ही नहीं या इतनी कठिन थीं कि उस चक्र में एक अलग किस्म की यातना से गुज़रना होता। इस तरह बाहर से बाजार ने बहुत कुछ बदल दिया था, परन्तु भीतर से कुछ भी बदल न सका था। दूसरे पितृसत्ता और सामन्ती मानसिकता, दोनों को ही नयी बाज़ार व्यवस्था से पोषण मिल रहा था। इन तीनों के गठजोड़ ने स्त्री की समस्याओं को अधिक जटिल बनाया है। फिर भी स्त्रियाँ इनसे टकराते हुए अपनी राह बनाने की तरफ़ अग्रसर हो रही हैं।

अन्ततः मिशेल फूको की बात में वजन है–

> *'It is not enough to speak the truth*
> *One must be in the truth.'*

स्त्री और बौद्धिकता

बौद्धिकता के साथ स्त्री को जोड़कर देखने की कोई परम्परा हमारे देश में नहीं रही। इस कारण जन मानस का कोई अभ्यास भी बौद्धिक स्त्री की स्वीकार्यता को लेकर सहज भाव से तैयार नहीं हो सका। बौद्धिक माने जाने वाले क्षेत्रों में भी बौद्धिक स्त्री को वह जगह नहीं दी जा सकी, जिसकी वह हक़दार रही है अर्थात् बौद्धिक क्षेत्रों में भी स्त्री बौद्धिकता को स्वीकार कर पाना सम्भव नहीं रहा। 'विद्वान स्त्री' का कोई बड़ा चित्र हमारे पास नहीं है।

यहाँ नवजागरण के समय उठाये गये तमाम स्त्री नाम याद आ सकते हैं और यह तर्क भी किया जा सकता है कि 'फलाँ–फलाँ तो थीं ही।' भले ही ये नाम नगण्य थे, परन्तु उपस्थित तो थे ही। उनकी उपस्थिति के बावजूद उनके कथनों पर और उन कथनों के भाष्य पर शायद ही बात की गयी हो। इस तरह उनकी उपस्थिति में भी अनुपस्थिति को निहित माना गया और आवश्यकता पड़ने पर नाम लेकर काम चलाने की कार्यवाही जारी रखी गयी।

लेकिन क्या वस्तुस्थिति ऐसी ही थी? सुदूर अतीत में विदुषी घोषा को अश्विनी कुमारों को सम्बोधित करके पहला वाक्य यही कहना पड़ा था कि "हे अश्विनी कुमारो, मैं ज्ञान बुद्धिहीना नारी हूँ"। अर्थात् अपनी बौद्धिक क्षमता को स्वतः कमतर मान लेने पर ही आपको बौद्धिकों के समाज में शामिल होने की अनुमति मिलेगी। यदि स्त्रियाँ ऐसा नहीं करतीं तो लगातार बौद्धिक कहा जाने वाला समाज उन्हें तरह–तरह से बताता है कि वे बुद्धि के क्षेत्र में प्रवेश न करें और यदि प्रवेश करती हैं तो वहाँ भी पितृसत्ता के द्वारा निर्धारित किये गये दायरे के भीतर ही रहें। दो बहुत प्रत्यक्ष स्थितियाँ समाज ने बौद्धिक स्त्री के लिए बनायी हैं।

एक तो—जब वह बौद्धिक क्षेत्र में समानता का दावा करती है और कई बार अपनी प्रतिभा का लोहा भी मनवाती है, तब उसे छल बल से रोकने की हज़ार कोशिशें होती हैं। उसकी राह में सामन्ती मानसिकता के बहुतेरे काँटे बिछाये जाते हैं, उसे अपमानित और बहुधा दण्डित किया जाता है और अन्ततः कोई और उपाय न पाकर सबसे आसान और अचूक उपाय चरित्र हनन का हथियार अपनाया जाता है। इस हथियार से बड़े—बड़े सूरमा पल में पराजित किये जाते रहे हैं। ज्ञान के विवेक और तर्क के विज़्डम को स्त्री के सन्दर्भ में अवगुण की तरह प्रचारित किया गया है। तर्क करने वाली स्त्री ज़्यादा बोलने वाली अवगुणी स्त्री मानी गयी और विवेक के आधार पर निर्णयों को प्रभावित कर सकने की क्षमता रखने वाली स्त्री पुरुष की दुनिया में हस्तक्षेप के अपराध पर दण्डित की गयी।

इतिहास, मिथक और पौराणिक साहित्य गवाह है कि बुद्धि का प्रयोग करने और ज्ञान—पिपासा की अभिव्यक्ति पर दण्डित किये जाने की लम्बी परम्परा मौजूद रही है। वह गार्गी से होती हुई मीरा तक आती है। यह मानसिकता आज भी हमारे समाज में बहुत गहरे जड़ जमाये बैठी है और लगातार स्त्री को अपनी बुद्धि का उपयोग करने के लिए अपमानित, उपेक्षित, प्रताड़ित और दण्डित करती रहती है। यह अकादमिक जगत् से लेकर लगभग सभी बौद्धिक क्षेत्रों में होता रहा है और आश्चर्य की बात है कि इन क्षेत्रों में यह स्त्री—दण्ड सहज स्वीकृत है। यहाँ उन्हीं स्त्रियों को बिना विघ्न—बाधा के जीने और काम करने का अधिकार है जो पितृसत्ता की पिछलग्गू बनी रहती हैं। जो स्त्रियाँ बौद्धिक और अकादमिक क्षेत्रों में अपने स्वाभिमान के साथ, अपनी प्रतिभा के बल पर डटी होती हैं, प्रायः उनकी राह आसान नहीं होती।

दूसरा तरीक़ा बेहद परम्परागत है, जहाँ भारतीय मानस में स्त्री की दैवी छवियाँ बहुत मान्य और पूजनीय रही हैं और तब एक बौद्धिक स्त्री, विद्वान की श्रेणी में न आकर पूजनीय की श्रेणी में डाल दी जाती है। वह हाड़—मांस की मानवी होने की सहजता और जन जीवन में घुल—मिल जाने की स्वाभाविकता से परे एक ख़ास दुनिया की प्राणी मान ली जाती है, जो लगभग पराभौतिक छवि है। यह छवि कोई दिक़्क़त नहीं पैदा करती, कोई चुनौती नहीं रखती। उसका काम उसके दैवी रूप से ढक दिया जाता है, इसलिए उसका नाम लेना आसान हो जाता है। अनुकूलन की ऐसी व्यवस्था एक तरफ़ स्त्री को उसके इतिहास से काट देती है,

उसके रोल मॉडल से दूर कर देती है और दूसरी तरफ़ ज्ञान सन्धान के सब रास्ते बन्द कर देती है। ज्ञान के लिए व्याकुलता और जिज्ञासा, स्त्री के लिए कुछ ऐसी बना दी जाती है, जैसे वह उसकी विद्वता को कम कर देगी, रूप और लावण्य बिला जायेगा। सत्संग और बहसें उसके चरित्र को दूषित कर देगीं। तर्क करती, बहस करती स्त्री हमारे समाज की स्वीकृत स्त्री कभी नहीं रही है जबकि यही व्याकुलता, जिज्ञासा, सत्संग, तर्क आदि ज्ञान के लिए आवश्यक शर्तें बतायी गयी हैं, पर किसके लिए? सिर्फ़ पुरुषों के लिए। नवजागरण के समय भी नयी शिक्षा के माध्यम से ज्ञान–विज्ञान के सभी क्षेत्रों की आवश्यकता पुरुषों के लिए मानी गयी थी, स्त्रियों के लिए बड़ी हिम्मत करके स्त्री धर्म शिक्षा की ही बात की जा रही थी। लम्बे समय तक गृहविज्ञान लड़कियों के लिए अनिवार्य विषय हुआ करता था। प्रगति और संघर्ष के इतने वर्षों बाद आज भी कहीं–कहीं यह अनिवार्य विषय बना हुआ है।

इसी के बरक्स लेखन की बौद्धिक गतिविधियों के बीच स्त्री हस्तक्षेप को भी देख सकते हैं। यहाँ भी एक पूरा दौर स्त्री विमर्श को स्त्री की यौन आज़ादी तक सीमित कर देने का रहा। शिक्षा, आर्थिक आत्मनिर्भरता, बुद्धि विवेक इससे दूर कर दिये गये। समाज में हो रहे अन्य स्त्री आन्दोलनों को नज़रअन्दाज़ किया गया। स्त्री के सामाजिक सरोकार परे ढकेल दिये गये। ऐसी यौन आज़ादी की बात की गयी, जो कोई भविष्योन्मुखी रास्ता नहीं बनाती। यह पूरा पितृसत्तात्मक स्थितियों के अनुकूल और बाज़ार की आवश्यकतानुसार तैयार किया गया लगता है, जिसने नकली स्त्री विमर्शकार और सतही स्त्री–विमर्श के लेखक तैयार किये, बिना पढ़े, बिना जाने स्त्री–विमर्श पर खूब बात की गयी। इसका विरोध करती एक कोशिश उसी दौर में स्त्रियों की तरफ़ से होती हुई भी दिखती है, जो स्त्री के सही यथार्थ की बात कर रही थी। उसके संघर्षों को और परिस्थितियों की आवाज़ बन रही थी। लेकिन ऐसी आवाज़ों को दबाया गया या, उपेक्षित किया गया। प्रतिभाशाली की उपेक्षा करना लेखन तन्त्र का भी एक बड़ा औज़ार है। जेंडर विभेद की स्थिति इतनी गहरी है कि जहाँ–जहाँ स्त्रियों ने बड़ा काम किया या बड़ा दायरा बनाया, वहाँ–वहाँ उनका नाम लेने का साहस ही प्रायः नहीं किया गया। साहस इतना भी नहीं दिखता कि यदि स्त्रियों ने साहित्य भाषा को नया आयाम दिया और उल्लेखनीय बदलाव किया तो उसे स्वीकार किया जाए। दरअसल, इतने लम्बे समय तक स्त्री

लेखन की उपेक्षा और साहित्येतिहास से उनकी जान–बूझकर बनायी गयी अनुपस्थिति भी इसका एक आधार तैयार करती है।

सभी कलाओं में स्त्री के प्रवेश के साथ उसकी सरपरस्ती की स्थितियाँ भी बनायी गयी थीं। यह एक स्त्री आयी है–गाने, अभिनय करने, लिखने आदि, तो यह अकेले कैसे रह सकती है? इसका गॉडफादर कौन है? अकेले, अपने अस्तित्व के साथ खड़ी स्त्री हमारी समाज संरचना से ग़ायब है; और यही उसका सबसे बड़ा संघर्ष है, अपनी जगह बनाना और वहाँ मज़बूती से खड़े होना। उसके अपने समाज यानी समाज के भीतर उसकी अपनी सामाजिकता का प्रश्न, एक बड़ा प्रश्न है। लेकिन चूँकि वह संरचना के भीतर शामिल नहीं है, इसलिए समस्यामूलक है और सबसे पहले इससे टकराना ज़रूरी हो जाता है। इसलिए 'क़ब्ज़े की भूमि' के सिद्धान्त को कलाओं में भी लागू किया गया था। सरपरस्ती की कोशिशें और फिर उसके सरपरस्त के अनुसार उसका कद निर्धारित किया जाना भी इसी सिद्धान्त से निकलकर आया था। इससे इंकार कर देने वाली स्त्रियों को पता है कि उनकी राह आसान नहीं रह जाती जबकि स्त्री कला जगत् में आती है कि उसे यहाँ जेंडर बोध से ऊपर उठ कर दुनिया को जानने–समझने का विकल्प दिखायी पड़ता है। वह यहाँ आती है कि ज्ञान का सन्धान कर सके, वह अपने सहकर्मियों या बौद्धिकों से बतियाती है कि ज्ञान के नये आयाम से परिचित हो सके, लेकिन कहीं भी उसे बौद्धिक या विद्वान के रूप में आसानी से स्वीकार नहीं किया जाता। देह की सीमा से आगे स्त्री को बुद्धि के स्तर पर समानता का स्थान दे देने में अभी भी हिचकिचाहट बनी हुई है। हमारे पास साहित्य इतिहास में ऐसी स्त्रियाँ भी रही हैं, जिन्होंने इस तरह की सरपरस्ती से इंकार किया है और ज़ाहिर है कि इसके कारण उनका संघर्ष कई गुणा बढ़ा। मीरा को सम्प्रदाय निरपेक्ष कवि माना गया। उन्हें प्रायः फुटकर खाते में डालकर पढ़ा–पढ़ाया गया। इतना ही नहीं, उनके विद्रोह के पदों को हटाकर केवल भक्ति के पद रखे गये। मीरा की एक कृष्ण के प्रेम में डूबी भक्तिन की छवि ही स्वीकार की गयी। उनके पदों के सारे पाठ नज़रअन्दाज़ किये गये। आख़िर मीरा ने एक इतनी आसान राह (किसी सम्प्रदाय की सदस्यता) क्यों नहीं चुनी? इस अपने निर्णय और अपनी 'अनूठी चाल' चलने के एवज़ में उन्हें अपने समय में क्या–क्या न सहना–सुनना पड़ा? उन्हें साधु कहे जाने वाले पितृसत्तात्मक रूपों से चरित्र की शुचिता की चुनौती बार–बार मिली।

'भक्तमाल' में यह स्पष्ट उल्लेख है कि मीरा को एक साधु के द्वारा अपनी कृष्ण भक्ति प्रमाणित करने के लिए चुनौती दी गयी और कहा गया कि वह साधु स्वयं कृष्ण है, अतः मीरा को उसके साथ सेज शयन करना होगा। यह अपमानजनक प्रस्ताव एक अन्वेषक और विद्रोही स्त्री को दिया जाना ज़रा भी हैरान नहीं करता! क्योंकि यही समाज का एक स्त्री के प्रति दृष्टिकोण है, यही समाज का स्त्री के प्रति सत्य आचरण है। उसके लिए स्त्री को बुद्धि और असहमतियों के साथ जोड़कर देख पाना कठिन बना हुआ है।

बौद्धिक जगत् ने भी लम्बे समय तक मीरा का कोई स्वागत नहीं किया। वे एक भक्तिन ही बनी रहीं, जिसकी व्याख्या करने की आवश्यकता नहीं समझी जा सकती। बहुत बाद में जाकर, लगभग सन् 1990 के बाद मीरा पर नये सिरे से और नये संदर्भों में बात होनी शुरू हुई। आज के सन्दर्भ में यदि देखें तो स्त्रियों ने संघर्ष के बाद अपनी जो जगह बनाई थी, बौद्धिक भागीदारी की अपनी दावेदारी दिखायी थी, एक बार फिर उन्हें उसी संघर्ष को दुरहाना पड़ रहा है। आज बड़े सम्मेलनों, सेमिनारों आदि में अध्यक्ष, मुख्य अतिथि, मुख्य वक्ता आदि के रूप में उनकी उपस्थिति कम होने लगी है। तमाम आयोजनों में उन्हें मुख्य भूमिकाओं से या तो हटा दिया जाता है या उनकी उपस्थिति को महत्त्व नहीं दिया जाता है। कभी–कभी तो बड़े आयोजनों में एक भी स्त्री की भागीदारी नहीं दिखती। पत्र–पत्रिकाओं के सम्पादक के रूप में भी स्त्रियों की संख्या नगण्य ही है। जब उसे विद्वान मानने में इतनी दिक़्क़त है तो भला पत्र–पत्रिकाओं के सम्पादन की ज़िम्मेदारी जैसा काम उसे कैसे थमा दिया जाये?

नये समय की नयी बनी परिस्थितियों के बीच तमाम नौकरियों की ज़िम्मेदारियों को बख़ूबी सँभालने के बावजूद उसे इसका श्रेय कम ही मिलता देखा गया है। अमानवीय क़िस्म के घरेलू श्रम नीति से आज भी उसे निज़ात नहीं मिल सकी है। उसे अनन्त काल से थमाया गया मुख्य काम–प्रजनन, रसोई और बच्चों, बूढ़ों की सेवा के उत्तरदायित्व से मुक्ति की कोई सम्भावना नहीं दिखायी पड़ती। इन उत्तदायित्वों के निर्वहन में हुई हल्की–सी कमी उसे ख़लनायिका की श्रेणी में आसानी से डाल देती है। इसके बावजूद वह दोहरे–तिहरे कामों का बोझ सँभाले अपनी बुद्धि का लोहा मनवाने में पीछे नहीं हो रही। कला के क्षेत्रों के अतिरिक्त वैचारिक

क्षेत्रों में उसकी दख़ल कमतर नहीं होने पर भी कमतर बतायी–दिखायी जाने की परम्परा बनी ही हुई है। इसके विरोध में स्त्रियों को जिस तरह उठ खड़ा होना चाहिए था, वह भी उनकी पितृसत्तात्मक परवरिश के कारण अधिक जटिल बन गया है। उन्हें मुहावरे और प्रतीक भी ऐसे ही थमाए गये हैं जो उनके अपने व्यक्तित्व विकास में कहीं से सहायक नहीं हो पाते। इस तरह आज भी बौद्धिक क्षेत्रों में उसकी गम्भीर भागीदारी लगातार उपेक्षित की जाती है।

स्त्री और सामाजिकता

इस बात में बहस की कोई गुंजाइश नहीं है कि मनुष्य एक सामाजिक प्राणी है। वह जिस समुदाय के भीतर होता है, वहाँ अपनी सामाजिकता के निर्माण की कोशिश करता है। संगी–साथी, इष्ट–मित्र, नाते–रिश्तेदार से लेकर दुश्मन तक उसकी सामाजिकता की परिधि के भीतर आते हैं। इस परिप्रेक्ष्य में देखें तो स्त्री भी एक सामाजिक प्राणी है और समाज के भीतर उसका भी तमाम नाता–रिश्ता बना रहता है। तमाम तरह के सम्बन्धों के घेरे में उसकी भी एक सामाजिक परिधि निर्मित होती है।

बावजूद इसके कि वह एक सामाजिक प्राणी है और सहज समाज सम्बन्ध निर्माण उसके भी स्वभाव का अंग है, व्यावहारिक रूप से स्वीकृत सत्य नहीं है। पितृसत्तात्मक समाज संरचना के भीतर उसकी इस स्वाभाविकता को नज़रअन्दाज़ करते हुए उसके सम्बन्धों पर चौतरफ़ा नियन्त्रण कसा रहता है। यह नियन्त्रण उसके मायके के बेहद आत्मीय सम्बन्धों, जैविक सम्बन्धों, दोस्त–मित्रों से लेकर यौन सम्बन्धों तक है। उसके लिए तैयार की गयी नियमावली के तहत ही उसे इस समाज का हिस्सा होना है, न कि सामाजिक प्राणी होने के कारण। उसके सामाजीकरण की पूरी प्रक्रिया पितृसत्ता के इतने अधीन है कि प्रायः इसे अलग से बताने की भी ज़रूरत नहीं पड़ती। बहुत छोटी उम्र से ही लड़कियाँ अपने परिवेश से प्राप्त ज्ञान के आधार पर इसे जान लेती हैं और उसके अनुकूल व्यवहार के लिए अपने को तैयार करने लगती हैं। इस अनुकूल व्यवहार के द्वारा ही वे अपनों का प्रेम अपने लिए अर्जित कर सकती हैं अर्थात् स्त्री के लिए जन्म से ही उसके अपनों का प्रेम भी कंडिशनल बना दिया जाता है। इसके परिणामस्वरूप बचपन में ही उसका व्यवहार अपने संगी–साथियों, सहपाठियों आदि के साथ जेंडर बोध से संचालित होने लगता है।

बड़े होने पर ये मित्रताएँ वैसे भी सरल नहीं रह जातीं, शादी के बाद तो यह लगभग ध्वस्त हो जाती हैं या बेहद औपचारिकता में सिमटकर रह जाती हैं। समाज से उसका सम्बन्ध अथवा और भी सीमित सन्दर्भों में पास–पड़ोस से उसका सम्बन्ध उन स्थितियों में रद्द माना जाता है, जहाँ परिवार का मुखिया आपत्ति उठाये या उस पड़ोस के परिवार के साथ उसकी कोई नापसन्दगी जुड़ी हो अथवा दुश्मनी हो। सामान्य रूप से ऐसे सम्बन्ध समाज द्वारा स्वतः ही नज़रअन्दाज़ कर दिये जाते हैं अथवा उनका कोई मूल्य नहीं रह जाता है जबकि इसी के बरक्स यदि स्त्री अपने पिता, भाई अथवा पति के द्वारा निर्मित सामाजिक सम्बन्धों को पसन्द न करे या अपने अनुकूल महसूस न करे अथवा उसकी दुश्मनी भी हो जाये तो भी वह उन सम्बन्धों को तब तक अस्वीकार नहीं कर सकती, जब तक उसके परिवार के मुखिया की सहमति न हो। इस तरह उसका अपनी सामाजिकता का निर्माण करना एक कठिन और उतना ही कंटकाकीर्ण मार्ग बन जाता है। यहाँ तक कि आज के समय में जबकि लड़कियों ने शिक्षा और आर्थिक आत्मनिर्भरता से अपने लिए कुछ स्पेस पाया है, तब भी उनके मित्र, सहकर्मी आदि उनके साथ सहज भाव से सुख, दुःख, हारे गाढ़े के साथी की तरह व्यवहार नहीं रख पाते बल्कि प्रायः ही अधिक आत्मीयता बनने पर, स्त्री को देह में रिड्यूज़ करके और सम्बन्ध को प्रेम में रिड्यूज़ कर के देखने लगते हैं। इस तरह अपने को बहुत भाग्यशाली मानते हुए अपनी पुरुष मित्र मण्डली के बीच इतराने लगते हैं और इस तरह अपनी महिला सहकर्मी द्वारा सामाजिक सम्बन्ध बनाये जाने की कोशिशों का अपमान करते रहते हैं। यही परम्परा से उन्हें मिला है और ऐसा तक़रीबन सभी क्षेत्रों में दिखायी पड़ता है।

स्त्री के सामाजिक सरोकार महत्त्वपूर्ण न माने जाने के कारण उन पर किया गया उसका श्रम भी महत्त्वपूर्ण नहीं माना जाता। इस तरह उसे अपने कार्यों की स्वीकृति के साथ उनकी पहचान और महत्त्व की एक अतिरिक्त लड़ाई लड़नी पड़ती है। यह समाज के छोटे कामों से लेकर बड़े से बड़े काम तक फैला हुआ है। उसके घरेलू कामों को महत्त्व न देना भी इसी श्रेणी में आता है। दूसरी तरफ़ उसका दिमाग़ी अनुकूलन और एक कृत्रिक सामाजिक तैयारी कुछ इस तरह से बनाई जाती है कि स्त्रियाँ स्वयं ही मान लेती हैं कि इस दिये गये सामाजिक सम्बन्धों से अलग उनकी कोई अपनी दुनिया है ही नहीं। इस कारण कई बार बिना

टकराहट के ही वे अपने सहज सामाजिक सम्बन्धों की कुर्बानी दे देती हैं। ऐसा करने के पीछे पितृसत्ता द्वारा स्त्री के लिए दी गयी महान त्याग जैसी अवधारणा भी काम कर रही होती है, अतः दुःखी या विचलित होने की बजाय एक महान कार्य करने का तोष भी स्त्रियाँ पा ही जाती हैं। यह स्वयं को कमतर मनवा देने वाले बोध से ही जुड़ा हुआ यथार्थ है। सामाजीकरण की यह प्रक्रिया उनके दिमाग़ों को नियन्त्रित किये जाने का बड़ा औज़ार है।

दूसरी बात यह है कि इसी के बरक्स पुरुष के भी दिमाग़ी अनुकूलन की प्रक्रिया चल रही होती है। बचपन से ही लड़कों को पालन–पोषण की जिस तरह की परिस्थितियाँ दी जाती हैं, वह लड़कियों से अलग होती हैं। उन्हें रोना नहीं है, क्योंकि वे मज़बूत हैं और रोना लड़कियों जैसा कमज़ोर हो जाना है आदि आदि। संवेदना के गहरे भावों से रोककर उन्हें समाज के नियमों के तहत पुरुष बनाने की प्रक्रिया यह बताती है कि किस तरह समाज उनका निरन्तर अनुकूलन करता रहता है। कई बार प्रगतिशीलता के कारण अथवा अपने अनुभवों और अध्ययन से समाज को समझने की तरफ़ जाने के कारण पुरुष अपने को इस अनुकूलन से कुछ मुक्त कर ले जाने के प्रयत्न की तरफ़ जाते हैं। इससे मुक्त होने के प्रयास में प्रायः ही वह इस समाज व्यवस्था से टकराते हैं, सिर फोड़ते हैं और अन्ततः स्त्री के कारण प्राप्त अपनी सुविधाएँ छोड़ पाने में असमर्थ वापस उसी संरचना के भीतर लौट आते हैं। अक्सर प्रेम सम्बन्धों में लिए गये साहसिक निर्णयों में यह देखा जाता है। पुरुष वहाँ अपना सहज प्राप्त राज–पाट छोड़कर स्त्री समानता और अधिकार को न पहचानते हुए भी उसके पक्ष में खड़ा हो जाता है और निर्णय की आज़ादी का भागीदार बनता है। ऐसी स्थिति में कई बार दृश्य और अदृश्य खाप पंचायतों द्वारा उसे मृत्युदण्ड दिया जाता है।

यह साहस प्रेम के प्रतिरोधी शक्ति से पैदा होकर समाज की आचार संहिता के ख़िलाफ़ खड़ा होता है और तात्कालिक रूप से कुछ बदल जाने का आभास भी देता है, किन्तु ऐसा कम ही होता है कि पुरुष स्त्री को उसके तयशुदा कामों से बाहर देख सके। प्रायः ही ऐसे साहसिक कार्यों में भी पितृसत्ता धीरे–धीरे अपना नियन्त्रण पा लेती है और साहसिक स्त्री पुरुष की पसन्द–नापसन्द का ख़याल रखते–रखते अपनी परम्परागत भूमिका में ढल जाती है। ऐसे में बदलाव की सम्भावना कुछ देर के लिए

चमककर भी अन्ततः कहीं–कहीं कुछ ख़ास बदल नहीं पाती। यह अद्भुत सत्य है कि प्रायः प्रगतिशील पुरुष भी अपने बुढ़ापे तक आते–आते पूरी तरह पितृसत्ता के नियमों का पालन करने लगते हैं।

स्त्री के द्वारा अपनी सामाजिकता को पहचाने जाने और अपने सामाजिक सरोकारों को महत्त्व दिये जाने के संघर्ष एकदम नये नहीं हैं। इसके तार 'ऋग्वेद' में भी मिल जायेंगे, जहाँ एक विदुषी स्त्री रोमशां को यह कहना पड़ता है कि "हे राजन! मेरे कार्यों को देखो।" अर्थात् मेरे सामाजिक कामों के महत्त्व को स्वीकार करो। रोमशां की जिस कहानी को कहा गया, वह उनकी बीमारी से संघर्ष की और उस बीमारी से मुक्ति की प्रार्थना की कहानी थी, न कि उनके सामाजिक कार्यों के पहचान और सामाजिक योगदान की, जबकि ऐसी अनेक स्त्रियों ने अपने सामाजिक सरोकारों को बड़ा मानते हुए स्त्री और समाज के हित में काम किया। उनकी समाज की समझ सराहनीय दिखायी पड़ती है। समय की नयी करवटों ने शिक्षा और आर्थिक आत्मनिर्भरता से जो कुछ स्पेस दिया, उससे अपनी सामाजिकता को पहचानने और इसके लिए जूझने के प्रयत्न अधिक मुखर होते गये। अनेक छोटे–बड़े आन्दोलनों से जुड़ने और कई बार आन्दोलनों की कमान अपने हाथ में ले लेने के बावजूद यह समस्या आसान नहीं हो सकी। पर्यावरण, विस्थापन, शराबबंदी के आन्दोलन हों या पानी जैसी समस्या, स्त्रियों के सामाजिक सरोकार और उनकी सामाजिकता के प्रयासों ने उन्हें यह दिशा दी, जिससे वे अवरुद्ध किये गये मार्ग को पार कर सकीं और रोकी गयी स्त्री गतिशीलता के विरुद्ध जाते हुए, अपने व्यक्तिगत दुःख से आगे निकलकर सामाजिक सुख–दुःख का हिस्सा बन सकीं। साथ ही, दिये गये दायरे की सीमा से बाहर आ कर स्त्रीत्व की व्यापक और सामाजिक छवि के साथ खड़ी हो सकीं।

गहरे मानसिक अनुकूलन और तय कर दी गयी सीमाओं के बावजूद एक अदद अपने समाज की आकांक्षा स्त्री के भीतर से भी पूरी तरह नहीं मिटती। इसलिए यह जद्दोज़हद भी चलती रहती है कि आख़िर हमारे बनाने से कौन–सा सम्बन्ध जीवित है? उसके अपने सामाजिक सम्बन्ध भी हो सकते हैं, जिनका निर्वाह करना उसे आवश्यक लग सकता है जबकि एक हक़ीक़त यह भी है कि स्त्री को अपना घर छोड़कर हमेशा ससुराल के नये लोगों के बीच सम्बन्ध निर्मित करने पड़ते हैं और रक्त सम्बन्धों से उसे प्रायः दूर कर दिया जाता है। इन रक्त सम्बन्धों में केवल पितृसत्ता

द्वारा तय किये सम्बन्धों पर ही उसका नामोल्लेख जैसा अत्यल्प अधिकार माना जाता है। यह नामोल्लेख किसी काम का नहीं होता। कई जगहों पर, ख़ासकर राजाओं या महाराणाओं के वंशावली–बहियों में घर की ब्याह दी गयी लड़कियों के नाम नहीं लिखे मिलते। इस तरह वे वंशावलियों से भी बाहर कर दी जाती हैं। यह अलगाव उन्हें कमज़ोर और अकेला बनाता है। माता–पिता हमेशा ही सन्तान के लिए सम्बल की तरह होते हैं, किन्तु लड़की के लिए यह सम्बल ही जब सामाजिक रीति–नीति के नाम पर छीन लिया जाता है, तब वह मानसिक रूप से किस तरह असुरक्षित और अकेली पड़ जाती है, इसकी सामान्य कल्पना ही भयभीत करने वाली है। इसे कभी भी मनोवैज्ञानिक परिप्रेक्ष्य में देखने की कोशिश नहीं की गयी। माता–पिता, भाई–बहनों से उसकी दूरी और तय कर दिया गया अलगाव उसे मानसिक रूप से अकेला और कमज़ोर कर दिये जाने की पितृसत्तात्मक कूटनीति जैसा दिखायी पड़ता है।

आज अपने थोड़े–से मिले हुए स्पेस के साथ लड़कियाँ इस तय कर दी गयी सामाजिकता के दायरे को तोड़ने की कोशिश कर रही हैं। बड़े सहज भाव से, बिना कोई हल्ला मचाये या नारा लगाए उन्होंने नये युग के इलेक्ट्रॉनिक मीडिया को अपना माध्यम बनाना शुरू कर दिया है और अपने पुराने संगी–साथियों, सहेलियों आदि को खोज ले रही हैं, उनसे बातचीत कर रही हैं। अपने ग्रुप बना रही हैं। कई जगह संकट की स्थिति में आगे बढ़कर अपने साथियों की मदद को तत्पर हुई हैं। यह उनकी अपनी सामाजिकता निर्मित करने की तरफ़ बढ़ता एक छोटा–सा, किन्तु सराहनीय क़दम है। साथ ही, उनके मनुष्य होने की पहचान कराने वाला साफ़ क़दम भी।

स्त्री और शिक्षा का ज्ञानकाण्ड

ऐसा माना जाता है कि शिक्षा के द्वारा ज्ञान के द्वार खुलेंगे, रूढ़ियों से मुक्ति की तरफ़ जायेंगे और भविष्य कुछ बेहतर और शायद चमकदार भी हो उठेगा। 'पढ़ोगे–लिखोगे बेटा बनोगे महान' सुन–सुनकर बच्चे बड़े होते हैं और इस शिक्षा को पाने की बेतरह हज़ार कोशिशों में लगे रहते हैं। जोड़–जुगाड़ से, नकल से या जैसे–तैसे डिग्री पा लेने के उपक्रम से लेकर नयी अंग्रेज़ी स्कूलों की शिक्षा पा लेने तक मामला सिर्फ़ रोज़गार का ही नहीं रहता वरन् शिक्षित हो जाने या कहलाये जाने का भाव भी इसमें जुड़ा रहता है। इन सारे प्रयत्नों के बावजूद जो लोग बहुत पढ़–लिख नहीं पाये या बिल्कुल पढ़–लिख नहीं पाये या जो बहुत ऊँची डिग्रियाँ हासिल कर सके, कुछ अपवादों को छोड़कर उन सभी की सोच स्त्री को लेकर एक जैसी ही दिखायी पड़ती है। शिक्षा प्राप्त करना मात्र किताबी ज्ञान प्राप्त करने का अभ्यास बनकर रह जाता है। चेतना जगाने के प्रयत्न इस किताबी ज्ञान से प्रायः बाहर रह जाते हैं। बड़े पदों पर काम करने वाले अधिकतम शिक्षित व्यक्ति भी अपने जीवन व्यवहार में प्रगतिशील नहीं दिखायी पड़ते। यहाँ प्रगतिशीलता से तात्पर्य किसी ख़ास विचारधारा से नहीं है। यह प्रगतिशीलता, तर्क और वैज्ञानिक दृष्टि से पैदा होती है। इसके भीतर न्याय–अन्याय का मानवोचित विवेक निहित होता है। इसलिए प्रायः किसी बात को तर्क से स्वीकार करने की बड़ी पुरानी सलाह लोक के भीतर मिलती है। किताबी ज्ञान और जीवन व्यवहार को अलग कर दिये जाने से किताबों में भरी महान और गहरी बातें भी अलग–थलग ही रह जाती हैं और जीवन में रच बसकर उसे उन्नत करने की तरफ़ प्रायः नहीं ले जा पाती हैं। भौतिक समृद्धि सभी आत्मिक और सामाजिक उन्नति का हिस्सा इसी कारण कम ही बन पाती है या बिल्कुल नहीं बन पाती।

इसलिए यह प्रश्न उठना बड़ा स्वाभाविक लगता है कि आख़िर हमारी शिक्षा देती क्या है? यदि दिमाग़ उसने खोला नहीं, सारी टेक्नॉलॉजी के बावजूद वैचारिक–व्यावहारिक प्रगतिशीलता की तरफ़ वह ले नहीं गयी, मनुष्यता के प्रश्नों से टकराने का तर्कसम्मत हौसला उसने पैदा नहीं किया, संवेदनशीलता को बढ़ाया नहीं, सोच के स्तर पर यदि उसी जड़ता से चिपके रह गये, तो यह सारा ज्ञानकाण्ड ही हुआ कि सही मायनों में कुछ बिना सीखे आप शिक्षित कह दिये गये। दफ़्तर का चपरासी हो, माली हो, कर्मचारी हो या आला अफ़सर या कोई बौद्धिक क्षेत्र का व्यक्ति या अपने को विद्वान कहलाने को आतुर कोई, अपनी पत्नी को नियन्त्रित करने के सामन्ती तरीक़े अपनाना नहीं भूलते और उसके नैतिक आदर्श पुराने मापदण्डों से तय करते हैं। साथ ही, बदले हुए समय को देखते हुए चाहते हैं कि वह कमाकर भी लाये, लेकिन अपने निर्धारित कर्तव्यों में ज़रा भी चूक न करे। यदि उसकी कहीं थोड़ी भी मदद कर दी तो उसका अहसान बहुत बड़ा बना देते हैं। फलाँ–फलाँ दिन अगर बच्चे को नहलाया है या चाय बना दी है, तो यह रेखांकित करने लायक़ एक बड़ी बात है, इसका अहसान ताउम्र नहीं चुकाया जा सकता है।

बचपन में मैं समझती थी कि विज्ञान पढ़ने वाले लोग एक सही वैज्ञानिक दृष्टि पा जाते होंगे। इसलिए ऐसे लोग जो विज्ञान पढ़ने के बावजूद संकीर्णता में मेडल देने योग्य होते थे, बहुत बचपन से ही मैं उनके पढ़ने को सन्देह की दृष्टि से देखती थी। ऐसा लगता था कि इन लोगों ने जी चुराकर पढ़ाई की होगी, इसलिए विद्या के मर्म को ग्रहण करने में असमर्थ हो गये होंगे। लेकिन धीरे–धीरे मेरी यह समझ निर्मूल साबित हुई। पता चलने लगा कि कितना भी पढ़ लें और अपने विषय के विशेषज्ञ बन जाएँ, पर स्त्री के बारे में उनकी सोच में कोई आमूलचूल परिवर्तन की गुजांइश नहीं हो पाती है। हल्के–फुल्के कुछ परिवर्तन आर्थिक मामले के कारण ज़रूर करने पड़ गये हैं, पर वे इतने भी नहीं हैं कि स्त्री को मनुष्य की गरिमा के साथ सामान्य रूप से समाज में जगह दे दी जाये। अब देखिए, आज भी विज्ञान का एक प्रोफ़ेसर अपनी पत्नी की यौनशुचिता का परीक्षण परम्परागत तरीक़े से करता है और इसे तलाक़ का आधार बनाता है। इसके भी आगे उनके बन्द दिमाग़ का सबूत है, उनका उतना ही परम्परागत दूसरा विवाह करना, जिसमें फिर से उन्हीं स्थितियों की

परीक्षा करनी होती है या यौन नियन्त्रण के अधिक हिंसक तरीक़े अपनाये जा सकते हैं। फिर इस शिक्षा ने बन्द दिमाग़ के कौन–से कपाट खोले?

डॉक्टर स्त्री का पिटना या चित्रकार स्त्री की बेइज़्ज़ती, या शिक्षिका स्त्री के रोटी बनाने की कला के आधार पर उसके शिक्षित होने को तय किया जाना आदि ऐसी ही घटनाएँ हैं, जो लगातार शिक्षा के ज्ञानकाण्ड का पर्दाफ़ाश करती रहती हैं। इसी तरह जब तब हमारा शिक्षित समुदाय, ज्ञानी समुदाय या नेतृत्त्वकारी समुदाय स्त्री पर की गयी जघन्य घटनाओं के समय प्रतिक्रिया देते हुए अपने बलशाली मानस को व्यक्त करता रहता है। कभी ड्रेस कोड की बात करके, कभी अँधेरा होने के बाद बाहर निकलने को लेकर, कभी उनकी पुरुषों के साथ बातचीत को लेकर, मैत्री को लेकर आदि–आदि पर अपनी टिप्पणियों से बता देता है कि समय बदलने का भ्रम करना बेमानी ही होगा। महानगरों में पढ़ने आयी लड़कियों के लिए बिना विचारे ही उनके मुख मण्डल से अपमानजनक वाणी फूट पड़ती है। फिर यह कौन–सी सभ्यता में पहुँच पाये हैं हम? कौन–से विकास की दिशा तय की जा सकी है?

इस तरह शिक्षा पूरी कर लेने या डिग्रियाँ इकट्ठी कर लेने के बाद भी प्रायः लोग चेतना तथा जागरूकता से दूर ही रह जाते हैं। रूढ़ियों के बन्धन काटने की बजाय उन्हें यथावत् बनाये रखने में उनकी आस्था पूर्ववत् बनी रहती है। शिक्षित व्यक्ति को स्त्री के साथ कैसा व्यवहार करना चाहिए, किस तरह समानता, न्याय को व्यवहार में उतारना है, इसकी कोई जानकारी शिक्षा के किसी भी पाठ से नहीं मिल पाती। तो फिर कौन–से ये सबक़ हैं जो बड़े से बड़े आलिम फ़ाजिल को स्त्री के बारे में तयशुदा सोच से बाहर नहीं आने देते? जीवन व्यवहार और शिक्षा को दो अलग–अलग पाटों में किस तरह बाँट दिया गया है कि जीवन के सबसे ज़रूरी मुद्दों को समझे–जाने बिना ही पढ़ कर निकल आयें!

कई बार छोटे बच्चे यह प्रश्न करते भी हैं कि 'जो हम पढ़ रहे हैं, उसका हमारे जीवन में क्या उपयोग है? पहली कक्षा में जो पढ़ा था, दूसरी में उसे भूल चुके हैं, केवल परीक्षा लक्ष्य है।' बाद में यही लक्ष्य नौकरी तक सीमित रह जाता है। लेकिन धीरे–धीरे व्यवस्था से अनुकूलित होते हुए बच्चे यह प्रश्न करना छोड़ देते हैं और परीक्षा में अधिक अंक लाने की होड़ में शामिल हो जाते हैं या कई बार यह भी होता है कि ऐसी शिक्षा से उनका मन उचाट हो जाता है, जो उन्हें कहीं से भी अपने से

नहीं जोड़ रही होती है। प्रायः पढ़ाने वाले भी तंगनज़र ही रह जाते हैं। नतीजा, दिये गये पाठ्यक्रम को समय से निबटा देने के अलावा उसके इर्द–गिर्द अथवा उससे जुड़ी दुनिया के दरवाज़े अपने विद्यार्थियों के लिए वे नहीं खोल पाते।

दूसरा पहलू यह भी है कि तमाम पढ़–लिखकर स्त्री के भी बन्द दिमाग़ के ताले मुश्किल से खुल पाते हैं। उनका दिमाग़ी अनुकूलन इतना गहरा है कि उसे छिन्न–भिन्न करना आसान नहीं रह जाता। प्रारम्भ में उनकी शिक्षा के साथ सिर्फ़ स्त्री धर्म शिक्षा ही ज़रूरी मानी गयी थी, जिसमें गृहविज्ञान अनिवार्य विषय हुआ करता था। नवजागरणकालीन सुधारकों की चिन्ता में स्त्री शिक्षा थी ज़रूर, किन्तु उसका पाठ्यक्रम तैयार करने वालों की चिन्ता में स्वयं स्त्री बड़ी समस्या थी। पढ़ाइए, मगर इस चाल से कि सद्गृहिणी की भूमिका और अच्छी तरह निभा सके। यही स्त्री शिक्षा का मूल भाव था, जिसने लम्बे समय तक स्त्री पर मानसिक दबाव बनाये रखा कि कहीं शिक्षित होना उनके पारिवारिक जीवन पर भारी न पड. जाए। ज्ञान–विज्ञान के अन्य क्षेत्र स्त्री के लिए माने ही नहीं गये थे। इसके बावजूद अगर स्त्रियाँ उधर गयी हैं तो यह प्रगतिशील दिमाग़ों के सहयोग और उनकी अपनी समझ का नतीजा था। इस जागरूकता में अनुभव से प्राप्त ज्ञान, वैज्ञानिक दृष्टि, बाहरी दुनिया से सम्पर्क और संघर्ष की भूमिका महत्त्वपूर्ण रही है। स्वयं के द्वारा किये गये प्रयत्न ही इस पाट–कपाट से मुक्ति की समझ तैयार करने में मदद कर पाते हैं। इसे समझते हुए ही इसी अक्षरज्ञान को माध्यम बनाकर स्त्रियों और दलितों ने अपनी प्रगति के रास्ते तैयार किये। लेकिन ध्यान देने की बात है कि दोनों ने ही तयशुदा पाठ्यक्रम से बाहर आकर अध्ययन, चिन्तन, लेखन और प्रतिरोध किया।

लेखन की डेस्क पर अकेला होना

अभिव्यक्ति की आज़ादी को लेकर मद्रास हाईकोर्ट का फ़ैसला तमिल लेखक मुरुगन के सन्दर्भ में आया है। यह फैसला ऐतिहासिक कहा जा रहा है और केवल मुरूगन के पक्ष में ही नहीं वरन् समस्त सर्जना के पक्ष में खड़ा दिखायी पड़ने वाला है। यह शुभ है कि कोर्ट ने तमाम क़ानूनी दाँव–पेंचों को दरकिनार कर एक ऐसा फ़ैसला दिया और मुरुगन को पुनर्जीवित करने को कहकर सारे रचनाकारों को जीवित होने का बल दे दिया। इसका स्वागत करना ठीक है, पर इसी के साथ उन सामाजिक दबावों को भी नज़रअन्दाज़ नहीं किया जा सकता, जो स्त्री रचनाकार के सन्दर्भ में लागू रहते हैं। उनकी पूर्ण मृत्यु और धीमी मृत्यु, दोनों को कहीं जगह नहीं मिलती।

कहा जाता है कि रचनाकार को अपनी डेस्क पर एकदम अकेला होना चाहिए। किसी भी व्यक्ति, सम्बन्ध या रिश्तों–नातों का प्रवेश वहाँ वर्जित है, किन्तु इसे स्त्री लेखन के सन्दर्भ में देखें तो इस सच्चाई से मुँह नहीं मोड़ा जा सकता कि हिन्दी के स्त्री लेखन का बहुलांश बेहद दबावों का शिकार रहा है। बहुत कम स्त्री रचनाकार इस दबाव से लिखते समय अपने को मुक्त रखने में सफल हो पायी हैं। जहाँ से कथा में स्त्री का हस्तक्षेप शुरू होता है, वहाँ की उलझनें और अन्तर्विरोध उस ख़ास समय की उलझनें और अन्तर्विरोध भी हैं, किन्तु आज भी स्थिति कोई बहुत बदली हुई तस्वीर नहीं बनाती। इसके लिए स्त्री को अतिरिक्त सजगता और अतिरिक्त सहजता के अतिरिक्त प्रेशर भी उठाने पड़ते हैं। एक और भी आसान तरीक़ा उन्हें थमाया गया है, वह है, 'फ़ॉर्मूलाबाज़ी'। फ़ॉर्मूला एक सबसे आसान उपलब्ध विकल्प है, जिसे पकड़कर कुछ कहते हुए आसानी से बचा जा सकता है। जब बचना ही था तो लिखने की यह

चुनौतीभरी राह चुनने की क्या गरज़ थी? "किसने कहा था आइए कविता लिखिये, सुकवि की मुश्किल, सुकवि की मुश्किल" क्या ये पंक्तियाँ याद नहीं आतीं? तो किसने कहा था कि आइए, अपना सिर तलवार पर धर दीजिए, लेकिन प्रतिरोध के विकल्प की ऐसी कमी, ऐसी अनुपलब्धता है कि स्त्री के लिए प्रायः 'कहना' ही एकमात्र विकल्प बचता है। 'कहना' स्त्री के लिए एक ऐसा आउटलेट है, जहाँ वह कुछ मुक्त होती है। शायद भगवान की शरण में बैठकर घण्टों पूजा करने और भगवान से झगड़ा करने के अलावा यही वह जगह है, जहाँ कुछ बातें थोड़ा मनलायक कही जा सकती हैं। हालाँकि इसके ख़तरे बड़े हैं और हमारी वर्तमान सामाजिक संरचना के भीतर भी एक शादीशुदा पारिवारिक स्त्री के लिए इसे झेलना जोखिमभरा है। इसलिए ज़्यादातर इस जोखिम से अपने को यथासम्भव बचाते हुए कुछ बदल डालने या कुछ कर गुज़रने वाले चरित्रों की बात करती हैं। कई बार कल्पना के रंग इतने गाढ़े होते चले जाते हैं कि उनमें यथार्थ के रंग भरना मुश्किल हो उठता है। यह मानसिक दबाव इतनी बारीक़ी से अपना काम करता है कि कई बार स्त्रियाँ इससे इंकार भी करती मिलती हैं, पर अन्ततः हक़ीक़त को रचना में छिपाया जाना आसान भी नहीं बना रहता।

इन दबावों का जाल समाज ने इस तरह बुना है कि स्त्री का अपना कुछ भी निज का नहीं रह जाता, न काग़ज़ों का पुलिन्दा, न मोबाइल, न लैपटॉप, न कैमरा, न इंटरनेट.... कहीं न कहीं से हर डिवाइस की पड़ताल सम्भव बनी रहती है। 'जाइए, आप कहाँ जायेंगे?' वाला मिज़ाज हर तरफ़ पसरा हुआ। फिर किधर बचती है वह डेस्क, जिस पर स्त्री को अकेला होना है, सिर्फ़ और सिर्फ़ अपने साथ, अपने शब्दों के साथ, अपने दिमाग़ के साथ, अपने भाव के साथ, अपनी समझ और अपने गुस्से के साथ भी। दूसरी तरफ़ लिखनेवालों की दुनिया के अपने दन्द–फन्द हैं, जो प्रोत्साहन के नाम पर हतोत्साहित ही ज़्यादा करते हैं। यहाँ उस अमेरिकी आलोचक सुसैन सोंताग को याद करने का मन करता है, जो लेखन के तन्त्र की पहचान की बात उठाती हैं। यहाँ थोड़ी–सी स्त्री रचनाकारों को छोड़ कर ज़्यादातर के मुँह में पितृसत्ता अपने विचार भरती है और अपनी तरह का स्त्री लेखन पैदा करवाती है। स्त्रियों को एक–दूसरे के ख़िलाफ़ खड़ा कर के सौतिया डाह जैसे पुराने जुमले को चरितार्थ करती है और बताती है कि

'नारी न मोहे नारी के रूपा' वाला उनका बनाया कॉन्सेप्ट आज भी कितना सफल है, फिर अपनी ज़रूरत मुताबिक़ जब मर्ज़ी इस खेल को पलटकर सन्देश देती है कि कठपुतली के धागे उसी के हाथ में हैं यानी चित भी मेरी पट भी मेरी। यानी आपकी मर्ज़ी कहाँ है?

क्या ऐसा लेखन कालजयी हो सकेगा? क्या वह अपनी नज़र से जिस दुनिया को लिखने चली थी, वह लिखी जा सकेगी? तो क्या हमें एक बार फिर वर्जीनिया से यह नहीं पूछना पड़ेगा कि आख़िर क्यों उन्हें हज़ारों औरतों के उपन्यास छोटे दाग़दार सेबों की तरह दिखायी दिये। क्यों उन्हें केवल जेन आस्टेन और एमिली बोंटे ही दिखायी पड़ीं, जो सच्चे और खरेपन से जो कुछ देख रही थीं, वह लिख रही थीं! वर्जीनिया ने लिखा कि–"लन्दन की तमाम पुरानी किताबों की दुकानों में औरतों के जो उपन्यास बिखरे पड़े रहते हैं, वे किसी बगीचे में छोटे दाग़दार सेबों की तरह दिखायी देते हैं। उनके बीचोबीच की गड़बड़ी ने उन्हें सड़ा डाला है। दूसरों की राय के अनुपालन में लेखिकाओं ने अपने मूल्य बदल डाले। ..... केवल जेन आस्टेन औ़र एमिली बोंटे ही ऐसा कर सकीं। उन्होंने औरतों की तरह लिखा, मर्दों की तरह नहीं। उस समय जिन हज़ारों औरतों ने उपन्यास लिखे, उन सबमें केवल ये ही शाश्वत् उपदेशकों की चेतावनियों 'यह लिखो, वह लिखो' की पूरी तरह उपेक्षा कर सकीं।"

औरतों की तरह लिखना क्या है? यानी अपनी निगाह से दुनिया को देखना, न कि बतायी गयी, तय कर दी गयी, थमायी गयी दृष्टि से देखना। स्त्रियों ने लेखन की दुनिया चुनी कि वे अपनी बेचैनियों को स्वर दे सकें, अपने अनुभवों को साझा कर सकें, जिस तरह दुनिया उन्हें समझ आयी है, उसे बता सकें, लेकिन भीतर आने पर फिर वही समाज वैसी ही घेरेबन्दी के लिए तैयार खड़ा मिलता है। समझौते की नीतियाँ उन्हें कहीं का नहीं रहने देतीं। मद्रास हाई कोर्ट मुरुगन को जीवित किये जाने की बात करता है, पर किसी की चिन्ता में यह नहीं कि ये जो रोज़ मारी जा रही हैं, धीमी मृत्यु की शिकार हो रही हैं, उन्हें कैसे जीवन मिलेगा?

कोर्ट के फ़ैसले में यह भी कहा गया कि "लेखक को वह करने दें जो वे अच्छे–से कर सकते हैं। उन्हें लिखने दें।" यह एक वज़नी वाक्य है, जो निश्चित ही लेखक के पक्ष को मज़बूत करता है। ध्यान रहे कि 'लेखक' एक पद है, जिसके भीतर स्त्री और अन्य हाशिये का समाज

समान रूप से मौजूद माना जाना चाहिए। इसलिए स्त्री भी जब लिखना चुनती है, तब क्या उसे दबावों को अस्वीकार करते हुए वही नहीं करना चाहिए, जो वह अच्छे से कर सकती है, यानी लेखन। आख़िर यह माना ही जाता है कि 'जीवन का कोई भी अनुभव ऐसा नहीं, जिसे नहीं कहा जाना चाहिए।' रचना का यह सत्य स्त्री रचनाकार होने से बदलता नहीं है। इसलिए स्त्री को भी अगर अपने को जीवित पाना है तो अपनी लेखन डेस्क पर बैठते ही सामाजिक दबावों से बेपरवाह हो जाना होगा। यह उतना ही ज़रूरी है, जितना कि अपनी धीमी मृत्यु या कई बार स्पीडी मृत्यु की पहचान करना।

स्त्री और मनोविज्ञान

स्त्री की समस्या केवल मनोविज्ञान की समस्या नहीं है, वह एकांगी नहीं है, जैसाकि मान लिया जाता है और जैसा कि हमारी साहित्यिक आलोचना ने अपने साँचावादी प्रवृत्ति से लगभग तय बना दिया है। हिन्दी आलोचना ने यह प्रवृत्ति इतनी अधिक अपनायी है कि उसके हाथ से स्त्री रचनात्मकता का समूचा संसार और स्त्री दृष्टि ही छूट गयी। हिन्दी आलोचना के बेईमान अप्रोच, संकीर्ण दायरे और साँचावादी प्रवृत्ति ने उसका इतना अधिक नुकसान किया है कि आज, जब आलोचकीय विवेक की सर्वाधिक ज़रूरत है, तब वह पूरे परिदृश्य से लगभग ग़ायब हो चुकी है या फिर निन्दा–प्रशंसा के विज्ञापन में बदल चुकी है। वे किसी जमूरे की भाँति तरह–तरह के शब्द उछालते हुए अपने को युवा या वरिष्ठ आलोचक कहलाने की विकलता और जल्दबाजी से उतरा आये हैं। उनके हाथ से केवल स्त्री रचना संसार का वैशिष्ट्य ही नहीं छूटा, समूची मानवीय दृष्टि ही छूट गयी है, जबकि स्त्री लेखन अपना विस्तार करता हुआ सारी हदबन्दियों से मुक्त हुआ है और उसने अपने सरोकार का विस्तार भारतीय समाज की राजनीतिक और ऐतिहासिक समझ का विकसित करते हुए विश्व दृष्टि से जोड़ने की तरफ बढ़ा है। स्त्री दृष्टि मानवीय दृष्टि से अलग कोई चीज़ नहीं है, बल्कि कहना यह चाहिए कि मानवीय दृष्टि किसी भी लेखक की पक्षधर दृष्टि है और इसलिए वह स्त्री लेखक की भी दृष्टि है।

इसलिए मनोविज्ञान को स्त्री के सन्दर्भ में देखते समय न पुरुष को अलग किया जा सकता है, न समाज, संस्कृति और राजनीति को। यह ठीक है कि मनोविज्ञान किसी भी बड़ी समस्या का एक सबल पक्ष है, स्त्री समस्या का भी है, इसलिए देखना यह है कि यह समस्या अन्य किन किन चीज़ों से जुड़ी है। स्त्री की समस्या अर्थतन्त्र से भी उतनी ही जुड़ी है,

राजनीति से, संस्कृति से और सबसे बड़ी चीज़ वर्चस्व की रणनीतियों से जुड़ी है। इसलिए धर्म, जाति, संस्कृति, शिक्षा आदि उसके हित की बात नहीं करते। वे एक ऐसे एक्सट्रीम चरित्र की बात करते हैं, जिसे मनुष्य मात्र के लिए जी पाना मुश्किल है। जैसे कि देवी का रूप–त्याग, तपस्या, बलिदान की मूर्ति या फिर काली–प्रचण्ड, विनाशकारी। उसके अपने ईर्ष्या, द्वेष, राग, विराग, दृढ़ता और टूटन, निराशा और थकान, छोटी–छोटी सफलताओं के उत्सव... यह सब, जो मनुष्य होने का हिस्सा है, वह सब उसके हिस्से से गायब कर दिया जाता है।

स्त्री की समस्या अर्थतन्त्र से भी गहरे जुड़ी है। अर्थ वर्चस्व की स्थितियाँ तय करता है। हम जानते हैं कि परिवार के भीतर भी धनोपार्जन करने वाले का महत्त्व होता है। वह अपने लिए कुछ विशिष्ट सुविधाएँ अर्जित कर लेता है। लोगों की अपेक्षाएँ उससे जुड़ जाती हैं। बहुत प्राचीन काल से ही श्रम का जो अमानवीय विभाजन किया गया, उसमें स्त्री के हिस्से, जो कौशल माने गए थे, मसलन खाना बनाना, सिलाई करना, कपड़े धोना आदि, जब उन्हीं कामों से धनोपार्जन की स्थिति बनती है, तब वही काम पुरुष के आधिपत्य में चले जाते हैं। अच्छा हलवाई, बड़े होटलों के शेफ पुरुष होते रहे। धोबी या अब बड़ी लांड्रियाँ खोलकर चलाने वाला लांड्रीमैन, अच्छा टेलर... सब पुरुष माने गये। धनोपार्जन के स्रोत के रूप में उसने यह सब अपने अधीन कर लिया, जिन पर कि स्त्री को दिन–रात खटना है, उन्हीं कामों के साथ जब अर्थ जुड़ा तो उसका रास्ता बन्द कर दिया गया। अब यह रूढ़ि कुछ–कुछ टूट रही है। अब लड़कियाँ होटल मैनेजमेंट पढ़ने लगी हैं और बड़े होटलों के रसोई घर तक दखल देने लगी हैं। उनके स्वालम्बन का अब यह भी एक स्रोत बनने लगा है। तब भी बड़े पैमाने पर लड़कियाँ कुक या शेफ आज भी नहीं हैं। बुटीक खोलकर या ब्यूटी पार्लर चलाकर इसी तरह उन्होंने अर्थोपार्जन के स्रोतों में हस्तक्षेप किया है। वर्जीनिया वुल्फ की एक बात मुझे यहाँ प्रसंगवश याद आ रही है कि आर्थिक स्वालम्बन मनुष्य के स्वभाव को बदल देता है।[1] यह सही ही दिखता है। आज पढ़ लिखकर और नौकरियों में आकर लड़कियों ने वह रूढ़ि तोड़ने की कोशिश की है, जिसमें पुत्र ही माता–पिता के बुढ़ापे का सहारा, संकट में काम आने वाला और आर्थिक सम्बल प्रदान करने वाला होता है।

1. वर्जीनिया वुल्फ, ए रूम ऑफ़ वंस ओन, पृ. 32

इस रूढ़ि के टूटने से माता–पिता की अपेक्षा अब अपनी बेटियों से भी बढ़ी है और वे उनकी उच्च शिक्षा पर होने वाले महँगे खर्च का भार उठाने को तैयार हुए हैं। लड़कियाँ भी हर तरह की जिम्मेदारी उठाने को तैयार होने लगी हैं। वे नौकरी कर रही हैं, उनमें आत्मविश्वास आया है, वे रात की पाली में ड्यूटी करने की हिम्मत कर रही हैं। वे रिपोर्टर हैं, पर्यावरण से जुड़ी हैं, डॉक्टर, इंजीनियर हो रही हैं। माँ–बाप की आँखों में यह ललक बढ़ी है कि उनकी बेटी भी ऊँचा पैसा और रुतबा कमा कर समाज में उनकी प्रतिष्ठा बढ़ायेगी और उनका सहारा बनेगी, लेकिन हमारी सामाजिक व्यवस्था और उसके संचालक इस परिवर्तन को स्वीकार करके समाज को स्त्री के काम करने लायक बनाने को महत्त्व नहीं दे पा रहे हैं। यदि वे समझ पाते कि स्त्री के अर्थतन्त्र के साथ जुड़ने पर समाज में क्या बदलाव आया है, समाज को इससे क्या लाभ हुआ है, स्त्री–पुरुष सम्बन्धों में किस तरह का बदलाव आया है, युवा वर्ग किस तरह के सन्तुलन की तरफ़ बढ़ रहा है, तो शायद दिन–रात स्त्री को डराने, उसे नियन्त्रित करने करने के लिए जिस तरह का भय का माहौल तैयार होता रहता है, उसे हर समय हीनतर साबित करने की कवायद चलती रहती है, देश के हर हिस्से में जिस तरह की दिल दहला देने वाली बलात्कार की जघन्य घटनाएँ होती रहती हैं, शायद उन पर कुछ अंकुश लग पाता। लेकिन चूँकि स्त्री जीवन ही प्रमुखता में कभी नहीं माना गया, तो फिर उसकी सुरक्षा और न्याय भी प्राथमिकता में नहीं आ सके। अफ़सोस है कि आज भी व्यवस्था की प्रभुत्वशाली शक्तियाँ पितृसत्ता द्वारा संचालित हैं और वे स्त्री को सेक्स ऑब्जेक्ट से अधिक कुछ मानना नहीं चाहतीं। वे लोक की बदलती मनोवृत्तियों को भी समझने में नाकाम हो रही हैं।

यही हाल शिक्षा का रहा। लड़कियों के लिए शिक्षा की माँग जब उठी, तब उसके मूल में यही मन्तव्य था कि वे अधिक अच्छी गृहिणी बन सकें। भारतेन्दु का बलिया भाषण बहुत चर्चित रहा। भारतेन्दु को आचार्य रामचन्द्र शुक्ल ने हिन्दी में आधुनिकता का जनक होने का श्रेय दिया। यह बिल्कुल ठीक है कि वे पहली बार साहित्य को, जो जीवन से हट गया था, फिर जीवन में ले आये। कला को जीवन के सन्दर्भ में देखने की उनकी दृष्टि निश्चित ही आधुनिक है। किन्तु जब स्त्री शिक्षा की बात आयी, तब अपने बलिया के प्रसिद्ध भाषण में भी वे स्त्री की घर

परिवार से अलग कोई भूमिका न देख सके। लम्बे समय तक गृह विज्ञान लड़कियों के लिए अनिवार्य विषय रहा। अब भी मानविकी के विषय को लेकर मानसिकता के स्तर पर ऐसी ही स्थिति देखी जा सकती है। इस मानसिकता को भी लड़कियों ने पार किया है और वे तमाम नये विषयों की तरफ गयी हैं। महादेवी वर्मा ने बहुत पहले ही इस तरफ संकेत किया था कि पढ़ने–लिखने के बाद क्या लड़कियाँ इसी यथास्थिति में रह जायेंगी? क्योंकि लड़कियों की शिक्षा को लेकर जो पुरोधा दौड़ पड़े थे, उन्हें शायद यह दूर–दृष्टि न सूझी होगी कि पढ़ी–लिखी स्त्री अन्याय और असमानता पर आधारित व्यवस्था को समझने लगेगी और इस पर प्रश्न उठायेगी। शोषण के सघन रूपों की पहचान करेगी तो ज़ाहिर है कि उसके सवाल पितृसत्ता को परेशानी में डालेंगे और इस असहज स्थिति से निपटने के लिए उसे नियन्त्रित करने के तरीक़े बढ़ेंगे। ये तरीक़े कहीं बहुत बारीक हैं और कहीं हिंसक और उग्र। खाप पंचायतों और उन्हीं की तरह कई अन्य लोगों द्वारा अपने बच्चों की हत्याओं या सामूहिक नृशंस बलात्कारों आदि के रूप में इसे बार–बार देखा जा सकता है।

समस्या यह भी है कि कानून, व्यवस्था, सत्ता और ताक़त का गठजोड़ पितृसत्ता को मज़बूत करता है। उसके गहरे संस्कार इनके भीतर व्याप्त हैं। इसलिए स्त्री के साथ किये जा रहे अपराधों पर न्याय व्यवस्था दुरुस्त करने के बजाय बड़ी बेशरमी से उसी के मत्थे मढ़ने की कोशिश की जाती है। कभी ड्रेस कोड का मसला उठाकर, कभी विवाह की उम्र कम करने की बात उठाकर, कभी यह उपदेश देकर कि लड़कियाँ अकेले न निकलें, समूह में निकलें या भाई या पिता को साथ लेकर। यह तो स्त्री को, पीढ़ियों के संघर्ष से बनी जगह से उसे उखाड़कर वापस पुरानी स्थितियों में पहुँचाना है।

आज खुले बाज़ार की संस्कृति भी बड़ी तेज़ी से पितृसत्ता के साथ क़दमताल मिलाते हुए देखी जा सकती है। सामन्ती मूल्य उसके लिए अनुकूल हैं। वह स्त्री की उसी पुरानी छवि का ही इस्तेमाल नये रूप में कर रही है। वह स्त्री को वस्तु समझने की मानसिकता को बढ़ावा देकर उसे उसकी बुद्धि के इस्तेमाल का एक नया, सीमित और पितृसत्ता के अनुकूल दायरा बता समझा रही है। एक तरफ वह उच्छृंखलता और स्वतन्त्रता के भेद को मिटा कर उच्छृंखलता को ही स्वतन्त्रता मान लेने की स्थितियाँ पैदा करती हैं।

दूसरी तरफ गहने कपड़ों से लदे–फँदे ऐसे दैवीय या खल चरित्र दिन–रात सामने रखती है, जो पुराने आरोपित रूपों से कहीं भी कमतर नहीं हैं। श्रम करती स्त्री का चित्र संचार माध्यमों, विज्ञापनों, टेलीविज़न, समाचारपत्रों आदि से ग़ायब है। इस रणनीति को भी समझने की जरूरत है।

दुनिया में मतदान के लिए या दूसरे स्तर की नागरिकता के ख़िलाफ़ जो लड़ाई स्त्रियों ने लड़ी, वह वर्चस्व की राजनीति का प्रतिरोध रचती हैं। राजनीति में 33 फीसदी आरक्षण हो या पंचायत में भागीदारी, वह स्त्री को राजनीतिक चेतना और देश के संचालन में भागीदारी के निकट लाती है। इससे उसे दूर रखे जाने का औचित्य इस बात से सिद्ध नहीं हो सकता कि यह क्षेत्र प्रदूषित है और स्त्री के लिए ठीक नहीं है। यह ठीक नहीं है, इसलिए भी स्त्रियों की भागीदारी यहाँ ज़रूरी है।

एक अधूरी भाषा में जीना

भाषा अपने आप में केवल यादृच्छिक ध्वनि समूह भर नहीं है, न ही परस्पर अर्थ सम्प्रेषण की क्षमता का निर्वहन कर सकने वाला एक माध्यम, जैसी कि उसकी एक आसान परिभाषा दी जाती है। भाषा सांस्कृतिक अस्मिताओं और मनुष्य की विकासगामी यात्राओं के इतिहास की अनेकानेक परतें समेटे एक जीवित परिवेश भी है। भाषा अस्मिताओं के पहचान की लड़ाई का एक सशक्त हथियार भी है, इसीलिए दुनिया की तमाम लड़ाइयों में भाषायी अस्मिता एक बड़ा प्रश्न रही है। उसके भीतर समय समय पर हुए सामाजिक बदलावों की सलवटें भी दबी पड़ी रहती हैं तो बदल गये समय का वर्तमान यथार्थ भी। समाज की आन्तरिक संरचना को उसके भीतर से पढ़ा और समझा जा सकता है। भाषा के दैनिक अभ्यास में प्रयुक्त हो रहे जेंडर भेद के गहरे रंग को उस भाषाई समाज की संरचना के सन्दर्भ में जाना जा सकता है, जो समाज आज भी प्रकृति के कुछ निकट हैं, उनकी भाषा में जेंडर भेद के हिंसक रूप अपेक्षाकृत कम मिलते हैं। तमाम जनजातीय समाज, आदिवासी समाजों की भाषा को इस सन्दर्भ में देखा जा सकता है, किन्तु सभ्यता के अधिक सम्पर्क में आयी भाषाओं ने अपना यह नैसर्गिक बोध खोया है। सभ्य समाजों में पितृसत्तात्मक व्यवस्था अधिक मुखर और नियमावली अधिक कठोर रही है तो भाषा भी प्रायः पितृसत्ता की तरफ़ झुकी हुई। क्योंकि प्रायः ही स्त्री को हीनतर स्थितियों में सीमित कर देने वाली मानसिकता सभ्यताकृत और सत्तामूलक है।

इस भाषायी संरचना में स्त्री को जगह न दिये जाने की चुपचाप मौन सहमति सर्वत्र देखी जा सकती है। जैसे कि एक जाना–पहचाना उदाहरण हो सकता है–'पुत्र'। समाज में 'पुत्र' की महिमा अवर्णनीय है। जिस स्त्री के सिर्फ़ पुत्रियाँ हैं, वह स्वर्ग की कामना तक से वंचित है।

उसकी स्थिति 'बाँझ' से कुछ ही ऊपर है। यही 'पुत्र' वंश को आगे बढ़ाने वाला, स्वर्ग की सैर कराने वाला, समाज का निर्माता है, इसलिए 'भाई' शब्द बड़ा प्रचलित शब्द है और अपने अर्थ में व्यापक भी। इसीलिए 'भाईचारा' एक बड़ा शब्द है। 'बन्धु' है तो 'बन्धुत्व' एक बड़ी भावना है, लेकिन इस 'बन्धुत्व' में, इस 'भाईचारे' में स्त्रीत्व की कोई गूंज नहीं। यह सीधे–सीधे उस समाज को सम्बोधित है, जिसमें स्त्री के लिए किसी सामाजिकता की व्यवस्था नहीं है। इसलिए 'बन्धुत्व' में भगिनीत्व नहीं है। तो 'बहन' का क्या होगा? वह तो मानो इस समाज में रहती ही नहीं है। उसके लिए कोई शब्द नहीं। समाज से उसके सरोकार अदृश्य। भगिनीवाद आया भी तो धुर प्रतिरोध की शक्ल अख्तियार करता और तत्काल ही उसे जहाँ से आया था, उसी नारीवादी आँगन में ढकेल दिया गया और हिन्दुस्तान में तो 'नारीवाद' कभी सम्मानजनक शब्द रहा नहीं। आज भी हमारे बुजुर्ग गाली की तरह इसका इस्तेमाल करते हैं। इसलिए भगिनीवाद की भी वह जगह नहीं बन सकी, जिसकी उसे दरकार थी।

यद्यपि भाषा संरचना मनुष्य की आवश्यकताओं का परिणाम है, तथापि समाज का मानसिक झुकाव जिधर होता है, भाषा के स्वरूप पर वह प्रभाव परिलक्षित होता रहता है। यहाँ एकबारगी डेल स्पेंसर के 'मैन मेड लैंग्वेज' की तरह यह देखना बड़ी परेशानी में डालने वाला है कि भाषा गढ़न में स्त्री कितनी शामिल है? यह सवाल एक पुराना सवाल ज़रूर है, पर उतना ही नज़रअन्दाज़ न किये जा सकने वाला सच भी। पाणिनी से लेकर आधुनिक काल तक सारे वैयाकरण पुरुष थे। शिव के डमरू से सब पहले ही तय हो गया था। उसी की व्याख्याएँ होती रहीं, बड़े बड़े भाषाविद् भाषा के सवाल पर जेंडर भेद को सार्वभौम सत्य की तरह निर्धारित सत्य मानते रहे और उस पर किसी भी तरह के प्रश्नवाचक चिन्ह की स्थितियों से सदा इंकार करते रहे। आज भी भाषाविद् के रूप में एक भी स्त्री का नाम न होना क्या दर्शाता है? इस तरफ़ मत आना, यह रास्ता निषिद्ध है। यह कैसी निपट स्थिति? भाषा पर काम करने के रास्ते स्त्री के लिए इतने बन्द क्यों? शिक्षा व्यवस्था के भीतर वे भाषा विज्ञान पर पी.एच.डी. कर सकती हैं, नौकरी भी कर सकती हैं, पर अपना मत नहीं दे सकतीं! इसके लिए वे मानसिक रूप से तैयार ही नहीं हैं, क्या विडम्बना है! कुछ कोशिशें दिखती भी हैं, पर भाषा पर पितृसत्ता इस कदर सर्वाच्छादी है कि वे कोशिशें नगण्य साबित होती हैं।

हिन्दी के अधिकतर वर्चस्वशाली, शक्तिसूचक शब्द पुल्लिंग हैं। यहाँ तक कि आत्मा और परमात्मा के सम्बन्ध को भी भाषा ने बख्शा नहीं है। 'आत्मा' स्त्रीलिंग और 'परमात्मा' पुल्लिंग होते ही अधीन और स्वामी की स्थितियाँ बना देते हैं। 'आत्मा' स्त्रीलिंग होते ही पराधीनता का प्रतीक बन जाती है न कि स्वतन्त्र रूपा, मुक्ताचारिणी। जिस समाज ने आत्मा को नहीं बख़्शा, वह भला जीती–जागती मनुष्य रूपा स्त्री को क्या ही बख़्शता। नतीजा, ज़्यादातर विशेषणों का भी यही हाल। 'बुद्धिमान व्यक्ति' अगर लड़की है तो 'बुद्धिमान' में से निकलकर बना विशेषण 'बुद्धिमती' बना दी जायेगी। मुहावरों और लोकोक्तियों का तो कहना ही क्या? क्षुद्र शब्दों को स्त्रीलिंग बनाकर भी स्त्री को भाषा के भीतर उसकी औक़ात में रखा गया है। जैसे कि 'डिब्बा' पुल्लिंग है और बड़ा या छोटा हो सकता है किन्तु 'डिबिया' स्त्रीलिंग है और अपनी क्षुद्रता से पार नहीं पा सकती।

बेटियों को प्यार– दुलार में 'बेटा' कहा जाना भी इसी मानसिकता की घोषणा करता है। पिता अक्सर ही अपनी बेटियों को उत्साहित करते हुए कहते मिलेंगे कि 'तू मेरा बेटा है'। मेरे एक रिश्तेदार जब मिलते, मेरी माँ से कहा करते कि "अल्पना आपकी बेटी नहीं, बेटा है।" इसका चाहे जितना विरोध करो, वे अपनी बात से हटते नहीं थे अर्थात् 'बेटी' को महत्त्वपूर्ण बताने के लिए उनके पास एकमात्र वज़नी शब्द 'बेटा' ही था। 'पुत्तर' या 'बेटा' कहना 'बेटी' को अपने आप ही हीन साबित कर देना है मानो बेटी का काम कोई अहमियत ही न रखता हो। कम–से–कम बेटे के आगे तो वह कितना भी बड़ा हो, हीन ही रह जाता है। भाषा व्यवहार की इन स्थितियों में स्त्रियों के लिए 'लंगोटिया यार' शब्द नहीं गढ़ा गया। उनकी मित्रता के मायने ही क्या थे? 'सखी' 'सहेली' की छोटी–सी दुनिया, बहुत कम दूरी तक साथ चलने वाली जुगनू की टिमटिमाहट भर थी, उसे क्योंकर इतने गहरे अर्थों में व्यंजित किया जाता? इसी आलोक में उस प्रचलित नारे को भी क्यों न जाँचा जाये, जो बचपन से हमारे दिलो दिमाग़ में किसी महान पूँजी की तरह प्रतिष्ठित किया जाता रहा है। वह है– "हिन्दू मुस्लिम, सिख, ईसाई, आपस में हैं भाई–भाई....."। क्या यह वाक्य हमारे समाज की मानसिकता की परतें उधेड़ कर नहीं रख देता! क्या आधी आबादी भाषा के इस जाल से बाहर नहीं ठेल दी गयी है? 'भाई–भाई' 'बन्धुत्व' के उसी विराट् भाव की तरफ़ हमें ले जाता है, जहाँ स्त्रियाँ नदारद हैं। भाषा में उनकी अनुपस्थिति से किसी को कोई शिकायत

भी नहीं है, पर क्या यही अनुपस्थिति समाज के भीतर उनकी तय कर दी गयी जगह की गवाह नहीं बन जातीं! और क्या इन्हीं नग्न सत्यों से हो कर वह राह नहीं जाती, जो कन्याभ्रूण हत्या को किसी अपराध बोध के साथ जोड़कर महसूस करने क़ी शक्ति को सोख लेती है! तो क्या यह भाषा अधूरी भाषा नहीं है, जिसमें स्त्री स्वर के विकट एकान्त का संकेत तक दर्ज नहीं हो सका है। किसी अधूरी भाषा में महान साहित्य और महान समाज का स्वप्न भी अधूरा ही बनेगा। समता के कुछ एक अपवादों को छोड़ दूँ तो भी यह कहना ग़लत नहीं होगा कि हमारी भाषा किस क़दर स्त्री विरोधी मानसिकता का विराट प्रदर्शन है।

मोहब्बत की फ़िलॉसफ़ी और दुनिया में लड़की

'प्रेम' शब्द आते ही कान चौकन्ने हो जाते हैं, आँखें चौड़ी और दिमाग़ जाग उठता है। सारी सहज स्थितियाँ, वैसी ही सहज नहीं रह जातीं। ऐसा भी क्या है इस शब्द में, कि इसे मनुष्य के सहज जीवन से अपदस्थ कर के ही देखा जाये? सामाजिक व्यवस्था के बीच अनफ़िट, सामाजिक संहिताओं के विरुद्ध चुनौती की तरह तना, सबकी भौंहें टेढ़ी करता, जीवन से बाहर धकिआया जाता यह शब्द शताब्दियों से डटा हुआ है–सारे दार्शनिकों, विचारकों, भक्तों, सन्तों, प्रगतिशीलों, समाज–सुधारकों से लेकर हाशिये पर डाल दिये गये समाज के आख़िरी आदमी तक को सोचने के लिए उकसाता!

जबकि अपने बृहत्तर अर्थ में यह मानवता को एक सूत्र में पिरोने वाले मन्त्र की तरह आदरणीय है। जैसे ही कोई व्यक्ति किसी अजनबी से अपने मन का कोई कोना बाँट लेता है और उस अजनबी से कुछ सहानुभूति पा जाने की उम्मीद कर लेता है या अपने ही जैसी रुचियाँ उसमें खोज लेता है, तब वह बन्धुत्व में लिपटे प्रेम के सूत्र को विस्तार दे रहा होता है, प्रेम का विश्वजनीन रूप तैयार कर रहा होता है। यह तो विश्वप्रेम का सामने दिखने वाला व्यावहारिक रूप है, जिसे आज पूँजी के वर्चस्व की संस्कृति की नज़र लग चुकी है। याद करिये, रेलवे स्टेशनों, मेट्रो आदि पर होने वाली घोषणाओं को, जिसमें कहा जाता है कि 'किसी अजनबी से मित्रता न करें। यह आपके लिए ख़तरनाक हो सकता है।'

हालाँकि सिद्धान्त और व्यवहार की समस्या प्रायः बनी ही रहती है। प्रेम को भारतीय मनीषियों ने, साहित्य सर्जकों और कलाकारों ने जितना रहस्यमय बनाया, जितना रूमानी, काल्पनिक, माँसल और आध्यात्मिक रंग दिया कि उसमें यथार्थ की दख़लन्दाज़ी के निशान ढूँढ़ना भूसे के ढेर में सूई खोजना ही होगा। 'प्रेम ईश्वर है', 'प्रेम खुदा है,' 'प्रेम के बिना सृष्टि नहीं'

आदि–आदि कहकर हाड़–मांस की जीती–जागती स्त्री को उससे बाहर कर दिया गया। उसकी हक़ीक़त, उसकी समस्याएँ, उसके सुख, दुःख, उसकी अभिव्यक्तियाँ आदि सब अनुपस्थित! इश्क़ हक़ीक़ी और इश्क़ मज़ाजी, दोनों में असली स्त्री ग़ायब है और पूरा मध्यकाल स्त्री को लेकर इतना अधिक कुण्ठाग्रस्त दिखता है कि वह स्त्री के होने को ही ख़ारिज़ करने लगता है। या तो वहाँ स्त्री सजी–धजी उत्तेजना पैदा करनेवाली देह है या फिर ऐसी माया, जिसकी छाया पड़ने से साँप भी अन्धा हो जाएँ फिर प्रेम के सारे रूपकों में आने वाली यह स्त्री कहाँ से आती है? भले ही वह भक्त कवियों की आत्मा–परमात्मा वाले रूपक में स्त्री का रोल प्ले करने वाली कल्पना हो! यह पतिव्रता आत्मा उनकी कल्पना जनित स्त्री है तो माया भी उनकी कल्पना है और रीतिकाल की कामिनी भी। फिर अगर प्रेम में शामिल स्त्री–पुरुष में से एक इतना हीन हो जाता है और दूसरा वर्चस्व में, तो प्रेम की आकांक्षा, प्रेम न होकर सिर्फ़ यन्त्रणा रह जाती है जबकि प्रेम में दोनों पक्षों की समानता एक आवश्यक तत्त्व है। मालिक का अपने नौकर पर लुटाने वाला प्यार दरअसल स्त्री–पुरुष के सहज प्रेम से भिन्न एक परिस्थितिजन्य स्वार्थपूर्ण स्थिति है, जिसमें अप्रत्यक्ष रूप से दोनों का स्वार्थ निहित होता है। प्रेम में स्वार्थपरता नहीं रह जाती। अहमन्यता और वर्चस्व तो बिल्कुल नहीं, ऐसा ही सिद्धान्त कहता है। अहमन्यता प्रेम की शत्रु है तो अधिकार भाव वर्चस्व की तरफ़ ले जाने वाला तत्त्व है और निश्चित ही दोनों मिलकर बराबरी के सम्बन्ध को ख़ारिज कर देते हैं।

प्रेमहीन और वर्चस्वशाली के बीच घटित नहीं हो सकता, वह बराबर की स्थिति में घटित होता है, जबकि ज़्यादातर फ़िल्में, साहित्य और कलाएँ प्रेम में भी स्त्री की हीनतर दशा को बनाये रखने को प्रमोट कर रही होती हैं। यहाँ तक कि कुछ लेखकों की केवल वैचारिक कोशिशों को छोड़ दें तो तमाम आधुनिक साहित्य में भी भारतीय स्त्री की रूढ़ कर दी गयी छवि से छुटकारा नहीं है। वहाँ पितृसत्ता के द्वारा स्त्री के लिए तय कर दिये गये मूल्य ही संचालित होते हैं या फिर प्रगतिशीलता के नाम पर अतिवाद–प्रेम के नाम पर केवल देह–विमर्श। कुछ स्त्री रचनाकारों के हस्तक्षेप से मनुष्य स्त्री चरित्र साहित्य में अपनी जगह ले सके हैं तथापि ज़्यादातर पितृसत्ता द्वारा तैयार प्रेम का फ़ॉर्मूला ही प्रचलन में बना रहा है।

प्रेम के महान सिद्धान्त में तीन बातें ज़रूरी मानी गयी हैं–संवेदनशीलता, परस्पर आदर और दायित्वबोध। हालाँकि यह सिद्धान्त रूप में ही मान्य है, यथार्थ जीवन जगत् से इसका बहुत लेना–देना नहीं है। ज्ञान भी एक तरह का कर्मकाण्ड है, इसलिए यह उच्च मानदण्ड प्रेम का व्यावहारिक रूप छिपाने के ज़्यादा काम आता है, बताने के कम। चूँकि भारतीय समाज की संरचना से यह ग़ायब कर दी गयी स्थिति है, अतः इसके व्यवहार में आते ही यह विरोधी खेमे की परिस्थिति में बदल जाता है। भक्ति पूजा में चाहे जितना भी राधा–कृष्ण का मान–सम्मान हो, व्यवहार में उसे घटित देख पाना सौ कलेजे के बस का नहीं। गीत–संगीत में प्रेम की वायवीय अभिव्यक्तियाँ बहुत सुन्दर लगती हैं, पर सामने उन्हें जानना नागवार होता है। प्रेमी युगलों के तमाम व्यावहारिक संघर्ष दुःखद होते हैं। एक स्थिति यह भी है कि प्रेमी युगल को तब अपनी बिरादरी में समाज शामिल कर लेने की मोहलत देता है जब वह समाज के सारे रीति नियम स्त्री के सन्दर्भ में मान ले और स्त्री अपने को समाज की सामान्य स्त्री सिद्ध करने के लिए, समाज और परिवार द्वारा ली जाने वाली अधिकतम परीक्षाओं में पास होकर दिखाये। सामान्य पत्नी से भी अधिक पत्नी, सामान्य बहू से भी अधिक बहू आदि उसकी परीक्षा के मानदण्ड बने हुए हैं। अनेक सन्दर्भों में पति भी प्रेम करके विवाह करने पर अपनी स्त्री की बोल्डनेस को लेकर सतर्क और कई बार शक तक करता है, ख़ास कर तब, जब वह दूसरी जाति धर्म की भी हो। कहने का तात्पर्य है कि स्त्री के लिए प्रेम अन्ततः यूटोपिया ही साबित होता है।

संवेदनशीलता का अर्थ ही है दूसरे की भावनाओं को इस स्तर पर समझना कि वह अपनी लगे और उसे किसी भी भाँति ठेस न पहुँचे, इराका ख़याल रखना और भावनाओं को आदर देना। परस्पर आदर की भावना से तात्पर्य है, परस्पर रुचियों और विचारों को स्पेस प्रदान करना। यह आदर संवेदना के कई स्तरों पर बनता है। समानता के बोध के बिना यह सम्भव नहीं हो सकता। यह समानता का बोध एक–दूसरे को बराबरी का दर्जा देने की भावना से जुड़ा है। यहाँ बात एक–दूसरे के प्रति दया के कारण कुछ मोहलत देने जैसी न होकर बराबरी की साझेदारियों की है। प्रेम में निहित ये तत्त्व उसे गहरी मित्रता के भाव से

जोड़ते हैं और प्रेम को स्थायित्व देते हैं। इनका अभाव प्रेम को सम्भव रूप में घटित नहीं होने देता बल्कि कहना चाहिए कि पनपने ही नहीं देता। दायित्व बोध की स्थिति केयर की भावना से जुड़ी हुई है। दायित्व से तात्पर्य ठोस यथार्थ की ज़मीन पर एक–दूसरे का साथ देने और एक–दूसरे के प्रति जिम्मेदारी के अहसास से है। इसलिए प्रेम को मैं एक ज़िम्मेदार भावना के रूप में भी देखती हूँ। प्रेम कभी एकतरफ़ा नहीं होता। उसकी इच्छा एकतरफ़ा हो सकती है। इसलिए प्रेम में स्त्री और पुरुष, दोनों में से किसी की भी स्थिति को कमतर करके नहीं देखा जा सकता। न ही उसकी अभिव्यक्ति के लिए कोई फ़िक्स फ़ॉर्मूला बताया जा सकता है। प्रेम हज़ार–हज़ार शेड्स में हज़ार स्तरों पर व्यक्त होने की क्षमता रखने वाला भाव है, जबकि उसे सीमित कर के आज बाज़ार ने एक ख़ास फ़ॉर्मूले में बन्द कर दिया है। साहित्य के पास भी प्रेम की अभिव्यक्ति की कम रूढ़ियाँ नहीं रही हैं। इनसे मुक्त होकर ही प्रेम के ख़ूबसूरत हज़ार–हज़ार रंगों की अलग–अलग पहचान की जा सकेगी।

प्रेम का आज एक और नया रूप कुछ इश्क़ मज़ाजी के तौर पर दिखायी पड़ता है, जो इतना ज़्यादा बाज़ार से ग्रस्त है कि उसे प्रेम कहना भी उचित नहीं। वह किसी बड़े व्यवसाय का हिस्सा बना दिया गया है। कहीं वह कैरियर सँवारने की सीढ़ी बन जाता है तो कहीं 'बोरडम' दूर करने या 'फन' के लिए एक बढ़िया युक्ति। यह प्रेम नहीं है, प्रेम के नाम पर एक व्यावहारिक स्वार्थपरक दृष्टिकोण है। स्त्री–पुरुष दोनों के ही हाथों में पहुँचे मोबाइल और वर्चुअल दुनिया ने इसे आसान बना दिया है। दोनों ही बिना किसी नुकसान के चैट कर सकते हैं और जब चाहें, उसे डिलीट करके प्रमाण से बच सकते हैं जबकि अभी कुछ पहले तक भी पत्र एक स्थायी प्रमाण हुआ करते थे और उनके कथ्य से ज़्यादा उनका पत्र रूप में प्राप्त होना ही लड़की को दण्डित किये जाने के लिए पर्याप्त माना जाता था। जैनेन्द्र के 'त्यागपत्र' की मृणाल के जीवन को नारकीय यन्त्रणा में झोंक देने वाले दण्ड को नहीं भूला जा सकता। इसके बावजूद कि इतनी टेक्नालॉजी मनुष्य के हाथ आयी है, आज भी प्रेम करने वाले जोड़ों को दृश्य और अदृश्य खाप पंचायतें हत्या जैसा जघन्य दण्ड देने से बाज़ नहीं आ रहीं। चूँकि सामाजिक व्यवस्था के

भीतर प्रेम शामिल ही नहीं है, इसलिए वह व्यवस्था का प्रतिपक्ष रचता है और उसमें तोड़–फोड़ मचाता है। इसलिए प्रायः प्रेम विवाहों को व्यवस्था द्वारा अनुकूलित करने का प्रयत्न भी दिखायी पड़ता है। अनुकूलन के बाद प्रायः ऐसे प्रेम विवाह आम विवाहों वाले पैटर्न में ढल जाते हैं और अपना प्रतिरोध वाला रूप खो देते हैं।

इस तरह प्रेम के गाने सुनने वाला समाज, लव स्टोरी वाली फ़िल्में पसन्द करने और प्रेम के मिथकीय चरित्रों का आदर करने वाला समाज यथार्थ में घटित होने वाले प्रेम सम्बन्धों को सहज भाव से स्वीकर नहीं करता, बल्कि उन्हें दण्डित करके प्रेम के प्रति अपने दुहरे मानदण्ड को गर्व से दर्शाता है।

साहित्य और स्त्री

आज साहित्य में स्त्री की उपस्थिति को नज़रअन्दाज़ करना मुश्किल हुआ है। साहित्य के पन्नों में दर्ज स्त्री चरित्रों को भी और साहस के साथ क़लम हाथ में थामे स्त्री जीवन और उसके व्यापक सरोकारों को व्यक्त करती स्त्री रचनाकारों को भी। एक वक़्त था, जब पुरुषों का साहित्य पर पूर्ण वर्चस्व था। उनके ही लेखन में स्त्री चरित्र वर्णित हुआ करते थे। ऐसे चरित्र परम्परा से प्राप्त स्त्री की रूढ़ छवि को दृढ़ करने का ही काम करते थे। कवियों ने तो एक ऐसी काम्या रम्या का चरित्र सृजित कर डाला था जो प्रकृति प्रदत्त सुन्दरता से बढ़कर था और उस काल्पनिक स्त्री जैसी स्त्री का होना लगभग असम्भव था।

इस काम्या की प्राप्ति का लक्ष्य भी असम्भव ही था, अतः अप्राप्य के असन्तोष ने समाज को स्त्री के सन्दर्भ में भीषण रूप से कुण्ठित किया। खुद स्त्री भी इस कुण्ठा से नहीं बच सकी। आज बाज़ार उसी काम्या की रूप छवि पा लेने के लिए स्त्री को उकसाता है और एक गहरी अन्धी दौड़ का हिस्सा बनाता हुआ कुण्ठित करता है।

इसके अतिरिक्त पुरुष रचित साहित्य में चरित्रों के दो और मोटे वर्गीकरण देखे जा सकते हैं– एक, करूणा, त्याग की मूर्ति ममतामयी देवी स्त्री का, जो 'आँचल में है दूध और आँखों में पानी' वाली छवि के साथ पुरुषों को अपने ऊपर दया के लिए प्रेरित करती थी या फिर अगाध श्रद्धा के लिए प्रेरणास्रोत थी–"नारी तुम केवल श्रद्धा हो" या फिर कुटनी, घर तोड़ने वाले खल रूपों का, जिन्हें समाज में आदर प्राप्त नहीं था। स्त्री को इन्हीं चरित्रों के बीच अँटा कर देखा जाना भी पितृसत्तात्मक परम्परा का हिस्सा था। स्त्री इसी के भीतर मनुष्य बन जाने की इच्छा लिए तड़प रही थी। लेखन में स्त्रियों के हस्तक्षेप से रूढ़ छवि का इतना बड़ा वितान छितरा गया।

स्त्री रचनाकारों ने रूढ़ियों को नकारा और अधिक मनुष्य स्त्री को उसके अस्तित्व के साथ साहित्य में लाने का प्रयत्न किया। इस मनुष्य स्त्री के पास छोटे–छोटे दुःख, तकलीफ़ें, राग–विराग, घृणा, द्वेष, संशय, द्वन्द्व, पल–पल पराजयों, निरन्तर संघर्षों और छोटी–छोटी सफलताओं के मनोत्सव भी थे। इसी के साथ स्त्री को पितृसत्ता के द्वारा तैयार की गयी आचार संहिता के लिए सदियों से बनायी गयी उसकी अपनी दिमाग़ी कंडिशनिंग से भी लड़ना था। यह द्वन्द्व भी साहित्य में आने लगा और नियन्त्रण के शोषण व दमनकारी रूपों की शिनाख़्त करते हुए मुखर सवाल उठाये जाने लगे। प्रतिरोध और स्त्री प्रश्नों ने नयी स्त्री के लिए एक अधिक सशक्त ज़मीन तैयार की और पितृसत्ता की संरचना व संगठित स्वरूप की तहें खुलनी शुरू हुई।

साहित्य के क्षेत्र में स्त्रियों के लिखे इस प्रतिरोधी लेखन का भी एक इतिहास रहा है। भले ही इसे कितना विस्मृत किया गया हो, उपेक्षा के कितने ही थपेड़े इसे लगे हों, इसकी साँसें मीरा से पूर्व भी चलती रहीं और मीरा के बाद अधिक गतिशील होती चली गयीं। लेकिन चूँकि बुद्धि के क्षेत्र में आने से उन्हें हमेशा रोका गया, इसलिए इतनी आसानी से उन्हें लेखक स्वीकार कर पाना भी कठिन ही हुआ। बहुत दूर न भी जाएँ तो द्विवेदी युग में ही स्त्री लेखन और स्त्री पत्रकारिता का एक चमकता हुआ ऐतिहासिक पन्ना दिख जायेगा। स्त्रियाँ वहाँ सम्पादक हैं, विचारोत्तेजक लेख लिखने वाली हैं, अपने समय के ज्वलन्त मुद्दे उठाने वाली हैं, किन्तु उन्हें लेखक नहीं कहा गया, निबन्धकार नहीं माना गया, पुस्तक समीक्षा लिखने वाले को समीक्षक नहीं कहा गया। पहली आत्मकथा 'सरला : एक विधवा की आत्मजीवनी' को आत्मकथा विधा की पहचान नहीं दी गयी बल्कि वह कालक्रम में भुला दी गयी। उसमें सरला की अपने भाई से की गयी जिरहों की व्याख्या स्त्री चेतना और उसके सामाजिक–सांस्कृतिक मूल्यों के परिप्रेक्ष्य में नहीं की गयी। यह वह भी समय रहा, जबकि लेखन में इतने साहस के साथ आने वाली स्त्रियाँ भी पितृसत्ता के नियमों की जकड़बन्दी से त्रस्त रहीं और यह जकड़बन्दी इतनी भयकारक थी कि स्त्रियाँ अपना नाम लिख पाने का साहस नहीं कर पा रही थीं। राजेन्द्रबाला घोष अपना नाम न लिखकर अपने लिए 'बंग महिला' लिखती हैं। 'सरलाः एक विधवा की आत्मजीवनी' की लेखिका

अपने लिए 'एक दुखिनी बाला' लिखकर काम चलाती हैं। उन्हें हिन्दी की पहली महिला आत्मकथा का गौरव भी तब मिलता है, जब महिलाएँ शिक्षा और आर्थिक आत्मनिर्भरता की तरफ़ बढ़ती हुई अपना इतिहास ढूँढ़ती हैं। बल्कि पितृसत्तात्मक स्थितियों से संचालित हिन्दी साहित्य का जो महान इतिहास लिखा गया, उसमें उन्हें कहीं दर्ज तक करना ज़रूरी नहीं समझा गया। सिर्फ़ एक बंग महिला राजेन्द्रबाला घोष के अतिरिक्त किसी अन्य महिला कहानीकार का नाम आचार्य रामचन्द्र शुक्ल वाले इतिहास में भी नहीं मिलता। प्रेमचन्द युग में भी अनेक स्त्री रचनाकार रचनारत थीं, पर उनके स्वर अनसुने कर दिये गये, लेकिन यह उपेक्षा बहुत दूर तक न चल सकी। स्त्रियों ने अपने लिखे का लोहा मनवाया। उनकी सशक्त उपस्थिति और महत्त्वपूर्ण कथ्य ने बड़ा पाठक वर्ग तैयार किया। वह समय भी आया जब उनके लिखे को घर–परिवार का लेखन कहकर दोयम दर्जे का साबित करना सम्भव नहीं रह गया। उनके लिखे पर बात करना ज़रूरी होने लगा। स्त्री मुद्दों पर नये सिरे से बहसें होने लगीं। ये बहसें नवजागरणकालीन सुधार आन्दोलन की स्त्री जीवन की बहसों से अलग थीं। स्त्री लेखकों ने भी स्त्री जीवन से जुड़े अनेक अनकहे कोने सामने रखे। कृष्णा सोबती, मन्नू भण्डारी, ममता कालिया, मृदुला गर्ग आदि ने अभिव्यक्तियों के नये गवाक्ष खोले और नये मुद्दों की तरफ़ ध्यान आकृष्ट किया। स्त्री यौनिकता पर इससे पहले तक इतने मुखर तरीक़े से न तो बात की गयी थी और न ही उसे बहस के केन्द्र में रखा गया था। यह स्त्री लेखन से ही इस रूप में सम्भव हुआ। महिलाओं का लिखना किसी अय्याशी का शगल कभी नहीं रहा। उनका लिखना हमेशा ही अस्मिता के संघर्ष और सामाजिक व्यवस्था में उनके हिस्से डाल दी गयी अवमाननाएँ, अमानुषिक परिस्थितियाँ, बेगार श्रम के अन्तहीन सिलसिले जैसी तमाम सच्चाइयों को समझना–समझाना भी था।

हालाँकि यह सत्य भी लगातार बना रहा कि समाज तथा सभी नियन्त्रणकारी जगहों में वर्चस्व की स्थितियाँ पितृसत्ता के ही अधीन रहीं। साहित्य के सन्दर्भ में मुझे पश्चिम के विद्वान देबोरा कैमरान की बात याद आ रही है कि "लेखन भी एक तन्त्र है और अन्य तन्त्रों की भाँति इस पर भी वर्चस्वशाली शक्तियों का क़ब्ज़ा है।" यह बात चाहे कितने ही स्तर पर सही हो, परन्तु साहित्य के साथ उसके अन्तरंग सखा पाठक का भी

अस्तित्व जुड़ा होता है और वह लाख प्रचारित, प्रमोटेड रचना को भी, यदि वह उसके काम की नहीं, तो नकार देता है। यह पाठक इतना अप्रत्यक्ष है कि इसे ढूँढ़कर, दबाव डालकर कुछ मनवाया नहीं जा सकता। यही पाठक स्त्री लेखन का सच्चा प्रमोटर बनता है। हालाँकि कई बार पितृसत्ता की सामन्ती प्रवृत्तियाँ अपने फ़ायदे के लिए स्त्री देह को प्रमोट करती हुई बिल्कुल बाज़ार के तर्ज़ पर स्त्री को उसकी बुद्धि का एक सीमित दायरा बताती हुई, उसे एक दूसरी ही दिशा में ढकेलने का प्रयास करती हैं। पितृसत्ता की इस प्रवृति में सामन्ती शक्तियों, मनोवृत्तियों और पूँजीवाद का सहयोग भी शामिल रहता है। ये सब स्त्री को वस्तु मानकर व्यवहार करते हैं और उससे अपने अधिकतम मुनाफ़े को तरजीह देते हैं। स्त्री रचनाकारों का एक बड़ा विरोध इस प्रवृत्ति से रहा है।

एक और प्रवृत्ति आज बड़े पैमाने पर बनती दिखने लगी है–स्त्री को लेखिका बनाने का दावा करने वाली प्रवृत्ति। ऐसे तमाम ताक़तवर मिल जायेंगे जो स्त्री को लेखिका बनाने की बात करते हैं या उनके गॉडफादर की भूमिका में अपने को रखते हैं और वर्चस्व की **स्थितियों** वाले ये लोग उसकी प्रतिभा का मूल्यांकन न करके किन्ही और बातों के कारण उसे तरजीह देते देखे जाएंगे, यह भी स्त्री लेखन की एक बड़ी बाधा है। लेकिन स्त्रियाँ अब पहले से ज़्यादा साहसी भी हुई हैं और समझदार भी। वे मुखर होकर अपनी बात कह पाने की कोशिश कर रही हैं, इस बाधा दौड़ को पार कर रही हैं, पाठकों पर भरोसा कर रही हैं और साहित्य में उनकी मजबूत दख़ल को कमज़ोर करने की रणनीतियों से जूझती दिख रही हैं।

यद्यपि स्त्रियों के लेखन को हमेशा घर के भीतर की बात कहकर कमज़ोर सिद्ध करने की कोशिश की गयी। उनके जीवन को अन्य तन्त्रों के साथ जोड़ कर नहीं देखा गया। अर्थतन्त्र के साथ जोड़कर कभी उन पर बात नहीं हुई। राजनीति से दूरी और स्वतन्त्रता आन्दोलन के समय उनकी राजनीतिक भागीदारी का कोई अलग स्वतन्त्र मूल्यांकन नहीं किया गया। उसी तरह लेखन के साथ भी स्त्री की भूमिका को गम्भीरता से बहुत देर में लिया गया, लेकिन आज वह लेखन के क्षेत्र में महत्त्वपूर्ण भूमिका निभा रही है। उसने स्त्री के सामाजिक सरोकारों की बात उठाई है। स्त्री दृष्टि से समय, समाज और इतिहास के पुनर्मूल्यांकन का प्रयत्न शुरू हो चुका है।

तमाम समाजशास्त्री आज समाज के विश्लेषण के लिए स्त्री रचनाकारों की कृतियों का सहारा ले रहे हैं। भारतीय भाषाओं और विदेशी भाषाओं में उनके अनुवाद हो रहे हैं। देश के अनेक विश्वविद्यालयों में स्त्री–विमर्श पाठ्यक्रम का अनिवार्य हिस्सा बन गया है, जिसमें अनेक नये पुराने महिला रचनाकारों की रचनाएँ पढ़ायी जा रही हैं। उनकी व्याख्याएँ और विश्लेषण हो रहे हैं। हिन्दी विद्यार्थियों के लिए शोध के नये क्षेत्रों में अस्मितामूलक विमर्श आज महत्त्वपूर्ण हो चुका है। यह भविष्य बेहद आशान्वित करता हुआ हमारे सामने है।

काल्पनिक छवि का धोखा

इन दिनों स्त्री मुक्ति, स्त्री समस्याएँ, स्त्री चिन्तन, स्त्री सरोकार, स्त्री जागरण आदि आदि शब्दों का ख़ूब हल्ला मचा हुआ है। कहीं गोष्ठियाँ, सभाएँ, सेमिनार हो रहे हैं तो कहीं पुस्तकों, रिपोर्टों की भरमार है। साहित्य, राजनीति, मीडिया, पत्र–पत्रिकाएँ–सब किसी न किसी रूप में इससे आक्रान्त हैं। अकादमिक वर्ग भी इस चकाचौंध से अछूता नहीं है। आज लेखों, पत्रों, वार्ताओं, इंटरव्यू से लेकर विज्ञापनों तक में कॅरियर ओरियंटेड महिलाओं के साथ साथ घरेलू महिलाओं के विचारों को भी दिखाने की होड़–सी मची हुई है। इस सारे ताम–झाम से निकलकर दो चीज़ें सामने आ रही हैं। पहली बात यह है कि आज से सिर्फ़ बीस साल पहले तक इस तरह के मुखर स्त्री–विमर्श के बारे में सोचा भी नहीं जा सकता था और यह भी कि यह सब केवल बाज़ार के समीकरण के कारण सम्भव हुआ हो, ऐसा भी नहीं। इसके पीछे अधिक मज़बूत रूप से एक लम्बी विकास प्रक्रिया, जद्दोजहद और प्रत्यक्ष तथा अप्रत्यक्ष रूप से लड़ी गयी अस्मिता तथा अधिकार की लड़ाई का प्रतिफलन भी है। इस ताम–झाम ने अपने सारे ऊपरी आवरण और बाज़ार के उपयोगितावादी सिद्धान्त के बावजूद एक बड़ा काम यह कर डाला है कि स्त्री से जुड़े प्रश्नों को एक भौतिक आधार प्रदान कर दिया है। कुछ हद तक समाज में एक नयी बहस और नयी चेतना का कारक भी बन रहा है। विमर्श के इस शोरगुल वाले दौर के बीच भी इसे हम आगामी बदलाव की पूर्व सूचना की तरह देख सकते हैं। हालाँकि इस शुभ दिखने वाले रूप के साथ ही उसका दूसरा पक्ष भी स्पष्ट दिखायी पड़ रहा है। अपनी प्रतिरोध की धारा के समानान्तर चलता यह दूसरा पक्ष बाज़ार का है।

रुकैया सखावत हुसैन ने सौ वर्ष पहले एक कहानी 'सुल्ताना का सपना' लिखी थी, लेकिन इस कहानी में किसी भी रास्ते की तलाश के

बजाय निरीह कल्पना थी और उस कल्पना में आकांक्षा का वह रूप व्यक्त हुआ था, जहाँ एक ऐसी दुनिया हो जिसमें पुरुष–स्त्री के सारे काम करें और स्त्रियाँ पुरुषों की तरह आचरण करते हुए आहार–विहार से लेकर हुक्म देने जैसा काम करें। सौ वर्ष पहले लड़कियों का सपना भी कुछ इसी तरह का था जैसा कि लेखिका ने अपनी कहानी में दिखाया था। हर लड़की उस समय अपनी समस्याओं से निज़ात का एक ही उपाय देख पाती थी कि काश! वह लड़का होती या फिर अगले जन्म में ईश्वर उसे लड़का बनाये, लेकिन आज लड़कियों की यह आकांक्षा बदली है। आज लड़कियाँ अपनी इसी ज़िन्दगी को समस्यारहित बनाना चाहती हैं। वे लड़की के रूप में ही अपनी योग्यता सिद्ध करना चाहती हैं। शायद इसीलिए जिस देश में बीस वर्ष पहले तक इस तरह का मुखर विमर्श दिखायी नहीं पड़ता था, उसी देश में इसके उपयोग और उपभोग की तमाम सम्भावनाओं को देखते हुए बड़े बाज़ार की तर्ज़ पर, इस विषय को भी बाजारीकरण के भयानक गिरफ़्त में लेकर इसके महत्त्व, संघर्ष और असली रूप को इतना विरूपित कर दिया जा रहा है कि आज की पीढ़ी के लिए इसके रहस्य को समझना आसान नहीं रह गया है।

विमर्श का यह दूसरा पक्ष बहुत प्रबलता के साथ, बौद्धिक विमर्श की अपेक्षा अधिक तीव्रता से अपना स्पेस बढ़ाता जा रहा है। यह केवल विज्ञापन की दुनिया तक ही सीमित नहीं है, इसके दायरे में पत्रकारिता, फ़िल्में और अकादमिक वर्ग भी आ जाता है। इसका दबाव और प्रभाव व्यापक है। चूँकि बाज़ार की भाषा मुनाफ़े की भाषा है, इसलिए यहाँ स्त्री और उससे जुड़े विमर्श के करण बनाई गयी आधुनिक स्त्री की छवि मुनाफ़े की चीज़ है। यहाँ इस विमर्श को सजावट के भड़कीले सामान की तरह इस्तेमाल किया जा रहा है। स्त्री को नयी दुनिया के धोखे में उपयोग की सामग्री बनते जाने की प्रक्रिया की तरफ़ ढकेला जा रहा है। दिन–रात उसे उसकी देह, बुद्धि और क्षमताओं का एक नया सीमित दायरा समझाया–दिखाया जा रहा है। उसकी पूरी सोच को गतिहीन जड़ दिशा की तरफ़ मोड़ने के भीषण प्रयत्न जारी हैं। कोई एक विश्व सुन्दरी चुनी जाती है, उसके पीछे की राजनीति की बजाय उसके चुने जाने को आम आदमी के सामने इस तरह विज्ञापित किया जाता है कि आम लड़कियाँ दिग्भ्रमित हो जायें। उन्हें लगे कि इससे बेहतर कॅरियर और कुछ भी नहीं, जबकि असलियत में आम लड़कियाँ कुछ हासिल कर पाने के बजाय अपने को शोषण के जाल में फँसा लेती हैं।

मॉडल बनने या सुन्दरी चुने जाने की ललक के पीछे लाखों लड़कियों की ज़िन्दगी नर्क हो जाती है। इसे यह कहकर आसानी से नहीं टाला जा सकता कि यह तो उन तमाम लड़कियों का अपना फ़ैसला होता है बल्कि यह तो उनकी चेतना को कुन्द कर दिये जाने का परिणाम है। सुन्दरी चुने जाने की ललक में दिशाहीन हो गयी तमाम लड़कियों की ज़िन्दगी आज सामने है। इसी प्रकार दृश्य मीडिया के जितने भी चैनल हैं, उन पर पारिवारिक धारावाहिक के नाम पर इस समय जितने सीरियल दिखाये जा रहे हैं, वे सभी बेवजह अन्तरवैवाहिक सम्बन्धों को प्रमोट करने में लगे हुए हैं। इस तरह बेहद ऊपरी तौर पर स्त्री के उपयोग के तरीक़े, रास्ते और साधन कुछ बदला हुआ–सा भ्रम देने लगते हैं जबकि अपने वास्तविक स्वरूप में वे पहले से अधिक क्रूर और आक्रामक हो चुके है।

सामान्य, सहज, प्राकृतिक प्राणी के रूप में स्त्रियों को कभी नहीं देखा गया। सदियों से उसके प्राकृतिक रूप को काल्पनिक रूप से ढँककर विरूपित किया गया है। स्त्री को लेकर बनाये गये मिथक उसके मनुष्यगत प्राकृतिक व्यवहार से इतर हैं। मिथक का सीधा–सा अर्थ है–सौन्दर्य, पवित्रता, देवत्व। पुरुष द्वारा बना दी गयी स्त्री की काल्पनिक रूढ़ छवि। इस काल्पनिक रूढ़ छवि ने सिर्फ़ स्त्रियों को ही नुकसान नहीं पहुँचाया है, बल्कि समाज और स्वयं पुरुष को भी इससे बहुत अधिक नुकसान पहुँचा है। इस तरह पुरुषों द्वारा बना दी गयी यह काल्पनिक रूढ़ छवि स्त्रियों के साथ–साथ पुरुषों के भीतर भी कुण्ठा और असन्तोष का कारण बनती है। वह स्त्री के सामान्य रूप और व्यवहार से न तो स्वयं सन्तुष्ट होता है और न स्त्री को होने देता है क्योंकि जैसी काल्पनिक छवि गढ़ी गयी है, प्राकृतिक रूप से उस पर स्त्रियाँ खरी नहीं उतर सकतीं। यदि स्त्रियाँ इस रूढ़ छवि पर खरी नहीं उतर सकतीं तो उनके लिए दूसरी रूढ़ छवि दुर्गा की है। उन्हें या तो सीता होना है या दुर्गा। बीच का कुछ भी सम्माननीय नहीं। दोनों ही छवियाँ अतिचरित्रों का सृजन करती हैं जो सामान्य तो हो ही नहीं सकता। इन दोनों एक्सट्रीम चरित्रों के बीच आने वाले चरित्र या तो बेहद निम्न मान लिए जाते हैं या फिर खल, दुष्टा, कुल्टा आदि में बदल दिये जाते हैं और फिर पुरुष इस रूढ़ छवि के अप्राप्य की कुण्ठा को स्त्री के ही सिर मढ़ता है। परिणामस्वरूप, सारा समाज इससे आक्रान्त है। स्त्री, और वह भी मध्यवर्गीय स्त्री सबसे ज़्यादा स्वयं को लेकर आशंकित है। स्त्रियों को उनके शारीरिक गठन को लेकर

इतना भरमाया गया है कि वे अपने आप को लेकर आत्मविश्वास से भरी न रह सकें, क्योंकि कितने भी उपाय और प्रयत्न किये जायें, तब भी प्रकृति प्रदत्त इस शरीर में आरोपित छवि से कुछ न कुछ कम तो रह ही जायेगा। यह रूढ़ छवि अच्छा हथियार है स्त्री को सदा के लिए हीन और कमतर बना देने का। नतीजा यह कि दुनियाभर की सौन्दर्य प्रसाधन कम्पनियाँ इस डरी हुई स्त्री की रूढ़ छवि को अधिक से अधिक भुनाने पर तुली हुई हैं। एक–एक प्रसाधन के इतने अधिक ब्राण्ड बाज़ार में मौजूद हैं कि यह डरी हुई स्त्री कन्फ़्यूज़्ड भी है। ये ढेर सारी चीज़ें उपर से इतनी आकर्षक और मनलुभावन दिखायी पड़ रही हैं, किन्तु बेहद चालाक तरीक़े से वे स्त्री को उसकी इसी काल्पनिक छवि की याद दिलाती रहती हैं। हांट करती रहती हैं कि वह वैसी नहीं है और वैसी बने तो कैसे बने? भारत में ही पिछले कुछ वर्षों में शहरों, कस्बों, गाँवों तक में जिस तरह ब्यूटी पार्लरों की बाढ़ आयी, वह स्त्री को उसके अपने चिर–परिचित दायरे तक सीमित रखने और उसकी चेतना को कुन्द करते जाने की मुहिम का एक हिस्सा है। फिर भी अनजाने में इन ब्यूटी पार्लरों ने जो महत्त्वपूर्ण काम कर डाला है, वह है स्त्री को स्वरोजगार के लिए एक और जगह उपलब्ध करा देना।

ऊपरी तौर पर यह सारा परिदृश्य यह भ्रम देने लगता है कि स्त्री की स्थिति पहले से बेहतर हो गयी है। यह ज़रूर हुआ है कि उसकी परिस्थितियाँ पहले से बदली हैं, शिक्षा और कुछ सुविधाओं ने कहीं–कहीं उसे बेहतर भी किया है, पर यह संख्या तो अँगुलियों पर गिनने भर की है, जबकि यथार्थ स्थिति में स्त्रियों को बदली हुई परिस्थितियों में दुगनी–तिगुनी ज़िम्मेदारियों और काम कें बोझ का सामना करना पड़ रहा है। जिस अनुपात में घर के बाहर की दुनिया बदलती हुई दिखायी पड़ रही है, उस अनुपात में स्त्री के लिए घर के भीतर के काम और घर के भीतर की सोच नहीं बदली है। बाहर कम्प्यूटर, इंटरनेट पर काम करती, प्रशासनिक पद सँभालती तथा ऑफ़िस के अन्य कामों में जुटी स्त्री से घर के भीतर पुरातन बहू के आदर्श रूप को निभाने की अपेक्षा की जाती है। बाहर शोषण के तरीक़े अधिक जटिल हुए हैं।

---

1. वर्जीनिया वुल्फ, ए. रूम ऑफ़ वंस ओर, पृ. 32

संकट अधिक बढ़ा है तो घर के भीतर आधिपत्य बनाये रखने के तरीक़े, शोषण और हिंसा की स्थितियाँ भी बढ़ी हैं।

ऐसा नहीं है कि संख्या में कम इन स्त्रियों ने घर की सुख–सुविधा जुटाने के सिवाय कुछ नहीं किया। इन स्त्रियों ने काम के दोहरे–तिहरे बोझ के बावजूद अपने दायरे को बढ़ाया है और लगभग हर क्षेत्र में अपनी भागीदारी सुनिश्चित ही नहीं की, अपनी क्षमताओं को लगातार प्रमाणित भी किया है। खेल जगत् हो या प्रशासन, क़ानून, पत्रकारिता, संसद या तकनीकी क्षेत्र–सभी जगह स्त्रियों ने अपनी सशक्त उपस्थिति दर्ज कराई है। इसलिए आज केवल वैश्विक परिदृश्य में ही नहीं, भारतीय परिदृश्य में भी स्त्रियों के भीतर कठिन परिस्थितियों के बीच भी अपनी पहचान के लिए सजगता बढ़ी है। यह अकारण नहीं है कि स्त्रियाँ आज की दुनिया में आधुनिक स्त्री के नाम पर दिखायी, बतायी और दिमाग़ में बैठाई जा रही स्त्री छवि के धोखे को पहचानने की कोशिश भी कर रही हैं और अपने आप को जानने–समझने की भी। मनुष्योचित समान अधिकार व्यवहार के साथ सामाजिक सन्तुलन की वक़ालत कर रही स्त्रियाँ निश्चित रूप से समझदार और सजग हैं।

सभ्य समाज का स्याह चेहरा

(दिल्ली में 16 दिसम्बर, 2012 को हुए निर्भया जघन्य सामूहिक बलात्कार काण्ड के सन्दर्भ में लिखा गया।)

इन दिनों मुझे मुक्तिबोध की 'भूल ग़लती' कविता बार–बार याद आ रही है। यही हमारी 'भूल ग़लती' जिरहबख़्तर पहनकर हमारे ऊपर राज कर रही है और उसका दबदबा ऐसा है कि किसी की सुन ली जायेगी, ऐसी कोई सूरत–ए–हाल बनती नहीं दिखती। 'हठ इन्कार में सिर तानने' वाले को, चाहे वह किसी भी क्षेत्र में हो, बख़्श दिया जायेगा, इसकी भी उम्मीद नहीं दिखती। देश में प्रशासन, व्यवस्था के हालात, स्वतन्त्रता–प्राप्ति के बाद बेहतर होने की बजाय बिगड़ते हुए इस स्थिति तक आ पहुँचे हैं कि आम नागरिक के लिए अपने कर्तव्यों का बेहद सामान्य स्तर पर पालन करना भी मुश्किल होने लगा है। हालाँकि लागातार यह बताया जा रहा है कि यदि पुलिस किसी वारदात के समय वक़्त पर नहीं पहुँचती तो उसका इन्तज़ार न किया जाये, बल्कि उसका इन्तज़ार किया ही न जाये। नागरिक समाज को खुद ही संवेदनशील होना चाहिए और घायलों को अस्पताल पहुँचाने की व्यवस्था करनी चाहिए, लेकिन लोग हैं कि पुलिस के भरोसे सब छोड़ कर भाग खड़े होते हैं। बल्कि अब तो कोई यह भी नहीं कहना चाहता कि उसने कोई दुर्घटना अपनी आँखों से देख ली है! शायद इस देश के नागरिकों को याद हो कि यहाँ ऐसा हुआ करता था। लोग घायलों और मुसीबतज़दा की मदद किया करते थे, लेकिन धीरे–धीरे यह बन्द होता गया है। इसके पीछे के कारणों की तलाश क्या बिल्कुल नहीं की जानी चाहिए? बाज़ार, भौतिकता की दौड़, स्वार्थपरता के तमाम मूल्यहीनताओं जैसे कारणों के अलावा क्या कोई उँगली पुलिस,

प्रशासन और व्यवस्था की ओर नहीं उठ रही है? यदि पुलिस और क़ानून व्यवस्था ने ऐसे नागरिकों की संवेदनशीलता को समझा होता, भले ही उसे न सराहते, पर उसे अपराध और क़ानून प्रक्रिया के घेरे में लेकर परेशान तो न करते। लेकिन प्रायः ऐसे लोगों को अपनी भलमनसाहत के बदले केवल परेशानी ही नहीं, जीवन भर मुक़दमे, कोर्ट, कचहरी और सामाजिक मानहानि भुगतनी पड़ती है। ये सारी परेशानियाँ उसे मनुष्यता के कर्म से रोकती हैं और स्वार्थी बने रहने के लिए प्रेरित करती हैं।

पिछले दिनों 16 दिसम्बर, 2012 को दिल्ली में घटे क्रूरतम, अमानवीय सामूहिक बलात्कार काण्ड ने एक बार फिर से उन बहसों को तेज़ किया है, जिनकी मुखरता धीमी पड़ रही थी। असमानता पर आधारित सामाजिक व्यवस्था के पुनर्मूल्यांकन का स्वर प्रखर हुआ है। इस काण्ड से उठी न्याय और सुरक्षा की माँग ने अपने सन्दर्भ को बहुत व्यापक बना लिया है और अब यह स्त्री की सम्पूर्ण आज़ादी की माँग में बदलती हुई दिख रही है। इसने पितृसत्ता तथा वर्चस्ववादी ताक़तों के आगे बड़ी चुनौती खड़ी कर दी है। इससे आन्दोलित युवा वर्ग, स्त्रियाँ और बूढ़े–बुज़ुर्ग भी खुल कर कार्यपालिका के फंक्शन पर सवाल उठा रहे हैं और न्यायपालिका, व्यवस्थापिका को दुरुस्त किये जाने का मुद्दा उठा रहे हैं। निश्चित ही यह एक काण्ड से उपजा गुस्सा भर नहीं है,यह जनता के भीतर अब तक का संचित गुस्सा भी है, जो व्यवस्था के अपना काम ठीक से न करने, न्याय प्रक्रिया के आम आदमी से दूर हो जाने या न्याय मिलने की स्थितियों के दुर्गम हो जाने, भ्रष्टाचार, शोषण और अपमान के खुलेआम होते रहने ने पैदा की है और जिसे इस बर्बर दुष्कृत्य ने झकझोर कर बाहर कर देने का काम किया है।

दरअसल, अब जो भयानक स्थितियाँ जनता के सामने खुलती चली जा रही हैं, वे बहुत डराने वाली हैं। हालात ऐसे बनाये जा रहे हैं कि कभी भी किसी भी आम आदमी की बेटी, बहन, पत्नी, माँ या दोस्त को उसके सामने ही उठाया जा सकता है, क्रूर से क्रूरतम अपराध उनके साथ सरेराह किया जा सकता है। अधुनातन कहा जाने वाला समाज सभ्यता के बर्बर अँधेरे में जाने को विवश बनाया जा रहा है। राजनीतिक हलक़ों से निकल कर कोई कुछ करेगा, इसकी उम्मीद जनता को नहीं है। लगातार हमारे नेतृत्वकर्त्ताओं के जो अमृत वचन इस सन्दर्भ में सुनायी पड़ रहे हैं, वे उनकी पितृसत्तात्मक सामन्ती सोच को तो उजागर करते ही हैं, जनता के भीतर उनके प्रति हताशा को और बढ़ाते हैं।

अब जो हालात दिल्ली ही नहीं, पूरे देश में बनते जा रहे हैं, उसने युवा वर्ग के साथ–साथ माता–पिता को भी गहरी चिन्ता में डाल दिया है। अपनी लड़कियों को पढ़ने के लिए, नौकरी के लिए बाहर भेजना ख़तरे से ख़ाली नहीं है। देश के विभिन्न भागों से प्रायः प्रतिदिन बलात्कार की घटनाएँ सुनने में आ रही हैं। और फिर यह तो दिल्ली है, देश की राजधानी। इस समय शिक्षा की राजधानी भी बनी हुई है। इस समय नौकरियों के लिए भी बहुत सम्भावनायें यहाँ हैं, जो दूर दूर से युवाओं को यहाँ खींचे ला रही हैं। देश का प्रधानमन्त्री, राष्ट्रपति तथा अनेकानेक प्रभुत्वशाली शक्तियों का यहाँ निवास है। ऐसे में यहाँ तो व्यवस्था चाक–चौबन्द होनी चाहिए थी। राजधानी की बेरीकेटिंग पर सिपाही का तैनात न होना और किसी ऐसी बस का बेरीकेटिंग से महफ़ूज़ गुज़र जाना या उसका नम्बर नोट कर के, उससे टोल टैक्स लेकर छोड़ा जाना, व्यवस्था, क़ानून और प्रशासन पर सवाल खड़ा करता है। दिल्ली में लगातार स्त्रियों के प्रति अपराध ख़तरनाक तरीक़े से बढ़े है, लेकिन प्रशासन की कुम्भकर्णी नींद नहीं टूटी। आज जब जनता के भीतर लम्बे समय से बढ़ता असन्तोष इस जघन्य घटना से हद पार कर के सामने आ गया है तो भी इसे रोकने के उपाय पर बल दिया जा रहा है। लाठीचार्ज, आँसू गैस और पानी की बौछार से उन्हें हटाने का प्रयास किया जा रहा है जबकि इसमें सबसे सबल पक्ष यह है कि यह जन आक्रोश किसी राजनीति या धर्म, जाति से प्रेरित नहीं है बल्कि यह आम आदमी की आवाज़ है, जो व्यवस्था से अपने लिए बेसिक नागरिक अधिकारों की माँग कर रहा है। अपने और अपनी लड़कियों की सुरक्षा की माँग कर रहा है। दरिन्दगी के इस कृत्य ने एक बार फिर भय का माहौल तैयार किया है। इस भय के दायरे में केवल लड़कियाँ ही नहीं आती हैं, वे युवा लड़के भी आ जायेंगे, जो अपने आप को सामन्ती दिमाग़ी कंडिशनिंग से कुछ मुक्त करते हुए अपनी महिला मित्रों के साथ समान व्यवहार करते हैं और इस तरह के हिंसक आक्रमण के दौरान उनके साथ लड़ने का हौसला भी रखते हैं। जो संवेदनशील और बहादुर बच्चे हैं, उन सबके मनोबल को गहरा आघात पहुँचाने की कोशिश है यह काण्ड।

इस काण्ड की गहरायी में जाने पर कई और सवाल उठते हैं। पहला तो यह कि यह केवल गैंगरेप भर नहीं है। यह बर्बर हिंसा के द्वारा पुरुष

वर्चस्व को समाज में मनवाने का एक तरीक़ा है। इसके पीछे बहुत गहरे पितृसत्ता के वे संस्कार हैं जो स्त्री को भोग–विलास की वस्तु से अधिक कुछ नहीं मानते हैं और उसका मनमाना इस्तेमाल करने को पुरुष के अधिकार क्षेत्र में रखते हैं। स्त्री के प्रतिरोध करने पर उसे किसी भी हद तक दण्डित करने की छूट भी हमारा समाज बार–बार प्रदर्शित करता रहा है। इसलिए आज, जब लड़कियाँ अपने लिए थोड़ा–सा स्पेस हासिल कर पायी हैं, पढ़ने लिखने लगी हैं, तो ग़ैर–बराबरी और अन्याय को लेकर प्रश्न भी उठाने लगी है। आर्थिक आत्मनिर्भरता ने जाने–अनजाने कुछ निर्णय लेने की आज़ादी भी उनके हिस्से में डाल दी है। यद्यपि आज के आधुनिक समय में भी नौकरी करने वाली लड़कियों से यह अपेक्षा की जाती है कि वे पितृसत्ता की उसी पुरानी नियमावली के अन्दर रहें और अपनी तनख़्वाह लाकर घर में दे दें। अपने ख़र्च का हिसाब घर के मुखिया को बताएँ और उसी की अनुमति के अनुसार अपना जीवन जीयें। उन्हें उनकी ही तनख़्वाह में से ख़र्च के लिए जो पैसा दिया जाता है, वह मानो उनके उपर अहसान होता है। पितृसत्ता स्त्री को दी गयी थोड़ी–सी आज़ादी के भी सारे लाभ लेना चाहती है, इसलिए उसे अपने कन्ट्रोल से बाहर जाने देना उसे मंजूर नहीं है। इसके बावजूद आर्थिक सक्षमता तमाम चीज़ों को बदल देती है। वर्जीनिया वुल्फ़ की यह बात यहाँ मुझे याद आ रही है कि 'आर्थिक आत्मनिर्भरता व्यक्ति के स्वभाव को बदल देती है।[1] यह निश्चित ही सच है। आर्थिक सक्षमता जिस तरह का आत्मविश्वास पैदा करती है, वह स्त्री के व्यक्तित्व और बुद्धि के बेहतर इस्तेमाल की तरफ़ उसे ले जाता है। यह भी कि यह आत्मविश्वास उसे पितृसत्ता की नियमावली के कटघरे में पूरी तरह फिट नहीं बैठने देता। वह असूर्यपश्या और अनुगता की छवि को तोड़ देती है। तर्क और बहस में उतरती स्त्री पितृसत्ता को प्रिय नहीं हो सकती। वह जितना ही पकड़ से छूटती दिखती है, पितृसत्ता द्वारा उन्हें नियन्त्रित करने के तरीक़े उतने ही बढ़ते जाते हैं। कहीं ये तरीक़े बहुत बारीक होते हैं और कहीं बहुत खुले हुए। कहीं–कहीं तो बहुत अधिक हिंसक और क्रूर हुए हैं। खाप पंचायतों और उन्हीं की तरह अन्यों द्वारा अपने बच्चों की हत्याओं के रूप में यह बार–बार सामने आता रहता है। यह सच है कि लड़कियाँ जितना ज़्यादा पितृसत्ता के दायरे से बाहर निकलती जायेंगी, शिक्षा और आर्थिक आत्मनिर्भरता की तरफ़ बढ़ेंगी, उतना ही उन्हें नियन्त्रित करने के तरीक़े क्रूर होते जा सकते हैं।

आज यह भी हुआ है कि लड़कियों ने परम्परा से चली आ रही उन रूढ़ियों को तोड़ा है, जिसमें सिर्फ़ पुत्र ही माता–पिता के बुढ़ापे का सहारा, संकट में काम आने वाला और आर्थिक सम्बल प्रदान करने वाला और इस प्रकार 'पुं' नामक नरक से त्राण दिलाने वाला होता है। 'पुं नामकं नरकस्य त्रायते इति पुत्रः' ऐसा कहा गया है। इस रूढ़ि के टूटने के साथ माता–पिता की अपेक्षा भी अपनी बेटियों से बढ़ी है और वे अपनी लड़कियों की शिक्षा पर होने वाले महँगे ख़र्च का भार उठाने को तैयार हुए हैं। इस जिम्मेदारी को उठाने को लड़कियाँ भी तैयार हुई हैं। वे नौकरियाँ कर रही हैं, पब्लिक ट्रांसपोर्ट से अपनी ड्यूटी से घर लौट रही हैं, नाइट शिफ्ट काम करने की हिम्मत कर रही हैं। वे डॉक्टर हैं तो रात में इमर्जेंसी देखने जा रही हैं। माता–पिता की आँखों में यह ललक बढ़ी है कि उनकी बेटी ऊँचा पैसा और रुतबा कमाकर समाज में उनकी प्रतिष्ठा बढ़ायेगी और उनकी परेशानियों को दूर कर देगी, लेकिन हमारी व्यवस्था और उसके संचालक इस परिवर्तन को स्वीकार करके समाज को स्त्री के काम करने लायक बनाये जाने को महत्त्व नहीं दे पा रहे हैं।

क़ानून व्यवस्था इसका एक और विचारणीय पहलू है। आज बलात्कार की जितनी भी घटनाएँ हो रही हैं, उनमें अपराधियों को क्या सजा मिल पा रही है? लम्बी क़ानूनी प्रक्रिया लड़की और उसके परिवार के मनोबल और धन–बल, दोनों को तोड़कर रखने के लिए काफ़ी है। जघन्य से जघन्य अपराधी क़ानून की कृपा से बीसों साल दबंगई की ज़िन्दगी काट लेता है। उसके बाद भी कुछ होगा, यह तय नहीं होता। इस तरह आम आदमी के सामने क़ानून की निरर्थकता रोज़ सिद्ध की जा रही है। अपराधियों के हौसले बुलन्द हैं। प्रायः सत्ता और पॉवर दोनों का साथ उन्हें कहीं प्रत्यक्ष तो कहीं अप्रत्यक्ष मिला हुआ है। वे कुछ भी कर सकने और फिर उसके परिणाम से छूट निकलने के सारे रास्ते अपनी मुट्ठी में समझते हैं। घोटालों, भ्रष्टाचार के सच आए दिन सामने आ रहे है। व्यवस्था के नाम पर जो आम आदमी को दिख रहा है, वह है सरकारी तन्त्र का लगातार पिछड़ते जाना, बल्कि इसे 'सिस्टम फेलियर' की स्थिति कहना ज़्यादा ठीक होगा।

क़ानून, व्यवस्था, सत्ता और ताक़त के गठजोड़ के साथ पितृसत्ता इस तरह के अपराधों का इल्ज़ाम बड़ी बेशरमी से स्त्रियों के माथे मढ़ती है। कभी ड्रेस कोड का मसला उठाकर, कभी विवाह की उम्र कम करने की बात उठाकर, कभी यह उपदेश देकर कि लड़कियाँ अकेले न निकलें,

समूह में निकलें या भाई या पिता को साथ लेकर। यह तो स्त्री को पीढ़ियों के संघर्ष से बनी जगह से उसे उखाड़ कर वापस पुरानी स्थितियों में पहुँचाना है। यह आज के समय में कैसे सम्भव है कि वे अकेले न निकलें? उन्हें नौकरी करनी है, वे उच्च शिक्षा ले रही हैं, कोचिंग कर रही हैं और भी तमाम काम उनके ज़िम्मे हैं। केवल महानगरों में ही नहीं छोटे शहरों में भी लड़कियाँ बाहर निकल रही हैं। महानगरों में तो यह सम्भव ही नहीं है कि वे रोज़ाना अकेली बाहर न निकलें। तमाम लड़कियाँ, लड़कों की ही तरह सिर्फ़ नौकरी करने आयी हैं। उन्हें अके़ले रहना है। तमाम लड़कियाँ अकेले पढ़ने आयी हैं। उन्हें भी तमाम काम अकेले करने हैं। 'अकेले न निकलना' कोई विकल्प नहीं है।

एक और बड़ा सवाल उठता है, बाज़ार द्वारा स्थापित किये जा रहे मूल्यों को लेकर। बाज़ार ने संवेदना, नैतिकता और मानवीय मूल्यों को पिछड़ेपन के प्रतीक के रूप में समझाने और स्थापित करने की कोशिश की है। संवेदना और विवेक बाज़ार के लिए अनुपयोगी हैं। वह इसे जीवन के लिए भी अनुपयोगी बनाने की कवायद कर रहा है। स्वार्थ, क्रूरता और महत्त्वाकांक्षा के लिए कुछ भी रौंदकर निकल जाने को नये मूल्य के रूप में सामने लाया जा रहा है। मनुष्य सिर्फ़ उपभोक्ता में बदला जा रहा है। उसे कुछ भी ख़रीदवा देने के लिए मानसिक रूप से तैयार किया जा रहा है। यहाँ तक कि उसके लिए मनोरंजन क्या होना चाहिए, यह भी पूँजी के वर्चस्व का तन्त्र तय करेगा। आप इसे पूर्व प्रायोजित हिंसक खेलों डब्ल्यू.डब्ल्यू.एफ. आदि से लेकर रोमांचक खेलों के नाम पर अमानवीय क्रूर खेलों के रूप में देख सकते हैं।

इसी तरह स्त्री को उसकी बुद्धि से काटकर एक अलग तरह की पूज्य नैतिकता का या फिर निहायत बेशर्म देह सम्बन्धों का एक नया सीमित दायरा दिखाया बताया जा रहा है। उसे एक बार फिर भयानक वस्तुकरण की प्रक्रिया की तरफ़ ढकेला जा रहा है। उच्छृंखलता और स्वतन्त्रता के भेद को मिटा देने की कोशिश आप साफ़ साफ़ देख सकते हैं। उच्छृंखलता किसी का सम्मान नहीं करती, किसी को प्यार नहीं करती। न्याय–अन्याय की बात उसके लिए नहीं है। वह ख़ुदगर्ज़ है, लेकिन स्वतन्त्रता विवेक बुद्धि की माँग करती है। उसके निर्णयों के साथ ज़िम्मेदारी जुड़ी होती है। इन दोनों को एक–दूसरे का पर्यायवाची नहीं बनाया जा सकता। इस सब में एक और नये तरह का गेम बाज़ार ने उतारा है–वर्चुअल रेप गेम।

इसकी सीडी सहज उपलबध है और यह पॉर्न की दुनिया का एक नया आविष्कार है। इसमें स्त्री सिर्फ़ एक सेक्स ऑब्जेक्ट है और उसके साथ क्रूरतम अपराध दिन–दहाड़े सड़क पर किया जा सकता है। इस गेम में ऐसा ही करते हुए कुछ मुस्टण्डे दिखायी पड़ते हैं। यह स्त्री के प्रति अपराध की दरिन्दगी को उकसाने वाला और उसे निकृष्टतम प्राणी सिद्ध करने वाला एक घातक हथियार है। इसे रोकने का कोई उपाय करती व्यवस्था हमारे पास नहीं है।

आज जनता और युवा जिस न्याय की माँग कर रहे हैं, उसके लिए हमारे यहाँ सही क़ानून व्यवस्था नहीं है। क़ानून है, किन्तु उसका व्यावहारिक पक्ष यदि ग़ायब है तो उसका लाभ उस ख़ास वर्ग को ही मिलने तक सीमित हो जाता है, जिसके पास धन–बल और शक्ति–बल है। इसलिए क़ानून होना कोई लाभकारी सच नहीं बन सकता। उसका व्यवहार में लागू होना आवश्यक है। न्याय की स्थिति तभी बनेगी, जब क़ानून प्रक्रिया बदलेगी, फ़ास्ट ट्रैक अदालतें बनेंगी और ऐसे सभी केस एक निश्चित सीमा के अन्दर निपटाना तय होगा। जिस तरह का दिल दहला देने वाला दुर्लभतम अपराध यह है, उसकी सजा बलात्कार के अपराध के लिए तय की गयी सज़ा नहीं हो सकती। एक तो यह सज़ा कम है, दूसरे पूरी प्रक्रिया जिस तरह की है, उसमें न्याय की सम्भावना भी सीमित रह जाती है। प्रशासन की ज़िम्मेदारियाँ कार्यरूप में कैसे दिखें, यह भी नये सिरे से तय किया जाना चाहिए। इसलिए पूरी व्यवस्था को बदलने की माँग कमज़ोर नहीं पड़नी चाहिए। स्त्री की सुरक्षा और एक नागरिक की पूरी आज़ादी की माँग बेहतर दुनिया बनाने की माँग भी है। असन्तुलन कभी बेहतर स्थिति नहीं पैदा कर सकता।

पितृसत्तात्मक रूपों की शिनाख़्त : एक टिप्पणी

(विशेष सन्दर्भ–होमवती देवी की कहानी 'उत्तराधिकारी')

अपनी जड़ों को पहचानने की कोशिश करती, जब मैं आधुनिक युग में गद्य के क्षेत्र में उतर आयीं महिला रचनाकारों को पढ़ रही थी, तब तमाम कहानियाँ मुझे अपनी सर्जनात्मक क्षमता से रोमांचित करतीं और अपने बेहद ज़मीनी अनुभवों से बनी देशज–दृष्टि से बाँधतीं, आह्लाद से भरतीं, विचार करने की प्रेरक बनती दिख रही थीं। कुछ कहानियाँ स्त्री को देर से मिली शिक्षा के कारण भी दिखा रही थीं तो कुछ कह रही थीं कि आस्थाओं और नियति के प्रश्न से जूझना स्त्री के लिए कितना दारुण है और इससे निकलने के रास्ते कैसे सत्ता व्यवस्था के शिकंजे से आक्रान्त बना दिये गये हैं। ऐसे में एक ऐसी कहानी मेरे हाथ लगी, जिसने मुझे चौंका भी दिया और विचार के लिए रोक भी लिया। यह कहानी तो अन्धे के हाथ बटेर लगने की तरह थी। यहाँ जड़ थी, जिसकी शाखाएँ अब लहलहाती हुई दीखने लगी थीं। यह कहानी थी, होमवती देवी की 'उत्तराधिकारी'।

'उत्तराधिकारी' अपने प्रस्तुतीकरण में भाषा की सांकेतिकता और कलात्मकता लिए हुए थी, जबकि मैं मन–ही–मन यह मानकर चल रही थी कि बीसवीं शताब्दी के पूर्वार्द्ध में महिला लेखकों के लेखन में कलात्मक बारीकियों की बहुत उम्मीद करना उनके साथ अन्याय ही होगा, क्योंकि शिक्षा बहुत देर में स्त्रियों तक पहुँची थी। उसमें भी जनसाधारण की कोटि में आने वाली स्त्रियों की पहुँच में यह और भी देर में आयी। चेतना के स्तर पर असर दिखाने का काम इस शिक्षा ने और भी देर में शुरू किया। सन् 1877 में पहली बार लड़कियों को मैट्रिक की परीक्षा देने की अनुमति मिली थी। भारतेन्दु युग में भी स्त्री शिक्षा की मुख्य चिन्ता में

स्त्री–धर्म पालन करवाना ही था। स्वयं भारतेन्दु के प्रसिद्ध बलिया भाषण में या 'बालाबोधिनी' के सम्पादकीय में यह चिन्ता व्यक्त होती रहती थी। भारतेन्दु मण्डल भी इससे भिन्न राय नहीं रखता था। प्रताप नारायण मिश्र पर्दे के पीछे रहते हुए स्त्रियों को कुछ शिक्षा मिल जाए, इसी के पक्षधर थे। ऐसे में स्त्री चेतना की बात शिक्षा पर अधिक आधारित न होकर अनुभव पर ही आधारित हो सकती थी। शिक्षा प्राप्त महिलाओं ने जो स्त्री प्रश्न उठाये, उसमें भी जीवन अनुभव ही केन्द्र बना। इस जीवन अनुभव ने, सुधार आन्दोलनों से उठ रही बहस में जीवन यथार्थ पर बात करने की उन्हें समझ दी। द्विवेदीयुगीन स्त्री केन्द्रित पत्र–पत्रिकाओं में इस बहस का स्वरूप देखा जा सकता है, जो पश्चिमी टाइप शिक्षा से अपने लिए माध्यम तो चुनती है, पर स्त्री समस्या को ठेठ भारतीय परिप्रेक्ष्य में देखने का साहस रखती है। इन्हीं वैचारिक पृष्ठभूमि के साथ होमवती देवी की कहानी 'उत्तराधिकारी' को देखना उचित होगा। इसी पृष्ठभूमि से उभर कर आयी अनेक महिला रचनाकारों को पढ़ना सुखद अनुभूति से भरता है। हालाँकि इन महिला कथाकारों को लेखक का ठीक–ठाक दर्ज़ा भी उस समय नहीं दिया गया और बाद में भी इन कहानियों को अनावश्यक समझकर इन पर बात नहीं की गयी जबकि कुछ कहानियाँ अपने कथ्य, शिल्प और ट्रीटमेंट की दृष्टि से अलग और तत्कालीन समय के हिसाब से नयी स्त्री दृष्टि लेकर आ रही थीं। ऐसी ही अपने समय से आगे बढ़ी हुई नयी स्त्री दृष्टि सम्पन्न कहानी है 'उत्तराधिकारी'।

यह कहानी पिछले किसी भी दायरे को तोड़ती हुई स्त्री समस्या के हल की तरफ़ ले जाने वाली एक नयी बहस उठाती है और पिछली किसी भी भावुकता से मुक्त होती हुई स्त्री के मानसिक अनुकूलन की जड़ता और पितृसत्ता की आचार संहिता, दोनों को एक साथ चुनौती देती है। इसका कथ्य अपने समय से बहुत आगे का है और इसके कथ्य की सांकेतिकता में छिपी हुई, लेकिन बेधड़क बोल्डनेस है।

होमवती देवी का जन्म 20 नवम्बर सन् 1902 में हुआ था। सन् 1936 में 'उद्‌गार' नाम से उनका पहला कविता–संग्रह भी आया था। उनका पहला कहानी–संग्रह 'निसर्ग' सन् 1939 में आ गया था। बहुत बाद में उनकी एक कहानी 'गोटे की टोपी' पर किशोर साहू ने 'सिन्दूर' नाम से एक फ़िल्म बनाई थी। हालाँकि 'गोटे की टोपी' में भावुकता अधिक थी और फ़िल्म बनाये जाने की दृष्टि से उसका उपयोग समझ में आ सकता है,

फिर भी यह स्त्री जीवन के सन्दर्भ में मानव मन को संवेदनशील बनाने की उत्प्रेरक भूमिका निभाने वाली कहानी है और उनकी नयी दृष्टि से जीवन को समझने तथा उसका हल ढूँढ़ने की कोशिशों को यहाँ भी बख़ूबी लक्ष्य किया जा सकता है। चूँकि लेखिका का देहान्त सन् 1951 में हुआ था, इस हिसाब से उनका रचनाकाल प्रेमचन्द और उनके कुछ बाद का ठहरता है। यह वह दौर था जब कहानी के क्षेत्र में अनेक दिग्गज मौजूद थे। हिन्दी कहानी ने अपना स्वरूप और अपनी ऊँचाई पा ली थी, लेकिन यही वह समय था जब स्त्री का कहानीकार के रूप में प्रतिष्ठित हो जाना लगभग असम्भव भी था। सुभद्रा कुमारी चौहान की बेहतरीन कहानियों का ज़िक्र मुख्य कथा धारा में नहीं किया गया। कविताओं में कुछ स्वीकृति ज़रूर मिल रही थी। ऐसे समय में समाज की एक बड़ी समस्या अनमेल विवाह को लेकर नयी दृष्टि के साथ बात करना निश्चित ही बड़ा दुस्साहसिक क़दम था जबकि इसी विषय को लेकर एक बेहद यथार्थवादी और मार्मिक उपन्यास 'निर्मला' प्रेमचन्द लिख चुके थे।

'उत्तराधिकारी' में उठायी गयी समस्या आज भी हमारे समाज में पूर्ववत् मौजूद है। बस, कहीं–कहीं उसकी पकड़ ज़रा–सी ढीली पड़ी है, ख़ास कर उन जगहों पर, जहाँ स्त्रियों को कुछ अधिकार प्राप्त हुए हैं या उनमें अपनी स्थिति परिस्थिति को लेकर सजगता आयी है। पुत्र मोह, वंश को आगे बढ़ाने की चाह, एक स्त्री की मृत्यु होते ही दूसरे विवाह की लालसा, गरीबी के कारण कम उम्र की लड़कियों का अधिक उम्र के पुरुषों से विवाह, वैध सम्बन्धों की आड़ में अवैध सम्बन्धों की स्थितियाँ आदि इस कहानी के केन्द्र में हैं।

लालाजी की तीसरी पत्नी का देहान्त हो गया है और तेरहवीं के कर्मकाण्ड के दिन ही लालाजी के लिए रिश्ते की बात लेकर बनिया आ पहुँचा है। यही है हमारा समाज! यही सभ्यता है! जहाँ स्त्री की मृत्यु शोक का विषय है तो सिर्फ़ इसलिए कि "न कोई घर देखने वाला, न तीज त्योहार मनाने वाला।" इससे बड़ी भूमिका उसकी नहीं है! लालाजी की कई बेटियाँ हैं, पुत्ररत्न नहीं है। सामाजिक मान्यता यही है कि "लड़कियों से कब किसी का वंश चला है? और फिर यह अतुल धनराशि–इसका उत्तराधिकारी तो होना ही चाहिए।" इस अतुल धनराशि पर सबकी निगाह है। इसलिए भी लालाजी की पुत्रविहीन स्थिति सबके अर्थात् उनके रिश्तेदारों की चिन्ता के केन्द्र में है और अब वे लोग उन्हें

बच्चा गोद ले लेने की सलाह भी देने लगे हैं, परन्तु लालाजी को यह नहीं भा रहा है। दूसरे के पुत्र को अपने औरस पुत्र की जगह दे देने की उदार चेतना हमारे सामाजिक व्यवस्था का हिस्सा नहीं बन सकी है। आज भी यह सोच पाना आसान नहीं है। फिर लालाजी तो पिछली पीढ़ी के हैं। उनके लिए यह बात पचा पाना और भी मुश्किल है। और चूँकि कन्या और सन्तान होते हुए भी सम्पत्ति की हक़दार नहीं मानी गयी थी, इसलिए उसका होना न होना कोई महत्त्व नहीं रखता था। यह उसकी मायके में भूमिका और उपयोगिता, दोनों को मद्देनजर रख कर पितृसत्ता द्वारा निर्धारित किया गया होगा। लड़की को धन–सम्पत्ति का मालिक बनाने का मतलब था, किसी दूसरे पुरुष के हाथ में अपनी सम्पत्ति की बागडोर थमा देना और यह पितृसत्तात्मक परिवार व्यवस्था के कतई अनुकूल नहीं हो सकता था। दूसरे, लड़की पिता का वंश नहीं चला सकती, यह स्पष्ट था, फिर उसे धन–सम्पत्ति का हकदार बनाकर क्या मिलेगा? इस समूची विडम्बना पर भी व्यंग्यार्थ यहाँ देखा जा सकता है। इसलिए लालाजी इस तरह की कोई मजबूरी बन सकने के पहले सारे विकल्प आज़मा लेना चाहते हैं। इस विकल्प में सबसे आसान विकल्प दूसरा, तीसरा, चौथा या पाँचवाँ... विवाह ही है। इसलिए वे धीमे स्वर में लेकिन स्पष्ट मंतव्य के साथ अपनी माँ के पास आ कर कहते हैं कि ''इस समय तो सामने एक नयी उलझन खड़ी हो गयी माँ! सब अपनी अपनी कहते हैं। मैं सोचता हूँ कि किसी को गोद लेकर रखने से क्या फ़ायदा? अगर वंश चलना होगा तो तभी... जब इस घर की देहली पर होगा। ''

लालाजी तीसरी पत्नी की तेरहवीं के दिन ही उस बीस वर्षीया ग़रीब लड़की से शादी के सपने देखने लगते हैं जबकि उनकी लड़कियों की बेटियों की शादी की उम्र हो रही है। उनकी नातिन सरोज का विवाह शीघ्र होने वाला है। पत्नी की मृत्यु का एक महीना बीता कि उधर उनकी नवविवाहिता का गृहप्रवेश हुआ। यहाँ लेखिका की भाषा का व्यंग्य बहुत पैना हो गया है–''हँसना और रोना–शादी तथा ग़मी– सब एक ही स्थान पर और एक ही व्यक्ति द्वारा सम्पादित होने में कोई आश्चर्य नहीं।'' फिर लेखिका कुछ दार्शनिक हो उठती हैं कि ''यही संसार का क्रम है और यही शायद व्यक्ति का धर्म। इसमें रत्तीभर भी सन्देह नहीं किया जा सकता।'' लेकिन यह दार्शनिक भाव शीघ्र गायब हो जाता है बल्कि कुछ और गहरायी से देखने पर लगता यह है कि यह दार्शनिक भाव भी महज

दर्शन नहीं है और न ही लेखिका सृष्टि का नियम विधान समझाने बैठी हैं। यहाँ तो लक्ष्य स्त्री के मूल्यहीन जीवन को दिखाना है। किस तरह हमारा समाज उसके जीवन का मूल्य एक परिचारिका के रूप में आँकता है और उसकी मृत्यु के शोक में समय गँवाने को निरर्थक समझता है। यह स्त्री प्रश्न सन् 1915 में लिखी गयी आत्मकथा 'सरलाः एक विधवा की आत्म जीवनी' में लेखिका दुःखिनीबाला ने भी उठाया था। वहाँ भी यह प्रश्नांकित हुआ था कि एक छोटी–सी प्यारी लड़की के वधू बनकर घर आने और सबकी संवेदना के साथ उसके जुड़ जाने के बाद उसकी मृत्यु के समाचार को पाकर इकट्ठी हुई शोक सभा में दूसरे विवाह का प्रस्ताव शुरू हो जाता है। उससे भी पहले प. रमाबाई ने स्त्री जीवन को समाज द्वारा निकृष्ट बताये जाने के विरुद्ध तर्कपूर्ण ढंग से प्रतिवाद किया था। यहाँ भी लेखिका अपने उद्देश्य से पल भर को भी विचलित नहीं होती हैं। उनकी भाषा फिर यथार्थ के तेवर से भर जाती है।

होमवती जी, नवविवाहिता वधू और उसकी परिस्थितियों का चित्रण बिना किसी भावुकता में पड़े करती हैं। यह तटस्थ दृष्टि उन्हें यथार्थ को साफ़ देखने और उसकी सतहों को उघाड़ने का साहस देती है। यह वधू घर की स्थितियों से अनजान, भोली–भाली मूर्खा नहीं है, वह तो इन परिस्थितियों से जूझने निकली है। नतीजा कि सास के पाँव छूते ही वह अनुमान कर लेती है कि यह शायद अधिक दिन जीवित न रहे। धन दौलत की भी समझ है उसे और वह बहुत सावधानी से सारी परिस्थितियाँ सँभाल भी लेती है। बिना किसी नारेबाज़ी, बिना किसी शोर–शराबे के, खालिस देशी पृष्ठभूमि से निकलकर ठोस कदम उठाती हुई एक मजबूत स्त्री की तरह वह पाठक के सामने आती है। लालाजी का भतीजा मोहन, जो उसका हमउम्र है, पढ़ा–लिखा भी है, लालाजी का विश्वासपात्र भी है, उससे नवविवाहिता की सहज स्वाभाविक मित्रता, अपना नया रूप रंग ढूँढ़ लेती है।

यहाँ लेखिका मनुष्य की सहज इच्छाओं और आकर्षण की बात कर के अपने समय से आगे खड़ी हो जाती हैं। वह गाँव की एक अनपढ़ लड़की को चित और पट, दोनों साधते दिखाने का साहस रखती हैं। इस साहस के साथ जो एक बड़ी बात कहानी के अन्त में खुलती है, वह है, स्त्री को स्त्री का सहयोग। यहाँ अन्त में पता चलता है कि नवविवाहिता बहू के निर्णयों के पीछे एक सहमति सास की भी बनी हुई है और इस चित और

पट को सँभालने में वह स्त्री इसलिए भी अधिक सक्षम बनकर खड़ी हो पायी है। कहानी के अन्तिम परिदृश्य में नवविवाहिता बहू पुत्रवती होती है। घर खुशियों से भर गया है। पूरे समय बहू के इर्द–गिर्द जो व्यक्ति बना हुआ है, वह मोहन है, लेकिन मोहन और बहू के सम्बन्ध को लेकर लेखिका कहीं भी लाउड नहीं होती हैं। बेहद धीमा और सांकेतिक स्वर भी पाठक को ठीक–ठीक पहचान में आ जाता है। अन्तिम वाक्य लेखिका के इस कला–कौशल का उदाहरण है। शिशु को उठाते हुए दादी कह पड़ती हैं–''यह तो ठीक मोहन जैसा ही होगा, वैसी ही नाक, आँख और वैसा ही ऊँचा माथा..., जैसे दूसरा मोहन ही हो।'' पास ही खड़े मोहन ने एक बार शिशु की ओर और दूसरी बार उसकी माँ की ओर देखा, पर वह जैसे लाज से धरती में गड़ी जा रही थी।

बाल साहित्य और मानसिक कंडिशनिंग

बचपन में बहुत से गीत,. कविताएँ, कहानियाँ पढ़ते, सुनते, कण्ठस्थ करते बड़े होते हैं। कभी–कभार बच्चों को स्कूल में या घर आए अतिथियों के समक्ष उनका प्रदर्शन भी करना पड़ता है। अभिभावकों द्वारा यह सोचना कि बच्चों पर इन गीतों–कविताओं का क्या प्रभाव पड़ता है? प्रायः अनुपस्थित होता है। बच्चों के मन–मस्तिष्क के स्लेट पर इसका क्या मनोवैज्ञानिक प्रभाव होता है, यह विचारणीय विषय है, किन्तु भारत में बाल मनोविज्ञान प्रायः एक उपेक्षित विषय रहा है। नारीवाद ने स्त्री मन की बचपन से ही कंडिशनिंग की बात स्वीकारी, है पर यहाँ स्त्री–पुरुष दोनों की मानसिक तैयारी सामाज अपने अनुसार चाहता है। परिणामतः दोनों की ही मानसिक कंडिशनिंग अनेक प्रकार से की जाती रही है। बाल मन को नानी की कहानियों, बाल गीतों, बाल कविताओं से भी कुछ ऐसी ही सामग्री मिलती है जो आगे चलकर उन्हें पितृसत्तात्मक पुरुष में बदलती है तो लड़कियों को तय स्त्री मानदण्डों का पाठ बिना किसी सूचना अथवा जानकारी के याद करा देती है।

आज भी कोई मेहमान आ जाए तो बच्चों को परेशानी में डालने में माता–पिता नहीं चूकते–"चलो, ये वाली कविता सुनाओ, ये पोयम, ये गाना" आदि। कहानियाँ प्रदर्शन से बच जातीं, पर अभ्यास से नहीं बचतीं। कुछ बच्चे इसे सहज भाव से स्वीकार कर लेते हैं, पर कुछ को अच्छा नहीं लगता। लेकिन जल्द ही इस 'अच्छा न लगने' को कोई महत्त्व नहीं रह जाता। या तो वह बच्चा प्रदर्शन के महत्त्व से बाहर कर दिया जाता या आगे चलकर अपने को साबित करने की भयानक प्रतिस्पर्धा में झोंक दिया जाता।

मुझे भी अपने बचपन में कुछ कविताएँ बहुत पसन्द आती थीं, जिनके गहरे निहितार्थ उस समय पकड़ में नहीं आते थे, पर वे कविताएँ एक दुःख

या कई बार अवसाद छोड़ जाती थीं और हम देर तक उस दुःख से जूझते रहते थे। जैसे कि एक कविता है –''नन्ही–मुन्नी ओढ़े चुन्नी, गुड़िया गले लगाई.... किस गुड़डे के साथ हुई है इसकी आज सगाई... किस गुड्डे के साथ हुई है इसकी आज विदाई....।'' अपनी लय में यह कविता सुन्दर दिखती है, याद भी हो जाती है। इसे पढ़कर, गाकर किसकी आँख न भर आयेगी, पर यह अपने अर्थ में कह क्या रही है, इस पर ध्यान दिया जाना ज़रूरी है। क्या यह कविता समाज के उन्हीं नियमों और लड़की की विदाई के साथ घर से उसके अधिकार के खत्म कर दिये जाने के दुःख का ही बखान नहीं है?

अगर ''नन्ही–मुन्नी ओढ़े चुन्नी, गुड़िया गले लगाई.... किस गुड्डे के संग हुई है इसकी आज सगाई.... इसकी आज विदाई.....'' पढ़ते हुए रोना इसलिए आता है कि बाल मन को आने वाले इस दृश्य के लिए तैयार होना है तो कोई हैरानी नहीं। गुड्डा–गुड़िया के खेल में भी लड़के और लड़की की भूमिकाएँ तयशुदा सामाजिक भूमिकाएँ ही हैं। घर छोड़ कर निकलती लड़की रोती है, क्योंकि कुछ उससे छिन गया है या जबरन छीन लिया गया है, नहीं तो क्यों 'नन्ही लाल चुन्नी' जंगल पार कर नानी से मिलने का जोखिम लेती? और बालक, उसके स्वामी के दर्प से भरा आगे–आगे चलता है। वह कुछ लेकर जा रहा है। दूल्हा बना बालक या राजा बना बालक न असली राजा है, न असली दूल्हा, फिर भी नकली राजा और नक़ली तलवार के बावजूद वह एक जीते–जागते व्यक्ति पर सम्पत्ति की तरह अधिकार पा जाने के भाव से भरा है। यही पाठ आगे जाकर उसे दोहराना है–असली ज़िन्दगी में, असली दुल्हन के साथ। साथी का नहीं, स्वामी का भाव। उसकी चाल में इसका अभिमान है, चेहरे पर दर्प है। फिर किस समता का पाठ बचा रह जाता है? बचपन की इतनी गहरी पैठ के बाद आप जीवनभर चिल्लाते रहिए कि समता भी कोई चीज़ है कि न्याय की भी एक भाषा है, कि भाषा में यह दरअसल घुसपैठ है, मगर भाषा ही है, जो सत्ता के कब्जे में है। ताक़तवर इसका इस्तेमाल अपने हक़ में करता है। ताक़तहीन इससे टकराता है। भाषा ताक़त के खेल का बड़ा औज़ार है, इसलिए इतनी आसानी से उसे नज़रअन्दाज़ नहीं किया जा सकता न ही बाल साहित्य के नाम पर कंडिशनिंग के इस तरीक़े से इतनी आसानी से मुँह फेरा जा सकता है।

और 'नन्ही लाल चुन्नी' के साहसिक अभियानों की बेवकूफ़ी से कौन न भयभीत हो उठेगा? 'नन्ही लाल चुन्नी' अंग्रेज़ी की कहानी का हिन्दी अनुवाद है, पर इससे कोई फ़र्क़ नहीं पड़ता। फ़र्क़ अर्थ के प्रसारण से पड़ता है। नन्ही अपनी नानी से मिलने के लिए जंगल पार करने का जोख़िम उठा लेती है। नानी भी रहती है जंगल पार– आसानी से परिवार जनों तक लड़की की पहुँच कहाँ हो सकती है पर जंगल में भेड़िया है। भेड़िया सब जगह है, क्या जंगल, क्या गाँव, शहर! अब कैसे जाएँ ये लड़कियाँ अपने स्वजनों से मिलने? रास्ता आसान नहीं है। फिर भी साहस है तो भेड़िए से निपटना पड़ेगा। नानी की जगह भेड़िया ही मिलेगा और ठग भी लेगा। 'डर' वह तत्त्व है, जिसे लड़की के दिलो दिमाग़ में रोपना है। यह रोपना बहुत आसानी से बाल कथाओं के माध्यम से पूरा होता है। ऐसी कहानियाँ सुनाये या पढ़ाये जाने का मक़सद आख़िर क्या है? ये कोई जीवन मूल्य नहीं दे रही हैं। कोई नैतिक पाठ नहीं बनता इनका। फिर?

इन कहानियों पर जब मैंने बच्चों से बात की तो कुछ बच्चों ने अपना डर प्रकट करते हुए पूछा कि "अगर नानी से मिलने का रास्ता जंगल से होकर गुज़रता है तो वे कैसे मिलने जायेंगे? देखा नहीं, नन्ही लाल चुन्नी का क्या हुआ? बेचारी ने कितना झेला?" तब यह सोचे बिना नहीं रहा जा सकता कि क्या हमने अपने प्रियजनों से मिलने का रास्ता जंगल से होकर जाने जैसा बनाया है? यह मनुष्यों का जंगल है, जिसमें हर कदम पर छल ही छल है। सब रूप धरे बैठे हैं, इन सबसे सावधान होना ज़रूरी है, पर इतने बचपन में ये कैसी दुनिया में रहने के लिए उन्हें चौकन्ना कर रहे हैं हम, और क्या छीन रहे हैं उनसे? और तिस पर अगर यह बच्चा लड़की है तो यही कहानी कितना डराती है? प्यारी बच्ची, नानी जैसी अपनी सबसे प्रिय चीज़ के लिए इतना साहस मत करो। देखो, सब रूप धरे, घात लगाये बैठे हैं। ये दुनिया नहीं जंगल है मेरी बच्ची, और इस जंगल को पार किये बिना तुम्हें तुम्हारी प्रिय नानी नहीं मिल सकतीं। तुम्हारा साहस, तुम्हारी बेवकूफी बन जायेगी मेरी बच्ची। सावधान होना सीखो। दुस्साहस है तुम्हारा अपने प्रियजनों के लिए जंगल पार कर जाना, इसलिए डरो, मेरी प्यारी बच्ची, डरो! क्योंकि यही जीवन का मूल मंत्र हम तुम्हें थमा रहे हैं।

क्या 'राखी' की कहानी आपको याद है? वही, सिंड्रेला का हिन्दीकरण। क्या आप अपने बचपन में दुःखी न हुए होंगे राखी के दुःख से! बच्चों को क्या जीवन का इतना दुःख चाहिए? क्या अँग्रेज़ी पोयम के जैक और जिल को पानी की खोज में इतनी ऊँचाई तक जाना था? अगर गये भी तो कोई बात नहीं। पहाड़ों पर पीने का पानी एक भारी समस्या है, इसलिए गये, बिल्कुल जीवन से जुड़ कर गये, जीवन की तलाश में गये, लेकिन इतनी ऊँचाई से बिना किसी अपराध के क्यों लुढ़के? बच्चों के इस दुःख का कोई पार नहीं। यह बड़ों के द्वारा उन्हें थमाया गया दुःख है जो हर कदम जीवन के उल्लास पर भारी है। तो क्या बड़े अपने आगे की पीढ़ी को बचपन में ही उदासी से भर देना चाहते हैं? जीवन के रंगों को वहीं, उनके बचपन में ही धुँधला कर देना चाहते हैं। ऐसी कहानियों से बच्चों के भीतर किस तरह का सौन्दर्यबोध विकसित होगा? यह समझना क्या बड़ों का उत्तरदायित्व नहीं है? तो क्या बच्चों के सन्दर्भ में हम एक नितान्त सांस्कृतिक परिवेश के पोषण में जुटे रहे हैं और वह भी यह कहते हुए कि हम एक अच्छे भविष्य की सम्भावना बाल साहित्य से चाहते हैं!

'हम्प्टी डम्प्टी' के एक गवैया जी हैं, जिन्हें हिन्दी में मैंने इस तरह पढ़ा– "मोटू भैया, बड़े गवैया, चढ़ बैठे दीवार पर, सा रे गा की छेड़ी तान, मोटू भैया गिरे धड़ाम..."। जिसने भी यह अनुवाद किया, वह सराहनीय है, किन्तु मोटू भैया को नियति से जोड़कर उनके हाल पर छोड़ देना, किस तरह का विज़न बनाता है? कविता शुरू होती है मोटू भैया के दीवार पर चढ़ जाने से और अपनी मस्ती में गीत का स्वर छेड़ देने से। लगता है जैसे मोटू भैया बड़े मस्तमौला किस्म के हैं। ऐसे प्यारे से मोटू भैया का दीवार से गिर जाना बहुत तकलीफ़ पहुँचाने वाला बन जाता है। फिर शुरू होता है मोटू भैया को उठाए जाने का प्रयत्न, लेकिन सब बेक़ार। जीवन के दुःखों के आगे सारे प्रयत्न व्यर्थ साबित हो जाते हैं– "मोटू भैया उठ न सके, लौट गये सब थके–थके।" मोटू भैया का न उठ सकना बहुत देर तक बाल मन को व्यथित करता है, लेकिन उठ न सकने से ज़्यादा ख़तरनाक है सबका लौट जाना। अब मोटू भैया का क्या होगा? क्या खायेंगे? कैसे रहेंगे? क्या गिरे ही रहेंगे? सोयेंगे कैसे मोटू भैया? ये सारे प्रश्न बच्चों की नींद पर भारी हैं। ये प्रश्न बच्चों की संवेदनशीलता को जगाने की बजाय उन्हें नियति के हवाले करते हैं। क्या होगा उनका?

अगर कभी उनके साथ ऐसी ही स्थिति बन गयी तो? हमारा समाज बच्चे के भोले मानस में समाज के प्रति विश्वास का बीज नहीं बो पाता बल्कि सबके थक–कर लौट जाने के साथ, मुसीबत में अकेला छूट जाने का भय पैदा करता है।

बचपन से मैं इससे असहमत होती रहती थी, किन्तु तब मेरी असहमति पर किसी का ध्यान तक नहीं था। लेकिन मेरा यही विचार फिर से तब सिर उठाने लगा जब मेरे बच्चों ने कहा कि वे इन कहानियों से इतने दुःखी हो जाते हैं कि रात में रोने लगते हैं, फिर उन्हें नींद नहीं आती। वे इन सभी पात्रों की मदद करना चाहते हैं, लेकिन नहीं कर सकते। उनके सपनों में ये पात्र आते हैं और उन्हें बहुत डराते हैं। डर के बीज बचपन में हमने किस तरह बालमन में रोपे हैं? यह डर अपने ही समाज से है, अपने ही आस पास के जीवन से है। 'सिंड्रेला' का हिन्दी वर्जन 'राखी' अपने ही लोगों द्वारा प्रताड़ित है। कोई ख़्वाब है, जो उसे बचा सकता है, लेकिन वह रात के बारह बजते ही उड़न छू हो जाता है। कोई हकीकत उसकी मदद नहीं कर पाती। कोई क़िस्मत अचानक खुल जाएगी और राखी का उद्धार हो जायेगा, यही भरोसा उसे जीने की आस की तरह टिकाए रखता है अर्थात् क़िस्मत के भरोसे है जीवन। क़िस्मत अच्छी तो सब अच्छा, क़िस्मत बुरी तो समाज, व्यक्ति, परिस्थिति दोषी नहीं, केवल क़िस्मत दोषी। न्याय की सारी अवधारणा इसके आगे लाचार! समानता के सारे प्रयत्न इसके आगे व्यर्थ! कर्म का सिद्धान्त इसके आगे धूमिल! यह क़िस्मत का तर्कहीन फ़ॉर्मूला बच्चों को थमाया जाना कितना उचित है? राखी की सौतेली बहनों और सौतेली माँ का दोष और उससे निपटने के साधन कहाँ हैं? राखी में प्रतिरोध कहीं नहीं। प्रतिरोध करना एक सीधी और सच्ची लड़की के लिए बिल्कुल ज़रूरी नहीं। उसके सच्चे भोलेपन और अथक परिश्रम को कोई भाग्य देख रहा है, जो उचित वक़्त आने पर उसे अपने आप न्याय दे देगा!

राखी करती क्या है? सारे घरेलू काम। सिलेंडर के पास सोती है। हिन्दी में चूल्हे के पास सोती है, मलतब कि लड़की होकर लड़कियों वाले कष्ट सहती है। लड़कियों की तरह ही उसके ख़्वाब तय होते हैं। 'कोई राजकुमार आयेगा' की क़िस्मत वाली प्रतीक्षा यहाँ भी बनी रहती है। जिसकी क़िस्मत न खुली, उसका क्या होगा वाला डर गहराता है।

'भय' इस कथा का भी मूल है और है भाग्य। 'भाग्य' और 'भय' में सारा बाल साहित्य उलझा हुआ है।

सवाल यह है कि हम अपने बच्चों को क्या ट्रांसफर कर रहे हैं? एक दुःख, एक उदासी, एक लाचारी, प्रतीक्षा, किस्मत के भरोसे होने की सुविधा या अकर्मण्यता, जुझारूपन या केवल भाग्य? तर्क की कसौटी या बेवजह गिर जाना, बिना अपराध के दण्ड पाना, प्रयासों की विफलता की कहानियाँ क्या हमें एक विरासत की तरह दिखायी पड़ती हैं?

इसीलिए भाषा एक कारगर हथियार है और साहित्य एक सशक्त माध्यम और इसीलिए भाषा केवल मनुष्य की आवश्यकता से उपजे प्रकटीकरण की ध्वनियाँ न होकर सांस्कृतिक निर्मिति भी है। सांस्कृतिक निर्मितियाँ निश्चित ही प्राकृतिक निर्मितियाँ नहीं हैं। वे मनुष्य की अपनी व्यवस्था, अपनी समझ और सुविधा से बनी और बनायी गयी हैं। स्त्री और पुरुष का रूढ़ चरित्र संस्कृति की निर्मिति है, प्रकृति से भिन्न। इस स्त्री और पुरुष की गढ़न भी बाल मन को परिष्कृत करने की तैयारी में दिख जाती है। जब हम इस बाल साहित्य को सावधानी से पढ़ते हैं, तो ऐसी अनेक चीज़ें दिख जाती हैं। अगर ग़ौर करें तो अंग्रेज़ी राइम के पॉपुलर गीत ''पीटर पीटर पंपकिन ईटर...'' में पितृसत्तात्मक कंडिशनिंग बहुत प्रबल है।

यहाँ एक बालक है, जिसे आगे चल कर सामाजिक आचार संहिता के तरीक़े का पुरुष होना है। उसे यह जानना या बताया जाना ज़रूरी है कि एक पत्नी बनी स्त्री के साथ कैसा व्यवहार करना है? इस पीटर के पास एक 'वाइफ़' है–''हैड ए वाइफ़ एंड कुड नॉट कीप हर'' इस 'वाइफ़' को पीटर कहाँ रखे? बड़ी समस्या है। इसलिए पीटर उसे कुम्हड़े के अन्दर बन्द कर के रखता है, यह बन्द करना मामूली नहीं है–''लॉक्ड हर इन ए पंपकिन शेल, व्येहर ही केप्ट हर वेरी वेल।'' तो इसी तरह पीटर 'वाइफ़' को रख सकता था। 'वाइफ' चुप है, लेकिन पीटर की कहानी बच्चों को बता देती है कि 'वाइफ़' को कैसे नियन्त्रण में रखना है? स्त्री बिना कुछ कहे चुप करा दी जाती है। बिना अतिरिक्त कुछ कहें एक पुरुष की तैयारी हो जाती है। इसमें अपराधबोध ही क्या है? 'पीटर–पीटर...' रटवाते, रटवाते बच्चों की जान निकाल ली जाती है, फिर गलत कैसे हो सकता है 'पीटर'? पीटर अनजाने में बच्चों को एक पाठ दे रहा है–जीवन व्यवहार का पाठ!

मगर बच्चों से फिर हम जीवन के सौन्दर्य की तरफ़ जाने और उल्लास से भरे होने या उससे भी आगे एक सन्तुलित और बेहतर समाज रचना की तरफ़ जाने की उम्मीद क्यों पालते हैं? हम उन्हें एक बेहतर समाज रचना का बिम्ब देने के लिए खुद को तैयार क्यों नहीं करते? अब कौन–सा वक़्त आयेगा, जब हम बच्चों को थमाने से पहले एक नज़र अपनी सांस्कृतिक, सामाजिक और साहित्यिक विरासत पर डालेंगे? हिन्दी साहित्य में अव्वल तो बच्चों पर लिखने को कमतर माना गया, बहुत ही कम लेखकों ने बच्चों पर लिखे जाने की ज़रूरत समझी या यों कहें कि कभी–कभी किसी लेखक ने मौज में आकर बच्चों के लिए कुछ लिख दिया–यह लिखना सुचिन्तित लिखना नहीं था। नानी की कहानियों की परियाँ या राजकुमारियाँ मुसीबत में फँसी लड़कियाँ हैं। वे इस मुसीबत से निकलने के गुण नहीं जानतीं। वे रास्ते भी नहीं पहचानतीं, जिनसे उन्हें पकड़ कर लाया गया है। राक्षस, जिसे आज कहें तो 'गुंडा' संज्ञा दी जायेगी, चालाक और कपटी है, इस कपट और कुटिलता से लड़ने का कोई तरीक़ा आज भी लड़कियों को नहीं सिखाया जाता। इस राक्षस से भयभीत हुआ जा सकता है और अपने प्राणदाता राजकुमार की प्रतीक्षा में या कहें भाग्य की प्रतीक्षा में रत। पता नहीं यह प्रतीक्षा कितनी लम्बी होगी? इसका अन्त हो भी सकता है और नहीं भी। जिनका अन्त नहीं आया, उसमें किसी का दोष न होकर उसी के भाग्य का दोष है। यह अद्‌भुत लग सकता है कि सारी परिस्थितियों का दोष भाग्य पर डाल कर सबको दोषमुक्त कर दिया जाए। 'भय' और 'भाग्य' यहाँ भी मूल में निहित दिखते हैं।

यहाँ देरिदा हमारे बड़े काम के हो जाते हैं, 'नथिंग बियांड द टेक्स्ट' डिकंस्ट्रक्शन ऑफ़ द टेक्स्ट–भाषायी संरचना के भीतर से निकले ये पाठ हैं, जहाँ जो भी राजकुमारी घूमने निकली है, दुनिया जान लेने की कोशिशों की तरफ़ बढ़ी है, वह राक्षसों की क़ैद में पहुँचा दी गयी है। वह अपने को बचा ले जाने में सर्वथा निरुपाय एक ऐसे राजकुमार की राह देखती रहती है जो आकर उसे बचा लेगा। अपने बचाव के लिए उसके पास न कोई तैयारी है और न ही आगे की कोई योजना। सब कुछ उस अनजान, अज्ञात, असम्भावित राजकुमार पर टिका हुआ है। उसके आने में सदियाँ लग जायें तो लग जायें, राजकुमारी क़ैद में तड़पती रहेगी।

जहाँ राजकुमार नहीं आ पाया, उन राजकुमारियों की कहानी कौन जान पाया? उन परकटी परियों की दास्तान नहीं कही गयी। सिर्फ़ उनके इन्तज़ार की कहानी कही गयी। अन्तहीन इन्तज़ार में कभी–कभी कोई असम्भावित घट गया–सोती सुन्दरी का राजकुमार आया, उसका उद्धार किया और कहानी खत्म हुई। यह कंडिशनिंग कितनी गहरी जड़ें पकड़ती है कि आज भी लड़कियाँ घोड़े पर चढ़कर आने वाले और उनके जीवन की खुशियों का द्वार खोलने वाले राजकुमार का इन्तज़ार करती हैं, न कि इसके पाठ से कोई आपत्ति।

सूचनाओं से जीवनानुभवों का स्थानापन्न

तकनीक के युग में हमारा प्रवेश, तेज़ गति के साथ बहुत सारी उलझनों, मुश्किलों, ख़तरों और गिरावटों को लिए–दिये हुआ है। सूचनाओं से जीवन पटा हुआ दिखता है, पर तमाम सही सूचनाओं तक न पहुँच बन पाती है न उनके सही होने न होने का भरोसा। आभासी सच ने असली सच को कुछ इस तरह ढक लिया है कि कंक्रीट रियलिटी तक पहुँचना, उसकी शिनाख़्त करना आसान नहीं रह गया। तकनीक के इस व्यापक क़ब्ज़े का सबसे ज़्यादा शिकार युवा पीढ़ी हुई है। वह इसमें फँस कर लाभान्वित होने की बजाय अधिकांशतः दो तरफ़ गयी है–उत्सव और उन्माद। उत्सव हर तरफ़ है, हर चीज़ में है। इस उत्सव ने विचार और सरोकार की जगह घेर ली है–विशुद्ध मनोरंजन बाज़ार की तर्ज़ पर फैलता हुआ सारे तर्कों, विडम्बनाओं, तकलीफों और अँधेरों को ढकने का भ्रम फैलाता जा रहा है। यह उत्सवधर्मिता भारतीय किसानी जीवन की उत्सवधर्मिता नहीं है, न आम जन जीवन से इसका कोई वास्ता है। यह आभासी है, इसकी कोई ठोस जमीन नहीं है। और उन्माद, जो विवेक से, विज़्डम से दूर करता है। प्रायः यह विवेकहीनता भीड़ की हिंसा में बदल जाने का ख़तरा बनती है। ऐसी हिंसा के विकराल दानव का भारतीय संस्कृति के औदात्य से कोई परिचय नहीं।

तकनीक ने तेज़ गति को जन्म दिया है। यह स्पीड विकास के लिए चाहे जैसी हो, रचनात्मकता के लिए, कला के लिए ठीक नहीं है। अगर आप तेज़ दौड़ते हुए आँखों के कैमरे से जीवन की फ़ोटो भी लेना चाहते हैं तो यह सही और स्पष्ट तस्वीर आपको नहीं देगा। तेज़ गति से दौड़ने वाली रेलगाड़ियों से बाहर का दृश्य धुँधला नजर आता है। बुलेट ट्रेन से तो यह बिल्कुल सम्भव नहीं है कि आप पेड़–पल्लव की पहचान करते चलें।

ऐसी तेज़ गति में जीवन की विविध छवियों को क़ैद कर पाना सम्भव नहीं रह जाता। जो हाथ आता है, प्रायः वह ऊपरी सतही यथार्थ होता है। इसकी जटिल और बहुस्तरीय बुनावट को जानने–समझने के लिए ठहरना होगा। साहित्य ठहरकर जीवन को समझने की चीज़ है। यह एक बड़ी वजह यह है कि जीवनानुभवों की जगह सिर्फ़ सूचनाएँ दिखायी दें और इसे ही कविता–कहानी मान लेने की हड़बड़ी हो। आज का युवा सूचनाओं के ढेर पर खड़ा है, पर जीवन के अनुभवों का अभाव उसे साहित्य के नाभिक सत्य 'मर्म' तक पहुँचने नहीं देता। तकनीक ने सूचनाओं से जीवनानुभवों का स्थानापन्न किया है। सूचना की भरमार जानकारी के लिहाज़ से ठीक लग सकती है। पर अनुभवों का मुक़ाबला नहीं कर सकती। ऐसा ग्लोबल लेखन किस काम का, जो मर्म को भेद न सके, विचार को झकझोर न सके, भीतर तक उतर न सके। जो कमोडिटी के सच की तरह इस्तेमाल पर टिका हो और नयी व्यवस्था में 'यूज़ एंड थ्रो' कहलाता हो। वह बहुत बिकाऊ हो सकता है, टिकाऊ नहीं।

सोशल मीडिया ने युवा पीढ़ी को वह जगह दे दी है, जहाँ वह बिना किसी रोक–टोक के अपनी बात कह सकता है–यह स्पेस तब तक अच्छा है, जब तक विवेक आपके साथ है अन्यथा यह अराजक और निरंकुश है। अराजकता का यह जाल इस तरह फैल गया है कि 'आप ही गोया मुसाफ़िर आप ही मंज़िल हूँ मैं' की तर्ज़ पर युवा जो कुछ भी वहाँ लिख रहा है, कोई अच्छी पंक्ति, कोई कविता, जो अभी बनने की प्रक्रिया में है या गद्य का कोई बनता हुआ टुकड़ा। तुरन्त न्याय की तरह तुरन्त चार लोग ताली बजाने आ जाते हैं। लाइक और कमेंट्स में सारा मूल्यांकन सिमट जाता है। न किसी तरह के मूल्यांकन की ज़रूरत है, न पुनर्विचार की। यह सन्तोष स्वयंभू लेखक बन जाने के अहंकार की तरफ़ ले जाता है। ऐसा लेखक, जो अपने पूर्वज लेखकों, अपनी परम्पराओं, इतिहास बोध और यहाँ तक कि आधुनिकता बोध से भी प्रायः अपरिचित रह जाता है। तब कई बार ऐसी स्थिति भी आती है कि वह अपने वरिष्ठों या समकालीनों से असहमति की भाषा समझ नहीं पाता और ट्रोलिंग की भाषा अपना लेता है।

पहले जहाँ सोशल मीडिया पर कुछ सैद्धान्तिक या वैचारिक बातें कभी–कभी दिख जाया करती थीं, अब वे पूरी तरह ख़त्म हुई हैं। उसकी जगह एक–दूसरे की तारीफ़, ट्रोलिंग, तरह–तरह की लोकलुभावन स्व की तस्वीरों, सेल्फ़ियों ने ले ली है–यह प्रवृत्ति स्त्रियों और पुरुषों,

दोनों में समान रूप से दिख रही है। कई बार यह मनोरोग की हद तक जाती दिखती है। कई बार तो बड़े–बड़े लेखकों पर उनकी अपढ़ टिप्पणियाँ हैरान करने वाली होती हैं। वे नहीं जानते कि प्रेमचन्द ने क्या लिखा है? जैनेन्द्र कौन थे? कृष्णा सोबती क्या विचार रखती थीं? पढ़ना, सुनना, गुनना और रचना, तीनों में बड़ी फाँक पैदा हुई है।

तकनीक ने छापने की सुविधा इतनी बढ़ा दी है और बाज़ार तमाम तरह की सेलेबल चीज़ों को बढ़ावा देता है तो साहित्य के नाम पर ऐसी सतही चीज़ें भी छप जा रही हैं, जिनके छपने के बारे में पहले सोचना कठिन था। कुछ तो बक़ायदा फ़ेसबुक रचनाओं के प्रकाशक हो गये हैं। इन्होंने भी युवा को अपनी रचना पर मेहनत करने, उन्हें मांजने और विचारशील बनने का रास्ता कमज़ोर किया है। पहले जहाँ पत्र–पत्रिकाओं में सम्पादक रचनाएँ लौटा दिया करते थे, सम्पादक की दृष्टि से गुज़री रचनाएँ लेखक को सिखा भी जाती थी और कई बार सम्पादक को चमत्कृत भी। लेखक को उस पर पुनर्विचार करने का समय मिलता था। कभी वह सुझाव मानता था, कभी नहीं। कई बार वरिष्ठ लेखक कुछ सुझाव दिया करते थे, कुछ किताबें पढ़ने की सलाह देते थे, कविताओं तक के कितने ड्राफ़्ट बनाये जाते थे–जब तक सन्तोषजनक रचना न तैयार हो जाये, तब तक जूझना होता था। शमशेर बहादुर सिंह, मुक्तिबोध, अज्ञेय आदि अपनी कविताओं में शब्द चयन को लेकर कितने सतर्क हुआ करते थे। अब इंस्टेंट चीज़ों की तरह इंस्टेंट रचना के ज़माने में इतना धैर्य कहाँ? कहानियाँ तीन दिन और कई बार तीन घंटे में लिखी जा रही हैं और लेखक गर्व से इसे कहता फिरता है। इतनी हड़बड़ी है और लाभ लोभ के इतने गणित हैं कि इसके साथ अध्ययन, चिन्तन, मनन और लेखन का सामंजस्य मुश्किल हुआ है। प्रतिभाशाली युवा भी अक्सर सोशल मीडिया के इस चक्रव्यूह का शिकार होकर अपनी प्रतिभा को व्यर्थ बिखरा देता है।

यहीं पर यह नहीं भूला जा सकता कि आँधी तेज़ आने पर भी बहुत से वृक्ष अपनी जड़ें नहीं छोड़ते हैं। आज के इस तकनीकी दौर में भी अनेक ऐसे युवा हैं, जिन्होंने विचार और संवेदना का दामन नहीं छोड़ा है। वे सुचिन्तित हैं और सुपठित भी। वे जेनुइन तरीक़े से अपना काम कर रहे हैं। वे या तो इस शोर से बाहर हैं या बाहर ढकेले जाने से अपने को बचा ले जाने के संघर्ष में। न तो उन्हें देने के लिए साहित्य के पास ढंग के प्लेटफ़ॉर्म हैं न अधिक पत्रिकाएँ। कहने को पत्र–पत्रिकाओं का ढेर है, पर गुणवत्ता के

लिहाज़ से प्रतिभा सम्पन्न के लिए सटीक मंच नहीं। कुछ अच्छी साहित्यिक पत्रिकाएँ भी पिछले वर्षों में या तो बन्द हुई हैं या अपनी गुणवत्ता खो बैठी हैं। तब भी ऐसे युवा रचनाकार साहित्य के भविष्य का भरोसा पैदा कर रहे हैं। कहानी के युवा स्वर में प्रवीण कुमार, शिवेन्द्र, कविता में अच्युतानन्द मिश्र, सूरज सहरावत, सुघोष मिश्र, नेहल शाह, आलोचना हो तो अंकित नरवाल, मीना बुद्धिराजा आदि युवा रचनाकार साथी सम्भावना से भरे दिखते हैं।

दूसरी तरफ़ वरिष्ठ साहित्यकार भी अपनी ज़िम्मेदारी से पल्ला नहीं झाड़ सकते। युवा प्रतिभाओं को सामने लाने, प्रोत्साहित करने का उनका जो दायित्व है, वह भी कमोवेश नहीं दिखता। कई बार ऐसी दुर्भाग्यपूर्ण स्थिति भी दिखती है, जब कुछ वरिष्ठ लेखक किसी प्रतिभाशाली युवा को अपना प्रतिस्पर्धी मानने लगते हैं और उसे मुख्यधारा से अलग–थलग करने, मनोबल तोड़ने के सारे प्रयास में जुट जाते हैं या नये लेखन को ख़ारिज़ करने लगते हैं। कई बार कुछ वरिष्ठ युवाओं का हौसला बढ़ाने की, अपना ज्ञान उन्हें देने की सदीक्षा से भी भरे होते हैं, पर युवा उनकी पकड़ में नहीं आता। इस तरह पीढ़ियों के टकराव की जगह साथ चलने का जो सन्तुलन बनना चाहिए, वह लगभग नहीं बन रहा।

दास्तान-ए सोती सुन्दरी वाया परीदेश की राजकुमारियाँ

क्या आप सोती सुन्दरी को जानते हैं? क्या उसकी कहानी आपको याद है? वही, जो अंग्रेज़ी के 'फ़ेयरी टेल्स' से निकलकर हिन्दुस्तानी परी देश के इलाक़े से होते हुए हमारे जीवन में धँस जाती है। लगता ही नहीं कि यह एक अंग्रेज़ी अनुवाद के रूप में हमारे पास आयी थी, यह तो हमारी परियों वाली कहानी से 'सिस्टरहुड' की तरह जुड़ी हुई है। 'सिंड्रेला' और 'लम्बे सुनहरे बालों वाली राजकुमारी', इसी का विस्तार जैसे हैं। तो क्या दुनिया के तमाम देशों में बच्चों के लिए ऐसी ही कहानियाँ रची गयीं?

इसे दूसरी तरह से भी कहा जा सकता है। मसलन, हममें से ज़्यादातर को अपने बचपन में सुनी परी देश की राजकुमारियों या अन्य राजकुमारियों की कहानियाँ याद होंगी। कितनी सुन्दर थीं वे, कि कोई भी देखता रह जाए, कितनी नाजुक थीं वे, कि फूल भी शर्मा जायें, कितनी गुणवन्ती कि कितना भी काम करवा लो, कितनी नेक, कि कोई भी बहला–फुसलाकर राह भटका दे! हमारे मन–मस्तिष्क में स्त्री के सौन्दर्य का पहला बिम्ब उन्हीं से तैयार होता है और इतने गहरे पैठता है कि उससे मुक्त होना आसान नहीं रह जाता। तब भी नहीं, जबकि आप एक लेखक बन चुके होते हैं! स्त्री असमानता को लेकर रचे गये इस मोहक पाठ से मुक्त होना तब भी मुश्किल ही होता है, इसलिए अधिकतर लेखक इस गड़बड़झाले के शिकार होते हैं और स्त्री पात्रों के आते ही अपने लेखन में चुपके–से असमानता के इसी पाठ के प्रमोटर बन जाते हैं। ज़ाहिर है कि नानी की कहानियों ने हमारी कल्पनाशक्ति बढ़ाने में मदद की है, जो कि कहानी सुनाने के पीछे सदा एक उद्देश्य की तरह रहा ही है। नतीज़ा, बचपन में कई बार हम ख़ुद भी इन कहानियों को आगे बढ़ाने में बढ़–चढ़कर भाग

लेने लगते रहे हैं, कुछ–न–कुछ जोड़ते जाते, कहानी खिलती जाती। इस तरह कहानी कहने का हमारा भी एक हुनर प्रशंसा पा जाता, लेकिन बिना यह जाने कि आगे बढ़ाने की इस प्रक्रिया में हम कौन–सी चीज़ें, कौन–से विचार आगे बढ़ा रहे हैं! कौन सी थाती हमें ऐसे अनजाने थमा दी गयी है, जिसे आगे ट्रांसफर करते जाने की ज़िम्मेदारी बिना किसी के कहे हँसते–हँसते हम उठाते चले जाते हैं!

दिल पर हाथ रख कर कहिए कि क्या इन कहानियों ने बचपन में आपको दुःखी नहीं किया? मुझे तो बचपन में इन कहानियों ने ख़ूब रुलाया था। कितनी रातों की नींद छीनी थी, कितने प्रश्नों ने मथा था, कितना बेचैन और असन्तुष्ट बनाया था, लेकिन न किसी को इसकी फ़िक्र थी, न प्रश्नों के उत्तर ही थे। 'कहानी गयी वन में, सोचो अपने मन में' वाले अन्दाज़ में सिर्फ़ सोचना ही हाथ आता। सोचने में बड़ा दुःख होता, जब दिखता कि परी देश की राजकुमारियाँ हों या अन्य राजकुमारियाँ, जब भी अकेले बाहर निकली हैं, राक्षसों या असामाजिक तत्वों ने उन्हें क़ैद कर लिया है। उनका अकेले बाहर निकलना निषिद्ध है, यह बात कितने प्यार से समझा दी गयी है। जो नहीं मानता, 'वो रोये अपने मन में, कल से अपने घर में!' तो ये प्यारी–प्यारी राजकुमारियाँ अके़ले सैर पर निकलने का या दुनिया जान लेने के लिए घर से बाहर निकलने का जोखिम लेती हैं और पकड़ी जाती हैं, दण्डित तो होना होगा, नियम जो तोड़ा है उन्होंने। 'दुस्साहस' शब्द स्त्री के लिए नहीं बनाया गया था। ये कहानियाँ लड़कियों के मन में डर भरने का बारीक मनोविज्ञान हैं। जब भी लड़कियाँ बाहर निकलेंगी, उन्हें वह डर याद आयेगा, जो बचपन में ही समझा दिया गया था। इतने मोहक तरीक़े से समझा देने का कोई और माध्यम शायद है भी नहीं। और अब, जब कि वे क़ैद में हैं तो उन्हें उस दिये गये ज़बर्दस्त फ़ार्मूले को याद करना होगा–क़िस्मत! क़िस्मत है, तो कोई राजकुमार आएगा और उन्हें मुक्त करायेगा! न आया तो फिर उसी क़िस्मत का दोष! पता नहीं हज़ारों मामलों में किसी एक में राजकुमार आ भी जाता हो! फिलहाल उसके बाद की कहानी की ज़रूरत नहीं होती, क्योंकि राजकुमार के हाथों मुक्त होने के बाद और क्या चाहिए?

सोती सुन्दरी की कहानी बहुत प्यार से बताती है कि एक राजा–रानी के यहाँ बहुत समय से सन्तान नहीं हुई। फिर कन्या हुई, जिसे पाकर वे खुश हुए। कम से कम किन्हीं परिस्थितियों में तो कन्या को पाकर ख़ुश होना है।

राजा ने दावत में सात परियों को बुलाया, लेकिन बूढ़ी परी छूट गयी। बूढ़ी होकर वह इतनी उपेक्षित हुई कि दावत के निमन्त्रण के समय राजा उसे भूल गये। बूढ़ी स्त्री अपनी उपादेयता खोकर चिड़चिड़ी हो जाये तो कुछ अस्वाभाविक भी नहीं, लेकिन वह तो प्रतिशोध पर उतर आयी। यानी जो इस समाज के काम का नहीं, उसे निमन्त्रित करने में भूल होना बड़ी बात नहीं, दूसरे वह खल पात्र ही होगा, स्त्री हुई तो कुटिल कुटनी। बूढ़ी परी भी ऐसी ही दिखती है, न्याय पक्ष को समतल बनाती हुई। वह शाप देती है कि नन्ही राजकुमारी की उँगली में तकुआ चुभ जायेगा और वह मर जायेगी। हालाँकि सातवीं परी उसके शाप को कुछ कमज़ोर कर देती है तथापि समाज के उपेक्षित हिस्से का शाप भय तो पैदा करता ही है, तभी तो राजा उससे डरता है, कहानी भी यही बताती है। इसलिए राजा पूरे राज्य में चरखे पर बैन लगा देता है। प्रश्न यह उठता है कि चरखा बन्द कराकर राजा ने कितने बड़े हिस्से को बेरोज़गारी की सौगात दी? उन लोगों का ख़र्चा–पानी कैसे चलता रहा, जिनके व्यवसाय बन्द करा दिये गये? इसका जवाब मुझे आज तक नहीं मिला। फिर भी राजकुमारी के सोलह वर्ष के होते ही उसके हाथ में तकुआ चुभा और वह बेहोश हुई। इसका मतलब चुपके–चुपके चरखा चलाया जा रहा था। लोग कपड़े तब बुने हुए ही पहनते थे, तो बुनाई–कताई जारी थी, ठीक राजा की नाक के नीचे, उन्हीं के महल में चरखा था! यानी राजा ने अपनी सुविधा नहीं खोई थी! महलवालों के कपड़े तैयार किये जा रहे थे! दोस्तो, जादू से चरखा आ गया, जैसी बात बेकार होगी। लेकिन राजकुमारियों के लिए यह सीख ज़रूर है कि रोज़गार सीखने की कोशिश न करना, वरना ऐसे ही सौ वर्ष तक सुला दी जाओगी!

तो राजकुमारी सो गयी, वह भी सौ वर्षों के लिए। सौ वर्ष कोई मामूली समय नहीं होता। यह समय बच्चों को कितना बेचैन बनाता है। यह कुछ ज़्यादा लम्बा है, पर समाज को देखें तो बिल्कुल लम्बा नहीं। समाज में स्त्री के लिए तय भूमिकाओं में परिवर्तन की यही गतिकी है शायद! सौ वर्ष की नींद है या दिमाग़ का बन्द कर दिया जाना है! सारा महल राजकुमारी की नींद के साथ ही नींद में चला गया है या राजकुमारी के लिए 'सो गये' जैसा हो गया है। नींद में कही गयी, सुनी गयी बातों का क्या अर्थ! ध्यान रहे कि राजकुमारी उस उम्र में सुला दी गयी है, जो सम्भावनाओं की सबसे चमकती उम्र है। इसके बाद नींद ही है,

जहाँ से व्यवस्था जारी रखी जा सकती है। चलिए, आख़िर सौ साल बाद ही सही, एक राजकुमार शिकार खेलता, महल के जंगल–झाड़ियाँ साफ़ करता, रास्ता बनाता, शौर्य के भरपूर प्रदर्शन के साथ दाख़िल होता है। इस सोती सुन्दरी का जीवन भी बिना राजकुमार के आये नींद से नहीं जग पाता! जैसा कि भारतीय राजकुमारियों के साथ था। इनके पास अपने को बचाने की न कोई तरक़ीब है, न तैयारी, न दिशा, सिर्फ़ दण्ड का भय है! और एक सपना। यह सपना कितनी कोमलता से इन्हें थमाया गया है। यही एकमात्र तय रास्ता है– किसी राजकुमार की प्रतीक्षा! यह प्रतीक्षा भी क़िस्मत से जुड़ी हुई है। 'क़िस्मत' एक फार्मूला है, जो नींद में पहुँचाने और फिर जगाने, दोनों स्थितियों में काम का है।

आज बड़ों की शिकायत यह है कि बच्चे कहानियाँ सुने बिना बड़े हो रहे हैं। शायद यह भला ही है कि वे इन कहानियों को नहीं सुन रहे। कम–से–कम उनके दिमाग़ को अनुकूलित किये जाने का यह एक रास्ता कुछ कमज़ोर पड़ा है, हालाँकि दूसरी तमाम चीज़ें इसका स्थानापन्न बनाती हैं, जिन्हें नज़रअन्दाज़ नहीं किया जा सकता।

नवजागरण और 'स्त्री दर्पण' की क्रान्ति चेतना

नवजागरण की सुधार चेतना सम्पूर्ण भारत में फैली तो यह अकारण नहीं था और न ही इसके केन्द्र में स्त्री मुद्दों का आना ही अकारण हुआ। यह ज़मीनी तथ्य बहुत देर तक अस्वीकृत न रह सका कि अन्याय, अत्याचार, दमन और शोषण की भूमि पर आधुनिकता अपने पैर नहीं जमा सकती थी। आधुनिक क़िस्म की शिक्षा और नये ज्ञान विज्ञान के प्रसार ने भारतीय युवाओं के आगे नये तरह की चुनौती खड़ीकर दी थी। उनके भीतर परम्परा से चली आ रही रूढ़ियों और आधुनिकता को लेकर द्वन्द्व पैदा होना स्वाभाविक था। दूसरी तरफ़ स्वाधीनता आन्दोलन से बन रही चेतना भी उन्हें नयी दिशा की तरफ़ ले जा रही थी। गाँधी का स्वाधीनता संघर्ष स्वाधीन जनचेतना की बात भी कर रहा था। एक और महत्त्वपूर्ण पक्ष था–संस्कृति, जिस पर पुनर्विचार की आवश्यकता टाली नहीं जा सकती थी। यूरोप लगातार अपनी संस्कृति की श्रेष्ठता और भारतीय संस्कृति को हीनतर साबित करने के प्रयास तेज़कर रहा था। संस्कृति पर यह हमला भारतीय नागरिकों के आत्मगौरव को क्षीण करता जा रहा था। कविवर रवीन्द्रनाथ टैगोर के 'गोरा' उपन्यास में मिशनरी द्वारा बाकायदा पर्चा बाँटकर भारतीय संस्कृति की कमियाँ बताये जाने और उस पर चोट करने के प्रसंग आते हैं। इस हमले के केन्द्र में मुख्य रूप से स्त्रियाँ थीं, जो अनपढ़ थीं, जो बालविवाह की शिकार थीं, विधवा जीवन का कलंक और सतीप्रथा जैसे भयावह स्थितियाँ उनके जीवन को मूल्यहीन, लाचार और शोषण का आसान शिकार बनाती थीं। यथार्थ का यह क्रूर सत्य इतना उजागर था कि शिक्षित समुदाय लज्जा से अपना सिर नहीं उठा सकता था। इसलिए एक चुनौती यह भी थी कि अपने आत्मसम्मान को बचाने के लिए अपनी संस्कृति की श्रेष्ठता साबित करनी होगी और यह श्रेष्ठता स्त्री जीवन से जुड़ी भयानक कुरीतियों, बुराइयों, अशिक्षा आदि को

दूर किये बिना सम्भव न थी। उजले पक्षों को इतिहास और पुराख्यानों से चुन–चुनकर लाने के सारे प्रयत्नों के बीच यह सबसे बड़ी समस्या बनी हुई थी, इसलिए सामाजिक आन्दोलनकारियों को स्त्री जीवन को केन्द्र में लाकर उसमें सुधार के प्रयत्न को सबसे बड़ा मुद्दा बनाना ही पड़ा। स्त्री जीवन की कुरीतियों को स्वीकार कर उसे ख़त्म करने के लिए कानून का सहारा लेना और नयी चेतना का प्रसार करना सुधार आन्दोलन का एक बड़ा क़दम था। फूलमणि हत्याकाण्ड के बाद तेज़ हुए बाल विवाह विरोध और विवाह की उम्र बढ़ाये जाने की माँग ने, 'ऐज ऑफ़ कसेंट' क़ानून और सती प्रथा निरोध क़ानून ने इस चेतना को ठोस रूप देने में मदद की।

हालाँकि सुधार आन्दोलनों के भीतर भी स्त्री शिक्षा को लेकर चिन्ताएँ और दुश्चिन्ताएँ विद्यमान थीं। स्त्री शिक्षा पर स्त्रियों और पुरुषों का नज़रिया एक जैसा नहीं था, बल्कि कई जगह दूसरे के विपरीत था। स्त्री शिक्षा पर हंटर कमीशन को दिये भारतेन्दु हरिश्चन्द्र के बयान और पण्डिता रमाबाई के बयान के अन्तर को इस सन्दर्भ में पढ़ा जा सकता है। जहाँ भारतेन्दु 'स्त्रीधर्म' शिक्षा पर बल देते दिख रहे हैं, आधुनिक शिक्षा से स्त्रियों को बचाने की बात कह रहे हैं और सहशिक्षा का विरोध कर रहे हैं, वहीं रमा बाई लड़कियों के लिए मेडिकल की पढ़ाई को ज़रूरी मान रही हैं। सह शिक्षा पर पूछे गये एक सवाल का जवाब देते हुए भारतेन्दु कहते हैं कि "मैं इस देश में लड़के–लड़कियों के मिले–जुले स्कूलों की योजना बनाने का समर्थन नहीं कर सकता। एक ही स्कूल में लड़कों के साथ लड़कियों को पढ़ाने के लिए हिन्दुस्तानियों को कभी राज़ी नहीं किया जा सकता।[1]" प्रतापनरायण मिश्र इससे भी अधिक चिन्तित दिखते हैं। वे दो क़दम आगे बढ़कर सलाह देते हैं कि "स्त्रियों को पतिव्रता बनाने के लिए साम–दाम–दण्ड–भेद सभी से काम लेना होगा, क्योंकि स्त्रियाँ अभी विशेषतः मूर्ख हैं।[2]"

आश्चर्य की बात यह है कि इन हिन्दी लेखकों को किसी स्त्री ने या किसी संगठन ने स्त्रियों को प्रवक्ता नहीं बनाया, पर ये स्वयं को स्त्री जाति का प्रवक्ता मान बैठे थे और बढ़–चढ़कर स्त्रियों को नियन्त्रित करने की सलाह दिये जा रहे थे। उस समय के अधिकांश हिन्दी लेखकों का

1. रस्साकशी, वीरभारत तलवार, पृ. 34

2. प्रतापनारायण मिश्र ग्रन्थावली, सम्पादक–विजय शंकर मल्ल, नागरी प्रचारिणी सभा, वाराणसी, पृ. 133

जीवन और लेखन अन्तर्विरोधों से भरा है। उनके लिए स्त्री जीवन की समस्याओं से अधिक स्त्री ही एक समस्या थी। ऐसे लेखक अपने जीवन में, समाज सुधार से दूर–दूर तक जुड़े नहीं दिखाई देते।

राजनीतिक और सामाजिक आन्दोलनों के समानान्तर बौद्धिक क्षेत्र भी हलचल से भरा था। अनेक पत्र–पत्रिकाएँ वैचारिक स्तर पर अपनी भूमिका निभाती जागरूकता लाने के प्रयास में प्राणपण से जुटी थीं। स्त्रियों के हिस्से जैसे ही आधुनिक शिक्षा आयी। उन्होंने समय और परिस्थिति के अनुसार अपनी भागीदारी राजनीतिक क्षेत्र के साथ–साथ सामाजिक और वैचारिक क्षेत्र में भी सुनिश्चित की। स्वाधीनता आन्दोलन में गाँधी की पुकार पर शामिल होने वाली अधिकांश महिलाएँ औपचारिक शिक्षा से दूर होते हुए भी चेतना के स्तर पर अत्यन्त जागरूक और आधुनिकता के स्तर पर ऊँची सोच रखने वाली दिखाई पड़ती है। किन्तु जिन्हें आधुनिक शिक्षा मिली थी, उन्होंने अपनी क्षमता पहचानी और आन्दोलनों के साथ साथ पत्र–पत्रिकाओं में अपने लेखन से वैचारिक क्षेत्र को धारदार गति प्रदान की। पुरुषों द्वारा पत्र–पत्रिकाओं के संचालन, सम्पादन के बरअक्स स्त्रियों ने भी प्रखर वैचारिक हस्तक्षेप किया। इससे उस समय कई बार, स्त्री जीवन के एक ही मुद्दे पर, दो भिन्न प्रकार के विचार दिखाई पड़ते हैं, एक जो अध्ययन की सैद्धान्तिकी से जन्मे थे और प्रायः पुरुष विचारकों द्वारा लिखे जा रहे थे और दूसरे, जो ज़मीन से जुड़े अनुभव सत्य की आँच में तपकर अभिव्यक्त हो रहे थे और जिन्हें प्रायः स्त्रियाँ उठा रही थीं।

पिछले दौर में स्त्री प्रश्नों को लेकर क्रान्तिधर्मी तेवर के साथ तीन महत्त्वपूर्ण पत्रिकाओं ने काम किया, जिसमें सबसे पहली पत्रिका 'भारत भगिनी' थी। इसके बाद 'स्त्री दर्पण' और 'चाँद' ने गम्भीरता से स्त्री मुद्दों को उठाते हुए स्त्री चेतना को बहुआयामिता प्रदान की। समानान्तर 'गृहशोभा'। (1910 से 1929 सम्पादक–पं. सुदर्शनाचार्ग और गोपाल देवी।) भी इस भूमिका में शामिल दिखती है। 'भारत भगिनी' हरदेई के सम्पादन में सन् 1888 ई. में इलाहाबाद से और बाद में लाहौर से प्रकाशित हुई। पहली बार स्त्री के नेतृत्व में स्त्री दृष्टि के साथ स्त्री जीवन पर विचार सम्पन्नता और धारदार तरीके से बात उठायी गयी। दरअसल, पत्रकारिता के क्षेत्र में स्त्री पत्रकारिता का आना एक क्रान्तिकारी और ऐतिहासिक क़दम था। इस पत्रिका ने हिन्दी क्षेत्र में, पुरुषों के आधिपत्य वाले बौद्धिक क्षेत्र में न केवल दख़ल दिया, बल्कि स्त्री जीवन पर चल रही सैद्धान्तिक

बहसों को अनुभवपरक यथार्थ के साथ जोड़ दिया। हरदेई के सम्पादन में निकलने वाली इस पत्रिका ने स्त्री मुक्ति संघर्ष की वह पृष्ठभूमि तैयार की, जिसने आगे चलकर वैचारिक क्षेत्र में स्त्रियों को न केवल मज़बूती दी, अपितु वैचारिक चुनौती पेश करने का साहस भी दिया। हरदेई का पूरा व्यक्तित्व ही क्रान्तिधर्मिता से रचा बना मिलता है। हरदेई इंजीनियर कन्हैयालाल की बेटी थीं और बालविधवा थीं। उन्होंने इंग्लैंड में पढ़ने आये बैरिस्टर रोशनलाल से प्रेमविवाह करके तत्कालीन समाज की जड़ता और सोच पर करारा प्रहार किया था। वे स्वयं ब्रह्मसमाजी थीं, परन्तु उनके पति रोशनलाल आर्यसमाजी थे। दोनों ही पति–पत्नी सुधारकों के मित्र और सहयोगी थे। कहते हैं कि उनका घर सुधारकों का अड्डा हुआ करता था।[1]

अधिक व्यवस्थित ढंग से इस सचेतन पृष्ठभूमि का प्रस्फुटन 'स्त्री दर्पण' सन् 1909 के प्रकाशन से हुआ। 'स्त्री दर्पण' सिर्फ़ एक पत्रिका नहीं थी, बल्कि यह स्त्री मुक्ति संघर्ष का एक क्रान्तिकारी आन्दोलन बनती चली गयी। उसका यह आगाज़ पिछली क्रान्तिकारिता से कई क़दम आगे था। इसकी सम्पादक रामेश्वरी नेहरू–गाँधी से प्रभावित थीं और कई सुधार आन्दोलनों में सक्रिय रूप से भाग लेती थीं। इस पत्रिका के सम्पादकीयों में वैचारिक गति थी और उसकी सामग्री अपना अलग तेवर रखती थी। मारक व्यंग्य और साहसिक अभिव्यक्तियाँ इन्हें अलग पहचान देते थे। हिन्दी लेखकों द्वारा लगातार स्त्री धर्म शिक्षा पर बल देने के कारण सन् 1920 में उमा नेहरू ने स्त्री शिक्षा को 'स्त्रीधर्म' शिक्षा तक सीमित रखने की कवायतों को कड़ी फटकार लगायी। उन्होंने लिखा कि "भारतीय पुरुष तो पश्चिम का पूरा अनुकरण करते हैं और उसी के आधार पर विकास का अपना मॉडल बनाते हैं, लेकिन चाहते हैं कि उनकी स्त्रियाँ पूर्वीय ही दिखें।"[2]

इसके स्त्री सम्पादकों ने स्त्री प्रश्नों को बहस के केन्द्र में रखने के साथ–साथ राष्ट्रीय आन्दोलन को भी पत्रिका में पर्याप्त स्थान देकर उसके स्वरूप को बहुआयामी बनाया। 'स्त्री दर्पण' में लिखने वाली ज्यादातर बौद्धिक स्त्रियाँ सामाजिक जीवन में भी सक्रिय थीं या आन्दोलनों से जुड़ी हुई थीं। गुलाब देवी, हुकुम देवी, उमा नेहरू आदि के विचारोत्तेजक लेख जन–मन को झकझोर रहे थे। इस पत्रिका के सम्पादकीय बताते हैं कि उनकी दृष्टि उस समय अनेकानेक स्तरों पर चल रही भारतीय हलचलों के साथ–साथ

---

1. वीरभारत तलवार, रस्साकशी, पृ. 38
2. वीरभारत तलवार, रस्साकशी, पृ. 198

वैश्विक हलचलों पर भी बनी हुई थी। एक जगह सम्पादक लिखती हैं कि "'ब्रिटिश रेडक्रॉस सोसाइटी' नाम की एक और महती सभा थी, जिसकी सभानेत्री महारानी एलेक्जेंड्रा हैं। इसका काम लड़ाई में बीमारों और घायलों की सहायता करना है।... फ्रांस में भी ये लोग बड़ी फुर्ती से काम कर रही थीं और जहाँ–जहाँ आवश्यकता पड़ने पर तार या टेलीफ़ोन से माँग होती थी, वहाँ–वहाँ इस शीघ्रता से पहुँच जाती थीं कि जान पड़ता था कि धरती फाड़कर प्रकट हो गयी हैं।"[1] इस तरह की देश विदेश की सूचनाओं से पाठकों को न सिर्फ़ परिचित कराना था वरन् उनके भीतर देश–प्रेम और सामाजिक भूमिकाओं के लिए प्रेरणा जाग्रत करना भी इनका उद्देश्य था। इसी अंक के आवरण पृष्ठ के भीतर कस्तूरबा गाँधी का चित्र मोहनदास करमचन्द गाँधी के साथ छपा है, जिसमें साफ़ ही कस्तूरबा पर बल दिया जाना दिखता है, जो अपने पति के साथ कन्धे–से–कन्धा मिलाकर चल रही थीं और सामाजिक जीवन में दृढ़ता के साथ सक्रिय थीं। पत्रिका के कुछ अंकों में कस्तूरबा गाँधी पर काव्यमय अभिव्यक्ति भी मिलती है और उनके जीवन तथा कार्यों की सराहना करते लेख भी। कस्तूरबा भारतीय स्त्री के लिए प्रतीक की तरह यहाँ उपस्थित हैं। एक ऐसा प्रतीक जो स्त्री के जीवन को सामाजिक क्रियाशीलता से जोड़ता है और उसके जीवन को व्यापक और सार्थकता की अनुभूति की तरफ़ ले जाता है।

'स्त्री दर्पण' का उद्देश्य उसके सम्पादकीय में कई बार साफ़ शब्दों में कहा गया है। एक जगह सम्पादक कहती हैं कि "भारतीय स्त्रियों को समाज में मनुष्योचित पद दिलाना ही शुरू दिन से इस पत्र का लक्ष्य रहा है। इस लक्ष्य की प्राप्ति दो प्रकार से हो सकती है। एक तो स्त्रियों के प्रति पुरुषों के विचारों के परिवर्तित होने से और दूसरे स्वयं स्त्री जाति की जागृति से। दर्पण अपनी लघु चेष्टाओं द्वारा बराबर इन दोनों बातों का प्रयत्न कर रहा है... स्त्री–पुरुषों को मिलाकर ही ससार की सृष्टि बनती है। अतएव सांसारिक कल्याण के लिए यह अभीष्ट है कि संसार के प्रत्येक काम को स्त्री पुरुष मिलकर करें... समय की गति प्रतिकूल होते हुए भी दर्पण अपने सच्चे और न्याययुक्त पथ से न डिगकर कालान्तर में अपने अभीष्ट की सिद्धि का गौरव प्राप्त करेगा।"[2]

---

1. सम्पादकीय, स्त्री दर्पण, जुलाई, 1915
2. सम्पादकीय, स्त्री दर्पण, जुलाई 1915

चूँकि 'स्त्री दर्पण' प्रेमचन्द से पूर्व ही अपनी पत्रिका में नये बन रहे क़ानूनों, देश–दुनिया की नयी बातों के साथ नयी बहसों के साथ–साथ इस बात की भी जानकारी देती थी कि कब कौन–सा हमारा नेता देश के किस भाग में किस तरह की सभाएँ कर रहा है, ज़ेलों में कौन बन्द है, कब किस क्षेत्र में कौन गवर्नर जनरल या अधिकारी आ रहा है या तैनात किया गया है, उसके तबादलों आदि की सूचनाएँ भी यहाँ उपलब्ध मिलती हैं। प्रेमचन्द ने 'हंस' के सम्पादकीय में बहुत सारी ऐसी जानकारियों से अपने पाठकों को जागरूक बनाया था और सम्पादकीय टिप्पणियों के तौर पर बड़े पैनेपन के साथ व्यवस्था और अन्धविश्वासों की आलोचना की थी। प्रेमचन्द से पूर्व, कुछ उसी तरह का प्रयास 'स्त्री दर्पण' करती दिखाई पड़ती है, जो स्त्रियों के लिए समझ का एक नया विस्तार रचने वाला था। दूसरी महत्त्वपूर्ण बात यह भी दिखती है कि 'दर्पण' का यह मंच स्त्रियों की रचनाशीलता के साथ–साथ पुरुषों की रचनात्मक और वैचारिक लेखों को भी पर्याप्त स्थान देता था। इन लेखकों में अनेक क्रान्तिकारी हुआ करते थे, जो प्रायः छद्म नाम से भी लिखते थे और राष्ट्रीय आन्दोलन की बहसों में शामिल होते थे। गणेशशंकर विद्यार्थी, श्रीधर पाठक, विश्वम्भरनाथ जिज्जा, रामरिख सहगल आदि प्रमुखता से 'स्त्री दर्पण' में लिख रहे थे। इनका समर्थन और सहयोग ज़मीनी स्तर का था। सहगल ने आगे जाकर 'चाँद' जैसी महत्त्वपूर्ण पत्रिका निकाली, जिसके अनेक प्रसिद्ध विशेषांकों में से 'फाँसी अंक' लम्बे समय तक चर्चा के केन्द्र में रहा। इसी 'चाँद' का सम्पादन बाद में महादेवी वर्मा ने सँभाला और सम्पादकीय क्षेत्र में स्त्रियों के योगदान में 'चार चाँद' लगाया।

'स्त्री दर्पण' इस अर्थ में भी पुरुषों द्वारा निकाली जा रही स्त्री केन्द्रित पत्रिकाओं से भिन्न थी कि उसका उद्देश्य बड़ा था, दृष्टि साफ़ थी, अन्तर्विरोध के जाले काटने की कोशिशें तेज़ थीं और स्त्री को मनुष्य समझे जाने की माँग प्रबल। स्त्री जीवन को अँधेरों से घेरने वाले अन्धविश्वासों पर तीखे प्रहार थे और रीति–रिवाज के नाम पर चिपकी कुरीतियों के नाश का आह्वान था। अनुभवपरक यथार्थ की अभिव्यक्तियाँ उसे तत्कालीन समय में स्त्री मुद्दों पर लिखे जा रहे पुरुष लेखन के भीतर छिपे सामन्ती मूल्यों से अलग और व्यावहारिक बनाती थीं। विधवाओं के पुनर्विवाह को लेकर

चल रही बहसों में पुरुष वर्ग के अधिकांश लेखक यौन शुचिता के मूल्य को बचाने की वकालत कर रहे थे। वे बाल विधवा के पुनर्विवाह के तो समर्थक थे, परन्तु किसी भी उम्र की विधवा को पुनर्विवाह की अनुमति नहीं देना चाहते थे। ऐसे पुरुष सुधारकों और चिन्तकों की अच्छी ख़बर हुकुम देवी ने 'स्त्री दर्पण' मई, 1915 के अंक में ली। गुलाब देवी ने 'मृतस्त्रीक विवाह' की बात उठाकर उन पुरुषों की शुचिता और विवाह का सवाल उठाया, जो पत्नी की मृत्यु के बाद बिना किसी रुकावट के विवाह करने के लिए स्वतन्त्र थे। 'स्त्री दर्पण' के स्त्री रचनाकारों का मानना था कि विधवा की यौन शुचिता को पुनर्विवाह का आधार न बनाया जाये, बल्कि विधवा जीवन की मुश्किलों पर बात की जाये और मनुष्य होने के अधिकार के आधार पर किसी भी उम्र की विधवा को पुनर्विवाह की स्वतन्त्रता मिले। साथ ही यह भी तर्कसम्मत माँग रखी जा रही थी कि विधवा स्त्री के बाल जज के सामने अनुमति लेने के बाद ही काटे जायें। सोशल कॉन्फ्रेंस की एक सभा[1] में हिन्दी लेखक प्रतापनारायण मिश्र, इसलिए भड़क उठे कि वहाँ विधवा विवाह के साथ–साथ विधवा के बाल काटने को लेकर जज के सम्मुख उसकी अनुमति की माँग उठाई जा रही थी। उन्होंने इसे ग़ैर–ज़रूरी मुद्दा और व्यर्थ की बात माना और कड़ी आपत्ति की। उन्हें विधवा जीवन की तकलीफों, बाल मूड़े जाने की भयानक प्रथा, बीमारी से भी अधिक आत्मसम्मान का तिरस्कार जैसी चीज़ों से कोई सरोकार नहीं था। कई क्षेत्रों में विधवा स्त्री के बाल प्रायः नोंच–नोंचकर उखाड़े जाने का चलन था, यह यातना शरीर से अधिक मन को प्रताड़ित करती थी। मनुष्यता के विरुद्ध ऐसा अभद्र प्रदर्शन दिल दहला देने वाला था। इसका उल्लेख पण्डिता रमाबाई की पुस्तक 'द हाई कास्ट हिन्दू वुमेन' में मिलता है। इसलिए 'स्त्री दर्पण' के मंच पर रामरिख सहगल और जिज्जा ने वृन्दावन आदि की विधवाओं का बयान संकलित कर छापा, यह बयान भारतीय भद्र वर्ग की सच्चाई का पर्दाफ़ाश करते हैं, इसे छापना उस समय बहुत बड़े साहस का काम था।[2]

---

1. प्रतापनारायण मिश्र, ब्राह्मण, 15, 1890
2. स्त्री दर्पण, मई, 1915

'स्त्री दर्पण' के अधिकांश अंकों में स्त्री शिक्षा पर लेखों की भरमार दिखती है। इसका कारण भी था, शिक्षा ही वह आधार भूमि तैयार कर रही थी, जिससे स्त्रियाँ आत्मविश्वास अर्जित कर सकें। इसी को आधार बना कर वे आर्थिक आत्मनिर्भरता की तरफ़ बढ़ सकती थीं। ऐनीबेसेंट का ऐसा ही एक लेख जुलाई, 1915 के अंक में प्रकाशित है। स्त्री शिक्षा पर तथाकथित संकीर्ण दृष्टिकोण वाले लेखकों से अलग दृष्टि रखने वाले सुधारकों और चिन्तकों ने भी स्त्री शिक्षा पर अनेक लेख लिखे। इसी सम्पादकीय में बाँग्ला विद्वान गिरिजा कुमार घोष के लेख का ज़िक्र भी किया गया है अर्थात् कि इस लेख को ख़ास महत्त्व दिया गया है। इसी तरह दिसम्बर, 1910 के अंक में स्नातक डिग्री प्राप्त करते समय औपचारिक गाउन पहने महिला की एक तस्वीर छपी है, जिसके नीचे परिचय में लिखा है—कुमारी कुमुदिनी बी.ए. 'सरस्वती'। (बी.ए. डिग्री की पोशाक में।)

उस समय निश्चित ही महिलाओं के लिए यह एक बड़ी उपलब्धि थी और यह चित्र छाप कर 'स्त्री दर्पण' की टीम स्त्रियों को उच्च शिक्षा के लिए प्रेरित करना चाहती थी।

स्त्री रचनात्मकता को जैसी पहचान 'स्त्री दर्पण' के मंच से मिली, वह आगे के लिए एक मिसाल बनी। गल्प लेखन में अनेक स्त्रियाँ आगे आयीं। स्मृति चित्र और रेखा चित्र की शुरुआत भी हम यहाँ से देख सकते हैं। स्त्री आत्मकथा के पहले प्रयास को 'स्त्री दर्पण' ने ही मंच दिया। 'एक विधवा की आत्म जीवनी' को जुलाई, 1915 से धारावाहिक छापने का श्रेय 'स्त्री दर्पण' को ही जाता है। मार्च, 1915 के सम्पादकीय में स्वाधीनता सेनानी गोपालकृष्ण गोखले की मृत्यु पर जैसा हृदय विदारक सन्देश देशवासियों के नाम लिखा गया, उस क्रन्दन में सारे देश का क्रन्दन समाहित हो गया। इस सन्देश में सिर्फ़ क्रन्दन नहीं, एक ऐसी चिंगारी भी थी, जिसने सारे देश को शोक की बेला में भी उठ खड़े होने की प्रेरणा दी।

'स्त्री दर्पण' का ध्यान स्त्री स्वास्थ्य की समस्याओं पर भी बना हुआ था। चिकित्सा सुविधाओं की कमी, अन्धविश्वासों का बोलबाला और स्त्री स्वास्थ्य की उपेक्षा को सीधे–सीधे सम्बोधित करने के साथ–साथ पत्रिका ने कुछ औषधियों की जानकारी भी उपलब्ध करायी। ज्यादातर ये औषधियाँ आयुर्वेदिक थीं। दिसम्बर, 1910 के अंक के आख़िरी पन्नों पर 'वन्ध्या की औषधि',

वैद्य विद्या, राजवैद्य नारायण जी केशव जी के औषधालय का पता आदि दिया हुआ है। प्रायः इन औषधियों के साथ लिखा होता–'मुफ्त' और औषधि मँगवाने वाले से केवल डाकव्यय लिया जाता। वन्ध्या जीवन स्त्री के लिए एक बड़ी समस्या थी, जो उसके समूचे जीवन को ही व्यर्थ और दुःसह बना देती थी। प्रायः नारकीय स्थितियों में दुःसह जीवन जीना पड़ता। ज्यादातर परित्यक्ता का अभिशाप झेलतीं या पति के द्वारा लायी दूसरी पत्नी की सेविका बन अपमानित जीवन जीतीं। प्रसव के समय स्त्री मृत्युदर भी बहुत अधिक होती। ऐसे में 'स्त्री दर्पण' की इस तरह की कोशिशें कम महत्त्वपूर्ण नहीं कही जा सकतीं। यह एक अलग तरह का सुचिन्तित कार्य व्यवहार था, जो अन्य पत्रिकाओं से इसे भिन्न रूप देता है।

भाषा, समाज और लैंगिक असमानता के अन्तःसम्बन्ध

भाषा जिस तरह हमारे चारों तरफ़ है और जिस तरह हम उसे देखने सुनने के अभ्यस्त हो गये हैं, वह हमारे स्वीकार में, बताये गये सम्प्रेषण के एक माध्यम की तरह उपस्थित होती है। लेकिन भाषा इतनी ही नहीं है। वह उससे कुछ अधिक है। भाषाविद्‌ों ने ज़रूर उसे 'यादृच्छिक ध्वनि समूह' कहा है, परन्तु मनोवैज्ञानिक उसे एक व्यावहारिक चेतना की तरह देखते हैं–'Language is a practical conciseness.' अर्थात् व्यक्ति का शब्द चयन, उसके दिमाग़ को, उसके व्यवहार के पीछे छिपे कारणों को दर्शाता है। उसकी कुण्ठा, गुत्थियों, उलझनों और उसके छिपाने के प्रयत्नों को भी प्रकट कर देता है। उसी तरह समाजविज्ञानी भाषा को जीवित परिवेश मानता है, जिसमें शताब्दियों से अर्जित अर्थ भरे होते हैं। इसे ही भाषा वैज्ञानिक सस्यूर कहते हैं कि "भाषा बातचीत में घटित होती है।" केवल बोलने में भाषा नहीं है। सम्प्रेषण की स्थितियाँ बातचीत के भीतर हैं। हालाँकि सस्यूर ने एक बहुत ही बेसिक बात कही है, परन्तु भाषा की नानाविध अर्थगर्भता के कारण हम इसे व्यापक अर्थों में ग्रहण कर रहे हैं।

इस प्रसंग में मैं एक कहानी से अपनी बात शुरू करती हूँ। यह नानी की सुनायी कहानी है, जिससे लगभग हम सब परिचित होंगे। यह कहानी अनजाने ही भाषा के भीतर छिपे तत्त्वों को हमारे सामने प्रकट कर देती है और हमें कहानियों के कहने और उन्हें समझने का एक नया पाठ देती है। प्रायः नानी की कहानियां उद्देश्यपूर्ण हुआ करती हैं और वे हमें चेतन बनाने का प्रयास करती–सी लगती हैं। जब उन्हें हम गहरायी से समझने की तरफ़ जाते हैं तब यह बात भी खुलती है कि क्यों नानी की कहानी के अन्त में कहा जाता था कि 'कहानी गयी वन में, सोचो अपने मन में'। आज हम ऐसी ही एक कहानी का भाषा के सन्दर्भ में पाठ करने की कोशिश करते हैं।

इस कहानी में एक नन्ही लड़की नानी से मिलने जाना चाहती है, पर माँ मना करती है, क्योंकि रास्ते में जंगल पार करना है और अकेले नन्ही लड़की का जंगल पार करके जाना उचित नहीं। नानी की कहानियों में 'भय' तत्त्व की बात मैंने कई बार लिखी और कही है, पर आज भाषा पर ही केन्द्रित रहेंगे। नन्ही लड़की माँ के मना करने पर भी नानी से मिलने निकल पड़ती है। रास्ते में भेड़िया उससे मिलता है और नन्ही लड़की से पहले नानी के घर पहुँच कर नानी का भेष बना कर बैठ जाता है। नानी उस समय कहीं गयी हुई हैं। जब नन्ही लड़की नानी के घर पहुँचती है, तब पहले से वहाँ पहुँचा भेड़िया नानी के वेष में उससे किस तरह संवाद करता है। नन्ही लड़की पूछती है– "नानी तुम्हारी आँखें इतनी बड़ी कैसे हो गयीं?" भेड़िया जवाब देता है– "जिससे मैं तुम्हें अच्छी तरह देख सकूँ।" लड़की फिर पूछती है, "नानी, तुम्हारे दाँत इतने बड़े कैसे हो गये?" भेड़िया कहता है– "जिससे मैं तुम्हें अच्छी तरह खा सकूँ।" यहाँ संवाद की भाषा देखिए, 'बात बोलेगी, हम नहीं। भेद खोलेगी बात ही।' यह अनायास नहीं कहा गया है, इसके भीतर कोई तथ्य है। हम–आप कितना भी वेष बदल लें, कितना भी भेद छिपा लें, भाषा भेद खोल देती है। भेडिया संवेदना की भाषा कहाँ से लाएगा और नन्ही लड़की हिंसा की भाषा कहाँ से पायेगी? इसलिए भेड़िये की भाषा के हिंसक तत्त्व ज़ाहिर हो जाते हैं। भाषा आपको सौ पर्दों से बाहर खींच लेती है। भाषा आपको वही नहीं होने देती, जो आप दिखाना चाहते हैं। इसलिए भाषा एक बड़ी चीज़ है। अगर मैं कहूँ कि भाषा अपने आप में एक सत्ता है तो ग़लत न होगा। भेड़िया रूप छिपा सकता था, तथ्य छिपा सकता था, पर भाषा छिपाना बहुत कठिन है। इसीलिए साहित्य में कहा गया है कि लेखक का व्यक्तित्व उसकी भाषा में प्रकट हो जाता है।

भाषा चूँकि हमारी आवश्यकताओं में से एक है, इसलिए वह समाज द्वारा निर्मित की जाती है। पर यहीं दूसरी थ्यूरी भी आती है कि भाषा समाज की निर्मिति करती है अथवा उसकी निर्मिति में सहायक है। इस तरह जिस समाज ने अपनी आवश्यकताओं के लिए भाषा की निर्मिति की थी, वही भाषा के द्वारा निर्माण की स्थिति में पहुँच जाती है। पहले संस्कृति भाषा को इन्फ़्लूएंस करती है, फिर भाषा संस्कृति को इन्फ़्लूएंस करने लगती है। अब चूँकि भाषा उतनी ही नहीं है, जितनी कि हमें दिखायी या सुनायी पड़ती है तो यह देखना होगा कि भाषा के भीतर हम किस

तरह उस भाषा समाज के इतिहास को, उसकी सांस्कृतिक अस्मिताओं और उनके संघर्ष की टकराहटों के निशान को देख–समझ सकते हैं? उसके भीतर मनुष्य के विकासगामी यात्राओं की सलवटें पढ़ी जा सकती हैं। 'जैसा समाज, वैसी ही भाषा' का प्रचलित मुहावरा गम्भीर अर्थ रखता है। इसलिए भाषा के भीतर, भाषा की संरचना के भीतर उस समाज की संरचना को समझा जा सकता है। उस समाज की मानसिकता को, उसके मनोविज्ञान को पढ़ा जा सकता है। संस्कृति की पहचान के अनेक सन्दर्भ भाषा के भीतर छिपे होते हैं। इसलिए भाषा को 'संस्कार' कहा गया है।

जब हम साहित्य की भाषा की बात करते हैं, तब उसे पूर्वजों से अर्जित ही नहीं कहते, मानते हैं कि उसमें शताब्दियों के विचार, हलचलों और समय की करवटों ने अर्थ भरे हैं। इसलिए एक बड़े लेखक की भाषा लेयर्स बनाती है और उसे 'गहराई लिए हुए' कहा जाता है। यह गहरी अर्थवत्ता तत्काल पायी गयी चीज़ नहीं, एक दिन में तैयार की गयी पदार्थमूलक इकाई नहीं, यह अतीत से चले आ रहे अनेकानेक सन्दर्भों से भरी, चेतन, अचेतन और अवचेतन तक के अर्थ लिए अभिव्यक्त होती है। जितना बड़ा लेखक का विज़न और संवेदना का आयतन, उतनी ही अर्थगर्भ उसकी भाषा। इसे ही आचार्य हज़ारी प्रसाद द्विवेदी 'नानाविध अर्थ सम्भावनाओं से भरी' भाषा कहते हैं। रूढ़ अर्थ को पार कर अनेक अदेखी स्मृतियों से साक्षात्कार करा देना लेखक की समझ, संवेदना और भाषायी क्षमता पर निर्भर करता है। वह इतनी हल्की और कामचलाऊ नहीं रह जाती कि उसे सिर्फ़ तात्कालिक अर्थ प्रकट करने के लिए इस्तेमाल में लाया जाये। भाषा के वैरिएशंस इसीलिए बनते हैं। हालाँकि यहाँ भी एक मुश्किल है। पुरुष लेखक जब भाषा के वैरिएशंस रचते हैं तो उल्लेखनीय होते हैं, स्त्री जब नया वैरिएशंस रचती है तो प्रायः नज़रअन्दाज़ कर दिया जाता है।

भाषा अस्मिताओं की लड़ाई का एक मज़बूत हथियार भी है। वह व्यक्ति और समूहों की पहचान से जुड़ी होती है। वह आइडेंटिटी है और भाषा के भीतर बहुत–सी आइडेंटिटी हो सकती हैं। क्षेत्रों की अपनी पहचान है तो हाशिये के समाज की अपनी। तमाम क्षेत्रों के नाम और उनकी भाषा के नाम एक जैसे मिलेंगे–अवध क्षेत्र की अवधी, ब्रज क्षेत्र की ब्रजी या ब्रज भाषा, काशी की काशिका, मिथिलांचल की मैथिली, गढ़वाल की गढ़वाली आदि। व्यक्ति की पहचान उसके क्षेत्र के साथ भाषा को भी लिए–लिए चलती रहती है। अगर कोई अवध का है तो सहज ही मान

लिया जाता है कि अवधी से वह अपरिचित नहीं होगा। अगर भाषा इतनी बड़ी आइडेंटिटी न होती तो दुनिया में भाषायी अस्मिता के नाम पर युद्ध न होते, किन्तु विश्व में हुए अनेक युद्ध भाषायी अस्मिता के महत्त्व को असन्दिग्ध करते हैं। भाषा जहाँ आधार बनती है, ऐसा, हमारे बहुत आस पास जो हाल–फिलहाल लड़ा गया युद्ध है–वह बांग्लादेश का युद्ध है, जो भाषायी अस्मिता से जुड़ हुआ है। भाषा के आधार पर राज्यों के नाम पड़े और उनका विभाजन किया गया। आन्ध्र प्रदेश पहला राज्य है, जो भाषा के आधार पर बना। यह तो क्षेत्रीय भाषायी अस्मिता है और अपनी मज़बूती स्पष्ट दिखाती है, किन्तु इसके भीतर अनेक अस्मिताएँ संघर्षरत भी हैं, जिन्हें अनेक समूहों या समुदायों की भाषायी अस्मिता के तौर पर देखा जा सकता है। इन्हीं के भीतर हाशिये का समाज भी उपस्थित होता है और अपनी भाषायी पहचान बनाता है। लिंग भेद के कारण जेंडर आइडेंटिटी के सवाल भी इससे जुड़े हुए हैं। इसलिए लैंगिक अस्मिता का भी अपना विशेष महत्त्व है।

चूँकि समाज की आन्तरिक संरचना को भाषा के भीतर पढ़ा जा सकता है, तो जैसा समाज होगा, भाषा के भीतर वह उसी रूप में ध्वनित होगा। हम भाषा के दैनिक अभ्यास में लैंगिक भेद के जो गहरे रंग देखते हैं, उसे समाज के सन्दर्भ में भी देख सकते हैं। प्रायः यह पाया गया है कि जो समाज प्रकृति के अधिक निकट होता है, उनमें जेंडर भेद कम दिखायी पड़ता है। विज्ञान के विद्वानों ने मुंडा आदि भाषाओं में जेंडर भेद को कम पाया है, हिन्दी, अंग्रेज़ी आदि आधुनिक भाषाओं के अपेक्षाकृत जनजातीय भाषाओं में कम जेंडर भेद इसका उदाहरण है। साहित्य में प्रतिष्ठित बोलियों में भी यह भेद अपेक्षाकृत कम मिलेगा। सभ्यता के अधिकतम सम्पर्क में आती गयी भाषाओं ने अपना नैसर्गिक बोध खोया है और लैंगिक असमानता को वहाँ अधिकतम पाया जा सकता है। पितृसत्ता की सर्वाधिक मज़बूती ऐसे समाजों में देखी जा सकती है। उनमें हिंसा और आक्रामकता की अधिक उपस्थिति मिलेगी। स्त्री जीवन के लिए भाषिक शब्दावली का अभाव और भाषिक प्रयोगों की मुश्किलें भी ऐसे समाजों में सर्वाधिक मिलेंगी। हिन्दी ऐसी ही पितृसत्तात्मक भाषा है, जिसके पास स्त्री जीवन को अभिव्यक्त करने वाली शब्दावली का अभाव है और भाषिक प्रयोगों में छिपी हिंसा उसे सामान्य जीवन में लगातार छलनी करती रहती है। कुछ वर्ष पहले मैंने 'जनसत्ता' में एक लेख लिखा था–

'एक अधूरी भाषा में जीना'। उसमें यह सवाल उठाया था कि कैसे एक भाषा संरचना के भीतर स्त्री की उपस्थिति को जगह नहीं दी गयी है और उसे लगभग सभी सामाजिक सत्ताओं की मौन सहमति प्राप्त है। इसे थोड़ा और स्पष्ट करने के लिए हम संस्कृत की व्याकरण संरचना को देख सकते हैं। व्याकरण की इस रचना में पाणिनी के 'अष्टाध्यायी' का महत्त्व विदित है, पर इस रचना समय के आस–पास कहीं कोई स्त्री ने ऐसी कोई क़िताब नहीं लिखी, कोई स्त्री व्याकरणविद् के रूप में हमें ज्ञात नहीं है, उसकी कोई भागीदारी भाषा निर्मिति में नहीं। यह स्थिति आज भी नहीं बदली। आज भी भाषा विज्ञान के क्षेत्र में स्त्रियों की कितनी उपस्थिति है? हिन्दी अथवा संस्कृत अथवा भारतीय भाषा के सन्दर्भ में हम कह सकते हैं कि एक भाषा वैज्ञानिक के रूप में स्त्री की स्वीकृति नहीं है। एक विद्वान के रूप में स्त्री की सामाजिक स्वीकृति आज भी मुश्किल बनी हुई है। पग–पग पर जेंडर भेद से उपजे अन्याय और अमानुषिक स्थितियों से टकराते हुए ही आगे बढ़ना है। इसमें अधिकतम लहूलुहान हो कर खत्म हो जाते हैं, बहुत कम स्थितियाँ बनती हैं, जहाँ स्त्रियाँ आगे बढ़कर अपनी पहचान स्थापित कर पाती हैं।

तो बात व्याकरण की हो रही थी, जोकि एक टेक्निकल विषय माना जाता है। वहाँ भी संस्कृत वैयाकरणों द्वारा विषय के प्रतिपादन के लिए जो उदाहरण दिये गये, उनमें अधिकांशतः स्त्री विरोधी हैं। संस्कृत व्याकरण जगत् में एक प्रसिद्ध उक्ति है–''अर्धमात्रा लाघवेन पुत्रोत्सवं मन्यते वैयाकरणाः'' (नागेशभट्ट कृत जयदेव मिश्र टीका में उल्लखित) यहाँ ध्यान देने की बात है 'पुत्र' का उल्लेख, पुत्री का नहीं, सन्तान कहा जा सकता था, जिसमें पुत्र–पुत्री दोनों शामिल होते, परन्तु नहीं कहा गया क्योंकि पुत्र का महत्त्व भारतीय पितृसंरचना में असंदिग्ध रूप से अन्यतम है, उसकी कोई बराबरी है ही नहीं। इसलिए यहाँ सन्तान से काम नहीं चलाया गया है बल्कि व्याकरण रचना में आधा मात्रा बचा लेने के सुख की तुलना पुत्र प्राप्ति जैसे अन्यतम सुख से की गयी है। एक लम्बे समय तक तो समाज में पुत्री को सन्तान का दर्जा भी हासिल नहीं हो सका था। आज स्थितियाँ ज़रूर कुछ बदली हैं। पुत्रियों का स्वीकार बढ़ा है, परन्तु इसका तात्पर्य यह नहीं कि पुत्र की स्थिति ज़रा–सा बराबर की हुई है बल्कि अभी भी यह भेद खुले रूप में प्रतिष्ठित है और साफ़–साफ़ चिह्नित किया जा सकता है। यहाँ मुझे रॉबिन लेकॉफ़ की किताब 'लैंग्वेज एण्ड वीमेंस स्पेस' की याद आती है।

भाषा में स्त्री की जगह कितनी है? और बड़ा सवाल यह भी है कि भाषा गढ़न में स्त्रियाँ कितनी शामिल हैं? ज़ाहिर है कि हमें यहाँ उनकी उपस्थिति न तो व्याकरण रचना में मिलती है और न ही रचना के भीतर। डेल स्पेंसर कहती है कि भाषा पुरुषों द्वारा निर्मित है–'मैन मेड लैंग्वेज'। उसके भीतर स्त्री भाषा की पहचान के तत्वों को नकारा गया और ऐसे शब्दों का प्रचलन नहीं हो सका, जो स्त्री अभिव्यक्ति के लिए सहायक बनते। स्त्री के जो भाषिक तरीक़े थे, उन पर बात नहीं की गयी या उन्हें नज़रअन्दाज़ कर दिया गया।

समाज के भीतर ऐसे भाषिक विभेद रचे गये, जो मनुष्यता के ख़िलाफ़ और वर्ग भेद को मज़बूत करने वाले थे। इस सन्दर्भ में संस्कृत साहित्य के प्रसिद्ध नाटककार कालिदास से एक उदाहरण लिया जा सकता है। 'अभिज्ञान शाकुन्तलम्' उनकी एक प्रसिद्ध कृति है। लगभग अधिकांश भारतीय उसके बारे में जानते होंगे। साहित्य में रुचि रखने वाले कालिदास से अनभिज्ञ नहीं हो सकते। देखना होगा कि इस प्रसिद्ध नाटक में भाषा का किस तरह प्रयोग किया गया है कि वह समाज के विभेद को खोलती है। इस नाटक में शकुन्तला और उसकी सखियाँ अनुसूया और प्रियंवदा किस तरह बात करती हैं। शकुन्तला की भाषा जहाँ संस्कृत रखी गयी है, वहीं उनकी सखियों की भाषा प्राकृत है। सखियों के बीच यह दो तरह का भाषा व्यवहार कैसे? जब हम 'सखी' या 'सखा' शब्द का प्रयोग करते हैं, तब मित्रता की एक ऐसी स्थिति का निर्माण भी करते हैं, जो हमारे अपनेपन के बहुत भीतरी दायरे तक चली आती है और तब हम जाति, धर्म, सम्प्रदाय, वर्ग जैसी तमाम चीज़ों को ढहाते हुए उस तक आते हैं। परन्तु यदि मित्रता के दायरे में, समाज द्वारा तय कर दिये गये नियमों का भली–भाँति पालन करते हुए ही आना है तो यह स्थिति मालिक और दास की स्थिति से अलग कैसे? अर्थात् कि 'सखी' का वहाँ वह अर्थ नहीं है जो बताया गया है। अर्थ के भीतर शामिल स्थिति में कोई बदलाव नहीं हो रहा है। मालिक और नौकर की स्थिति यथावत् बनी हुई है। तय है कि कौन कैसी भाषा का व्यवहार करेगा? इसमें सिर्फ़ इतना बदलाव हुआ कि नौकर मालिक का पहले से अधिक विश्वस्त हो गया अथवा नौकर ने मालिक की नज़रों में कुछ महत्त्व हासिल कर लिया। रोज़मर्रा के जीवन में हम देखते हैं कि हमारा नौकर, मज़दूर या ग्रामीण या श्रमिक स्त्रियाँ, प्रायः टूटी–फूटी भाषा व्यवहार करते दिखते हैं।

उनके ऐसे भाषा व्यवहार से प्रायः शहरी को कुछ तोष होता है कि वे उससे कुछ निचले स्तर पर हैं। हमारा मनोविज्ञान यह है कि हम चाहते भी नहीं कि वे एकदम सधी हुई भाषा बोतले हुए मिलें। यदि वे ऐसा करते मिलते हैं तो भी सभ्य समाज के लिए प्रशंसा के पात्र नहीं होते, बल्कि उपहास के पात्र बनाये जाते हैं। सभ्यता का मारा शिष्ट जन न तो उन्हें अपनी भाषा के सौन्दर्यबोध से परिचित कराना चाहता है और न ही उनकी भाषा के सौन्दर्यबोध को समझना चाहता है।

कोई समाज कितना प्रगतिशील है या कितना पिछड़ा है, इसकी पहचान उसकी भाषा में अन्तर्निहित संरचना या संरचनाओं से की जा सकती है। जेंडर भेद के गहरे रंग जितने ज़्यादा होंगे, वह भाषा समाज उतना ही पिछड़ा होगा। संस्कृत से लेकर हिन्दी तक इसे देखा जा सकता है। संस्कृत में तीन लिंग माने गये–पुल्लिंग, स्त्री लिंग और नपुंसक लिंग। उभयलिंगी स्थितियाँ भी रहीं, किन्तु हिन्दी तक आते–आते दो ही लिंग बचते हैं। नपुंसकलिंग के भी स्त्रीलिंग और पुल्लिंग में भेद बन जाते हैं। क्रिया की स्थिति भी बदलती है। संस्कृत में क्रिया में स्त्रीलिंग और पुल्लिंग को नहीं माना गया है। क्रिया वहाँ कुछ मुक्त दिखती है, परन्तु हिन्दी में क्रिया को भी स्त्रीलिंग और पुल्लिंग के भेद से जोड़ा गया है। संस्कृत की क्रिया की भाँति अंग्रेज़ी की क्रिया भी लिंग भेद से मुक्त है। वहाँ भी 'she goes and he goes' में क्रिया को लिंगभेद से मुक्त रखा गया है। संस्कृत में 'रामः गच्छति और सीता गच्छति' में क्रिया एक जैसी है, पर हिन्दी इससे मुक्त नहीं रह सकी। हिन्दी में 'राम जाता है' पर 'सीता जाती है' अर्थात् क्रिया को भी लिंग भेद के भीतर समेट लिया गया है। 'अहम् गच्छामि' संस्कृत में लिंगभेद को साफ नहीं करता, वह स्त्री–पुरुष दोनों के द्वारा एक व्यक्ति की तरह प्रयुक्त हुआ है, पर हिन्दी का 'मैं' उतना आज़ाद नहीं। हिन्दी में 'मैं जाता हूँ' या 'मैं जाती हूँ' क्रिया के द्वारा लिंग की पहचान स्पष्ट करता है। इसका यह तात्पर्य कदापि नहीं कि संस्कृत में लिंगभेद बेहतर है। यहाँ सिर्फ़ इतना कहना उद्देश्य है कि दुनिया की अनेक भाषाओं की भाँति हिन्दी में भाषायी स्तर पर गहरी पितृसत्तात्मक स्थितियाँ अनुस्यूत हैं। अनेक पुल्लिंगी शब्दों में 'ई', 'आ', 'इन', 'उ' आदि लगा कर स्त्रीलिंगी शब्दों का निर्माण किया गया है। 'पण्डित' में 'इन' लगा कर 'पण्डिताइन' स्त्रीलिंग बना, 'डॉक्टर' जैसे शब्दों में भी 'इन' लगाकर अनुकूलित किया गया है। जब तक 'डॉक्टरनी' या 'डॉक्टराइन' डॉक्टर की पत्नी के लिए

प्रयुक्त होता है, अपना सही भावार्थ देता है, किन्तु समस्या तब आ जाती है, जब यही शब्द स्त्री डॉक्टर के लिए बेझिझक प्रयोग किया जाता है। तब डॉक्टर के रूप में एक स्त्री की इमेज बाधित होती है। हमारे समाज में इस तरह के भाषायी चलन बहुतायत में हैं।

ज़्यादातर स्त्रीलिंगी शब्दों की स्वतन्त्र स्थितियाँ नहीं हैं। वे आश्रित शब्द हैं, ठीक वैसे ही जैसे स्त्री जीवन एक आश्रित यथार्थ है। स्त्री के अलग अस्तित्व का स्वीकार भाषा के भीतर कठिन दिखता है तो निश्चित ही उस समाज के भीतर भी कठिन है। ताक़त से जुड़े लगभग सारे शब्द पुल्लिंग हैं। 'बलशाली', 'वीर', 'तेज', 'तेज़स्वी' से लेकर खिलाड़ी जैसे अनेकानेक शब्द पुल्लिंगी हैं। बड़ी वस्तुओं के लिए भी पुल्लिंग का इस्तेमाल होता है– डिब्बा, सन्दूक, सोफ़ा आदि। जैसे ही वह छोटी वस्तुओं की तरफ़ आता है, स्त्रीलिंग में बदल जाता है–डिबिया, कुर्सी आदि।

वीर भाव 'मर्दाना' ही हो सकता है ज़नाना नहीं। इसलिए झाँसी की रानी के लिए 'ख़ूब लड़ी मर्दानी' कहना पड़ा। कोई शब्द ही नहीं बना जो ज़नाना के साथ वीर भाव को जोड़ सके, इसलिए यह एक भाषायी विवशता है कि स्त्री के लिए ऐसे सभी सर्वोच्च भावों को व्यक्त करने के लिए पुरुषवाचक शब्दों से काम चलाना पड़ता है। 'पुरुषार्थ' अपने आप में पुल्लिंग है, जो स्त्री को इस गुण से स्वतः वंचित कर देता है। अनेक मुहावरे और लोकोक्तियाँ भी स्त्री विरोधी मानसिकता से भरे समाज की गवाही देते हैं। भाषा हमें निरन्तर असमानता के व्यूह में घेरे रखती है, उससे छूट भागने की जगह नहीं। हमारे अवचेतन के संस्कार इसे पहचानना तक भूल जाते हैं और हम इसे अनजाने भी अपने व्यवहार से ताक़त प्रदान करते रहते हैं।

सामाजिक संरचना के भीतर पुरुष तन्त्र का आधार बीज शब्द है–सम्पत्ति। इस सम्पत्ति में स्त्रियों की कोई जगह नहीं। मनु महाराज को यहाँ भूला नहीं जा सकता। उन्होंने कोई कोना ऐसा नहीं रह जाने दिया, जहाँ स्त्रियों के पास सम्पत्ति आ सके। सम्पत्तिविहीन व्यक्ति दरिद्र है और दरिद्रता का दिमाग़ पर क्या असर पड़ता है, यह हमें वर्जीनिया वुल्फ़ ने विस्तार से समझाया है। आज ज़रूर क़ानून बना कि लड़कियों को पैतृक सम्पत्ति में पुत्र के बराबर हिस्सेदारी मिल सके, पर व्यवहार में यह कितना लागू हो सका? पन्द्रह साल बाद पुनः सुप्रीम कोर्ट ने इस क़ानून को स्पष्ट करने की ज़रूरत समझी। अभी जब कोर्ट ने कहा कि

'डॉटर इज़ ऑलवेज़ ए डॉटर' तो सुनकर अच्छा लगा। बावजूद इस सुधार के, देखना होगा कि कितने प्रतिशत इसका असर हमारे समाज पर व्यावहारिक रूप से पड़ता है? आज लड़कियों ने अपनी आर्थिक आत्मनिर्भरता से कुछ धन अर्जित किया है, मकान ख़रीदे हैं, कुछ सम्पत्ति बनायी है और इस तरह सम्पत्ति के एकछत्र राज्य में कुछ दख़लन्दाज़ी कर दी है। फिर भी एक अमेरिकन सर्वे के अनुसार, पूरी दुनिया में औरतों का सम्पत्ति पर मलिकाना हक़ केवल एक प्रतिशत है। यही हक़ीक़त है जो दुनिया में स्त्री की असली तस्वीर दिखाती है। सम्पत्ति व्यक्ति के आत्मविश्वास को किस तरह बढ़ाती है, अगर वर्जीनिया के शब्दों में कहें तो धन व्यक्ति के व्यक्तित्व को बदल देता है। यह आत्मविश्वास अर्जित करने की तरफ़ स्त्रियाँ बढ़ी हैं, परन्तु यह अभी बहुत कम हैं।

पुरुष तन्त्र के भीतर निर्मित भाषा में, स्त्री के समूचे जीवन का बीज शब्द है– उपहार। उपहार किसी की कृपा और प्रसन्नता पर निर्भर हुआ करता है यानी अपने जीवन की, अपनी प्रसन्नता की दूसरे पर निर्भरता। इस तरह जिस पर निर्भरता है, उसकी प्रसन्नता पर स्त्री का जीवन टिका हुआ है। परिणामतः उस व्यक्ति को प्रसन्न करने के जोग जुगत में ही उसके जीवन की सार्थकता है, न कि किसी बड़े लक्ष्य की प्राप्ति में जबकि पुरुष का जीवन बाहरी दुनिया के लक्ष्य प्राप्ति में अपनी प्रसन्नता आपने आनन्द को देखता है। उपहार का अभ्यास व्यक्ति को ख़ुशामद करने वाला चापलूस, सेवा करने वाला चाकर, अन्याय और अपकार को सहन करने वाला सहनशील आदि बना सकता है, राजा का व्यवहार नहीं पा सकता, न उसके व्यक्तित्व का तेज़ ग्रहण कर सकता है। उपहार का अभ्यास उसकी विचारशीलता को नष्ट करता है और दिमाग़ी गुलामी की तरफ़ ले जाता है। उपहार के अभ्यास में उसे विचार करने की ज़रूरत नहीं। नतीज़ा, उसे विचार भी उपहार में दिये जायेंगे जैसे कि हिन्दी साहित्य के तथाकथित दिग्गजों ने 'स्त्री–विमर्श' का विचार एक खास मंच से उसे उपहार में पकड़ाया। सहज गति से जो स्त्री स्वर आ रहे थे, उनकी अपेक्षा एक सोचा–समझा रणनीतिक हथियार देकर पितृसत्ता ने स्त्री–विमर्श के वृहत्तर दायरे को एक सीमित परिधि में बाँध दिया और 'स्त्री–विमर्श' को केवल एकमात्र अर्थ दिया–'यौन स्वच्छन्दता अथवा यौन आज़ादी'। यह ठीक है कि यौन स्वतन्त्रता स्त्री–विमर्श का एक भाग है, किन्तु पहले ही स्तर पर यौन स्वतन्त्रता की बात उस समाज के काम की नहीं रह जाती,

जहाँ सभी स्त्रियों के हिस्से अभी तक न तो शिक्षा ही आयी है न आर्थिक आज़ादी। बिना आर्थिक आज़ादी के निर्णय लेने की आज़ादी तक पहुँचना भी मुश्किल बना हुआ है, वहाँ यौन स्वेच्छाचारिता के पाठ 'निर्णय की आज़ादी' के पाठ को सीमित करके उसे बाज़ार के अनुकूल बनाते हैं न कि स्त्री के लिए हितकर। यौन स्वेच्छाचारिता न पुरुष के लिए अच्छी कही जा सकती है, न स्त्री के लिए। निर्णय का अधिकार ही वह भूमि है, जिस पर खड़ी होकर स्त्री अपने जीवन पर अधिकार पा सकती है और अपने यौन स्वातन्त्रय को भी हासिल कर सकती है। उसे अपना साथी चुनने का अधिकार चाहिए न कि बेईमानी और धोखेबाज़ी की कला में कुशलता।

सन् 1990 के बाद तेज़ी–से परिस्थितियाँ बदली हैं। इसने बहुत कुछ को प्रभावित किया है। स्त्री जीवन भी इस प्रभाव से अछूता नहीं। परिस्थितियों के बदलाव के साथ भाषा में नये शब्दों का आगमन होता है, जैसे टेक्नॉलॉजी आयी, तो उससे जुड़े अनेक शब्द आए और हमारे अभ्यास में शामिल हो गये। मोबाइल, इंटरनेट, ऑनलाइन, वेबीनॉर आदि अनेक शब्द भाषा को नया करते जाते हैं। समस्या तब पैदा होती है जब स्त्री जीवन से जुड़े नये शब्द भाषा में आने की कोशिश करने लगते हैं, जैसे कि नारीवाद। नारीवाद से आया, भगिनीवाद 'या' बहनापा जैसा शब्द, परन्तु इन नये शब्दों को समाज कितना स्वीकार कर पाया? नारीवाद को प्रायः नकारात्मक अर्थ में लिया जाता है और उससे उपजे शब्दों को तो अस्वीकृत कर दिया गया। सहज रूप से भाईचारे की तरह भगिनीवाद अपना स्थान नहीं बना पाता और समाज के दैनन्दिन व्यवहार में शामिल नहीं हो पाता। शामिल न हो पाने की स्थिति में वह जहाँ से आया था, जिस विचार, जिस ज़मीन से, वहीं वापस लौटा दिया जाता है! ऐसी है भाषा के भीतर समाज की उपस्थिति! मित्रता के लिए कोई शब्द नहीं बना, जो स्त्रियों की आपसी मित्रता को प्रकट करने में सक्षम हो, लंगोटिया यार जैसा शब्द। आप कहेंगे कि 'सखी', 'पक्की सहेली' जैसे शब्द तो हैं, पर ये शब्द दूर तक साथ नहीं देते, लंगोटिया यार जैसे अर्थ को ध्वनित नहीं करते। कारण कि सामाजिक तौर पर स्त्रियाँ अपनी मित्रता को दूर तक स्थायित्व नहीं दे सकतीं। बचपन की मित्रता और भावुकता की पक्की सहेली ज़रूरत पड़ने पर अपनी पक्की सहेली की मदद नहीं पा सकती। सुभद्रा कुमारी चौहान की एक कहानी 'दृष्टिकोण' को इस सन्दर्भ में देखा जा सकता है। स्त्री की सामाजिकता का निर्माण पुरुष की सामाजिकता पर निर्भर है।

परिणामतः वह अपनी कोई अलग सामाजिकता निर्मित ही नहीं कर पाती। मन्नू भण्डारी की कहानी 'अकेली' इसका एक सशक्त उदाहरण हो सकती है, जहाँ स्त्री लाख कोशिशों के बावजूद पति के संन्यासी बन जाने और पुत्र के देहान्त हो जाने के बाद अपनी अलग सामाजिकता निर्मित नहीं कर पाती। वह भी एक सामाजिक प्राणी है, किन्तु जिसका सामाजिक जीवन एक ख़ास लिंग पर निर्भर है।

भाषा सामाजिक मनोविज्ञान का आईना होती है। इस सत्य को हम दुनिया की अनेक भाषाओं में देख सकते हैं। जब मैं जापान गयी तो वहाँ बातचीत के दौरान एक जापानी भाषा वैज्ञानिक ने बताया कि जापान की भाषा में स्त्री और पुरुष के लिए एक ही वस्तु के उच्चारण के लिए अलग–अलग शब्द हैं जैसे कि लड़का पानी को 'मीजू' (Mizu) कहता है तो लड़की पानी को 'ओहिया' (Ohia) कहती है। इस तरह के अनेक उदाहरण उन्होंने दिये, लेकिन एक सुकून वाली बात यह है कि अब लड़कियों ने इस तरह के उच्चारण छोड़ दिया है और भाषा से यह भेद ख़त्म करने की कोशिश की है। यह सायास किया गया काम है। यहाँ एक बार फिर मुझे लेकॉफ़ की याद आती है – 'लैंग्वेज एण्ड वीमेंस स्पेस'। भाषा के भीतर स्त्री के लिए कितनी जगह है? पुरुषतन्त्र अपनी भाषा में कोई सायास परिवर्तन के लिए तैयार नहीं हो सकता, यह जापान में भी दिखता है तो वहाँ की स्त्रियों ने भाषा के इस सायास परिवर्तन को घटित किया। आशय यह है कि स्त्रियों को ही हमारी भाषा में भी सायास परिवर्तन करने होंगे और उन मुहावरों–लोकोक्तियों के साथ–साथ उन गालियों और शब्दों के अर्थ या तो बदल देने होंगे या छोड़ देने होंगे। समाज की मानसिकता का एक बदलाव भाषा के भीतर से गुज़र कर भी जायेगा और यह चैतन्य प्रयास ही हो सकता है।

जब हम साहित्य की बात करते हैं, तब भी यह साफ़ दिखता है कि जो स्त्री स्वर आए, उनका भी पाठ नहीं किया गया अथवा उनका भ्रम पैदा करने वाला पाठ किया गया। हमारे प्राचीन साहित्य में आए स्त्री स्वर क्या कह रहे हैं, यह समझने की कोई कोशिश लम्बे समय तक नहीं दिखायी पड़ती। क्या वहाँ भी, स्त्री शरीर के लिए तय किये गये सौन्दर्य के मानदण्ड, बुद्धिमती स्त्रियों के जीवन को परेशानी से भर रहे हैं? क्या वे भी यह कहना चाहती हैं कि उनके कार्यों को और उनकी बुद्धि के आधार पर उनकी योग्यता मानी जाये न कि शरीर के आधार पर?

यह पाठ तो नब्बे के दशक में किये गये नाओमी वुल्फ के काम 'द ब्यूटी मिथ' की बात कर रहा है! नब्बे के बाद आये बदलावों और विमर्शों के कारण नये सिरे से स्त्रियों ने अपनी परम्परा, अपने पाठ ढूँढ़ने की कोशिश की। मीरा और महादेवी के पाठ भी पूरी तरह, या कहें कि उनकी परतों को खोलते हुए नहीं किये गये। मीरा की मुहावरेदार भाषा शिल्प का प्रायः ज़िक्र नहीं किया जाता। स्त्री के भाषा शिल्प की विशेषताओं को कभी भी अलग से पहचानने की कोशिश नहीं की गयी। उनके वाक्य प्रयोगों पर विचार नहीं किया गया। मीरा जब कहती हैं – "सखि री लाज बैरण भई" तब क्या मुहावरे का शिल्प समझ में नहीं आता या यहाँ केवल स्त्री लज्जा का भाव भर है? जब मीरा कहती हैं कि "न्हाय धोय मीरा खोलन बैठी, शालिग्राम गयी पाय", तब क्या मुहावरे वाली झन्नाटेदार भाषा नहीं खिल उठती है। पर इसे पढ़ने का जो शऊर हिन्दी समाज से अपेक्षित है, वह प्रायः उसके पास नहीं है या अभी उसने इस दिशा में सन्धान नहीं किया है।

इसी तरह महादेवी के व्यंजनापरकता को प्रायः उनकी रहस्यात्मकता कहकर उसके भीतरी पाठ को नज़रअन्दाज़ कर दिया जाता है। 'मुक्ति' जिसका प्रिय हो, वह आसान से, मामूली से प्रेम विरह की बातें नहीं कर रहा होता, वह भी स्वाधीनता आन्दोलन से प्रेरित हो सकता है। उसके पास भी स्वाधीनता आन्दोलन से निर्मित मूल्य हो सकते हैं। उसे रहस्यवाद में नहीं डाला जा सकता। गूढ़ता स्त्री जीवन और उतनी ही उसकी भाषा की विशेषता है। पर इस गूढ़ता को रहस्यवाद कहकर कब तक टाला जायेगा? जब स्त्री भाषा की पहचान का सवाल उठता है, तब उसके कुछ तत्वों पर बात करना ज़रूरी हो जाता है। चूँकि समाज के भीतर स्त्री की स्थिति और गुलाम की स्थिति में कोई अधिक फर्क़ नहीं, जॉन स्टुअर्ट मिल ने पत्नी को दासों के ऊपर एक मुख्य दास माना ही है। इसलिए उसकी भाषा में भले ही ऊपरी तत्त्व मालिक की भाषा से बने दिखते हों, परन्तु भीतरी तत्त्व कुछ बदल कर आते हैं। जैसे वाक्य संरचना में कुछ तोड़ फोड़, संकेत चिन्ह, गैप्स, दरारें, चुप्पियाँ, ओट की ज़रूरत, अनकहा या छूटा हुआ कुछ.... आदि। संरचना में कुछ तोड़–फोड़ करते हुए व्याकरण को लांघ जाने की कोशिशें वहाँ दिखेंगी। चूँकि स्त्री को अभिव्यक्ति से रोका गया है तो उसे संकेतों में कहने का अभ्यास रखना पड़ा, यह उसकी भाषा में दिखता है। गैप्स और बिटविन द लाइंस ख़ूब हैं।

लक्षणात्मकता और व्यंग्यार्थ भी एक बड़ी विशेषता हैं। यह लगभग हाशिये के समाज की भाषा में पायी जाने वाली विशेषताएँ हैं। जहाँ पुरुष की भाषा में भाषणधर्मिता मिलेगी, स्त्री भाषा में आज्ञाकारिता की अधिक सम्भावना होगी। हिंसा, आक्रामकता, आदेशात्मकता के तत्त्व पुरुष की भाषा के तत्त्व हैं, स्त्री भाषा में वे नगण्य ही होंगे। प्रायः यह सवाल भी उठता है कि जब ऐसा है, तब स्त्रियों की भाषा में इतनी हिंसा कैसे दिखायी पड़ रही है? क्या यह पितृसत्ता का अनुकूलन है या स्त्री ने स्वयं ही ऐसी भाषा अपना ली है? या इस तरह के कुछ अपवाद भी हो सकते हैं।

भाषा को लेकर दूसरी थ्योरी, जिसकी बात शुरू में की गयी थी कि भाषा समाज को प्रभावित करती है, उसके विचारों को बदलने में भूमिका निभाती है–"language determines society"। भाषा किस तरह समाज की थिंकिग पर असर डालती है, इसे लेकर एलेक्ज़ेंडर गुएरा ने एक प्रयोग किया–"Two faces of language ego"। यह प्रयोग गुएरा ने तीन देशों की भाषा पर किया– हीब्रू भाषा, अंग्रेज़ी और फ़िनिश। इन भाषाओं के अध्ययन से जो निष्कर्ष निकले, वे बताते थे कि भाषा समाज की आगे आने वाली पीढ़ी को किस तरह प्रभावित करती है। इन तीनों भाषाओं में से फ़िनिश भाषा में सबसे कम जेंडर डिसक्रिमिनेशन था, जबकि हिब्रू में सबसे अधिक। हिब्रू भाषा अपनाने वाले भाषा समाज में बच्चे बहुत छोटी उम्र से ही जेंडर भेद को जानने लगते हैं और उसी के अनुसार व्यवहार करने लगते हैं। हिन्दी को भी हम ऐसी भाषा के अन्तर्गत रख सकते हैं। इसमें भी बच्चा बहुत कम उम्र से ही जेंडर की पहचान करके भेद करने लगता है जबकि जिन भाषाओं में जेंडर भेद कम होता है, उस भाषा समाज का व्यक्ति देर तक जेंडर भेद से मुक्त रहता है और बाद में भी अनेक स्थलों पर इसे महत्त्व नहीं देता। जैसा कि हम फ़िनिश भाषा समाज में पाते हैं। वहाँ महिलाएँ राजनीति के क्षेत्र में पूरी तरह सहज हैं और अधिकतम भागीदारी रखती हैं। दुनिया की सबसे कम उम्र की प्रधानमन्त्री फ़िनलैंड की साना मारीन हैं। नार्डिक देशों में हम भाषा और समाज के इस अन्तःसम्बन्ध का प्रभाव देख सकते हैं। जिस भाषा में जेंडर भेद कम होंगे, वह समाज निश्चित ही उन्नत होगा, केवल आर्थिक रूप से ही नहीं, सांस्कृतिक और सामाजिक रूप से भी।